心语

张齐兴　著

中国矿业大学出版社
China University of Mining and Technology Press

为共建鼓与呼

值全县百万人民携手共建文明城市之际，谨以此书作为献礼，为之鼓与呼。本书系“五谷杂粮”，是从公开发表的600多篇文章中选取的精品，“总有一篇适合你”是我的初衷，望能如愿。

虎踞龙盘吉祥地
龙飞凤舞今胜昔
全县上下齐努力
浓墨重彩正当时
携手奔小康
共建文明市

赞公仆，为民计
抓机遇，探新知
重调研，抢战机
显效兼施权、责、利
新思路新蓝图新奇迹
崛起一座文明城市的新天地

张齐兴于安粮香樟苑
2017年8月26日

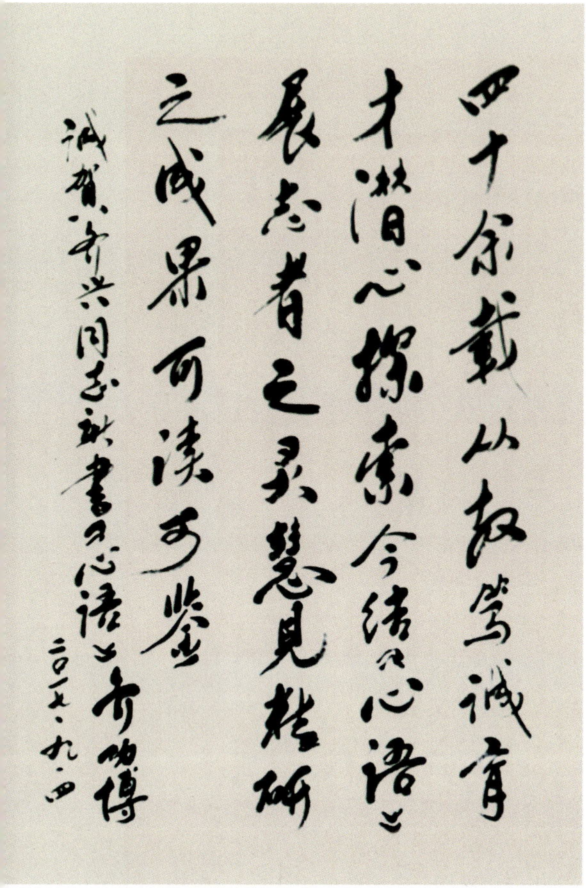

齐功博

原宿州市人大秘书长、市教育局局长

祖爱民

著名书画家、书画评论家、作家，
宿州市书画院副院长，萧县书画院原院长

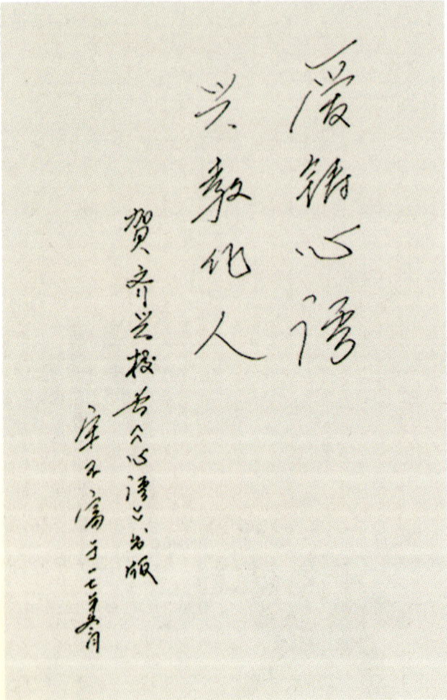

宋玉富 萧县教体局基教科科长

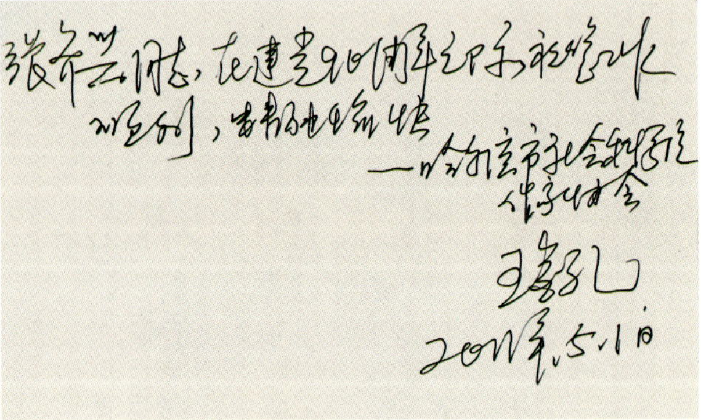

抗联老战士王金孔同志赠言

1984年夏作者（后排右二）与著名作家萧军（前排右四）在一起的合影

出席在北京人民大会堂召开的
庆祝中国共产党建党90周年创先争优表彰座谈会

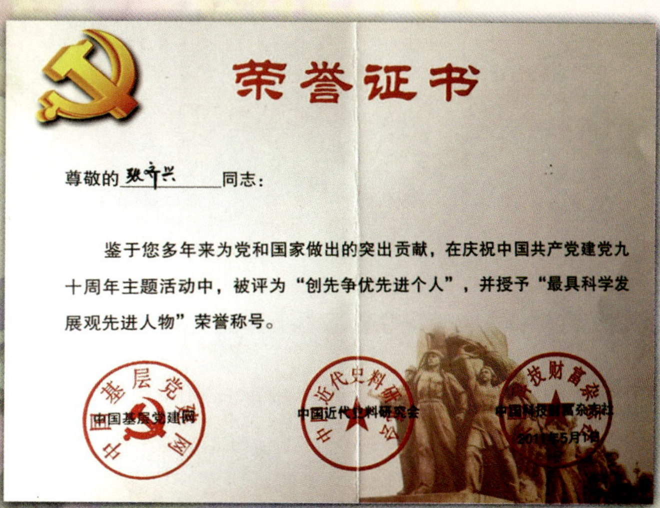
荣誉证书

尊敬的张齐兴同志：

鉴于您多年来为党和国家做出的突出贡献，在庆祝中国共产党建党九十周年主题活动中，被评为“创先争优先进个人”，并授予“最具科学发展观先进人物”荣誉称号。

中国基层党建网　中国近代史料研究会　中国科技财富杂志社

2011年5月1日

荣获全国“创先争优先进个人”和
“最具科学发展观先进人物”称号

传略（业绩）被录入《世界名人录》《中国教育专家名典》《中华成功者》《中华教改之星》等国内外公开发行的图书

荣获 '98年度亚太华文教学成果金奖

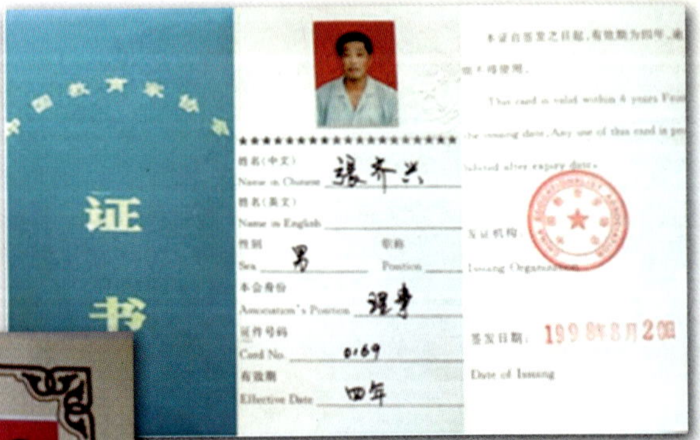

聘　书

张齐兴同志：

鉴于您在全国教育领域的杰出成就与影响，经研究决定，特聘任您为中国教育家协会理事职务。

中国教育家协会

有效期三年，逾期换届。

从1998年8 月至2013年4月退休时，已连续担任四届中国教育家协会理事职务

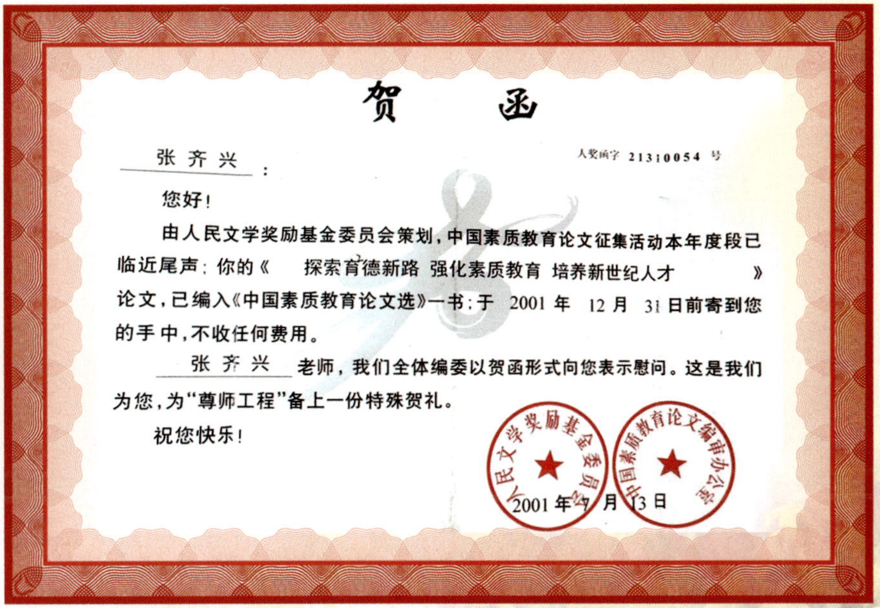

贺　函

张齐兴：　　　　　　　　　　　　　　　　人奖函字 21310054 号

您好！

由人民文学奖励基金委员会策划，中国素质教育论文征集活动本年度段已临近尾声；你的《　探索育德新路 强化素质教育 培养新世纪人才　》论文，已编入《中国素质教育论文选》一书；于 2001 年 12 月 31 日前寄到您的手中，不收任何费用。

张齐兴 老师，我们全体编委以贺函形式向您表示慰问。这是我们为您，为“尊师工程”备上一份特殊贺礼。

祝您快乐！

人民文学奖励基金委员会　中国素质教育论文编审办公室

2001 年 7 月 13 日

人民文学奖励基金委员会的贺函

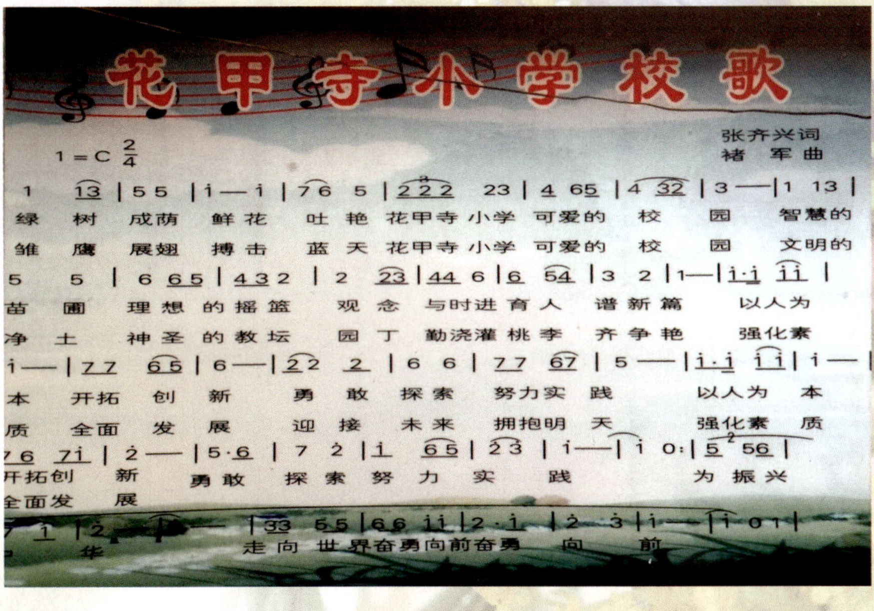

1990年夏天北戴河会议期间创作的校歌歌词

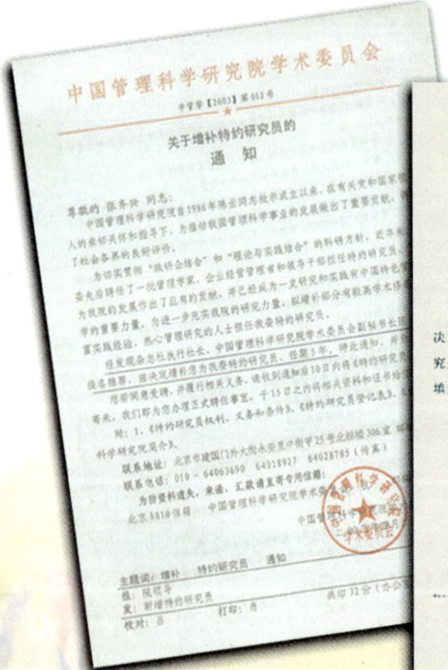

中国管理科学研究院学术委员会

关于增补特约研究员的

通 知

尊敬的 张齐兴 同志：

附：1.《特约研究员权利、义务和条件》。

联系地址：北京市建国门外大街永安里中街甲25号北綜楼306室

联系电话：010－64063690 64018927 64028785（传真）

主题词：增补 特约研究员 通知

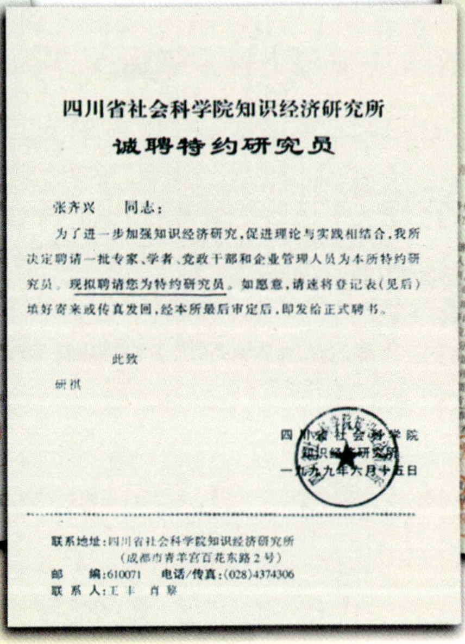

四川省社会科学院知识经济研究所

诚聘特约研究员

张齐兴 同志：

为了进一步加强知识经济研究，促进理论与实践相结合，我所决定聘请一批专家、学者、党政干部和企业管理人员为本所特约研究员。现拟聘请您为特约研究员。如愿意，请速将登记表（见后）填好寄来或传真发回，经本所最后审定后，即发给正式聘书。

此致

研祺

四川省社会科学院
知识经济研究所
一九九九年六月十五日

联系地址：四川省社会科学院知识经济研究所
（成都市青羊宫百花东路2号）

邮 编：610071 电话/传真：(028)4374306

联系人：王丰 肖黎

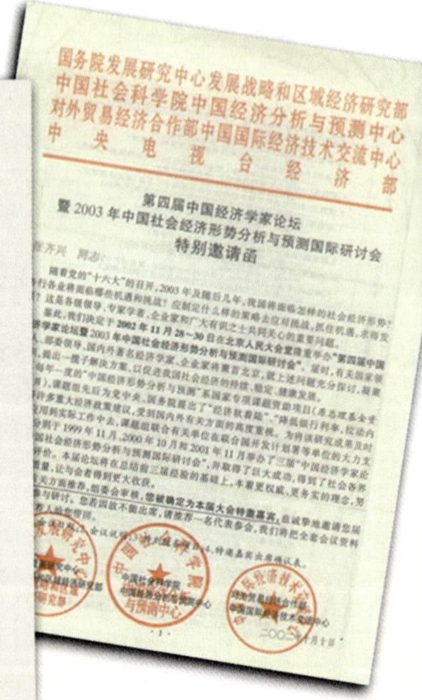

国务院发展研究中心发展战略和区域经济研究部
中国社会科学院中国经济分析与预测中心
对外贸易经济合作部中国国际经济技术交流中心
中 央 电 视 台 经 济 部

第四届中国经济学家论坛
暨2003年中国社会经济形势分析与预测国际研讨会
特别邀请函

被中国管理科学研究院学术委员会
增补为特约研究员

应邀参加会议的特别邀请函

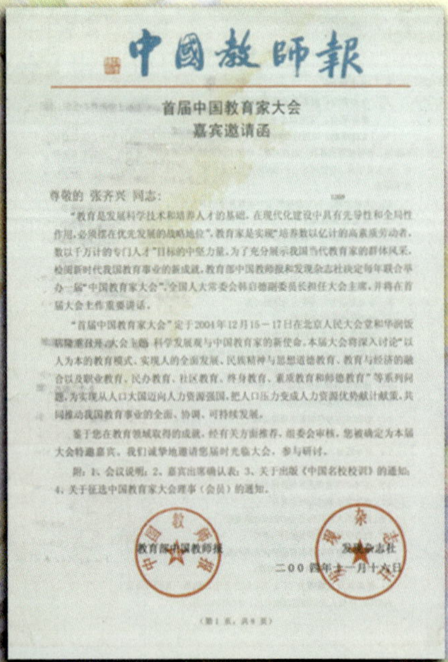

中国教師報

首届中国教育家大会
嘉宾邀请函

尊敬的 张齐兴 同志：

"教育是发展科学技术和培养人才的基础，在现代化建设中具有先导性和全局性作用，必须摆在优先发展的战略地位"。教育家是实现"培养数以亿计的高素质劳动者、数以千万计的专门人才"目标的中坚力量。为了充分展示我国当代教育家的群体风采，检阅新时代我国教育事业的新成就，教育部中国教师报和发现杂志社决定每年联合举办一届"中国教育家大会"，全国人大常委会韩启德副委员长担任大会主席，并将在首届大会上作重要讲话。

"首届中国教育家大会"定于2004年12月15－17日在北京人民大会堂和华侨饭店隆重召开。大会主题：科学发展观与中国教育家的新使命。本届大会将深入讨论"以人为本的教育模式、实现人的全面发展、民族精神与思想道德教育、教育与经济的融合以及职业教育、民办教育、社区教育、终身教育、素质教育和师德教育"等系列问题，为实现从人口大国迈向人力资源强国，把人口压力变成人力资源优势献计献策，共同推动我国教育事业的全面、协调、可持续发展。

鉴于您在教育领域取得的成就，经有关方面推荐，组委会审核，您被确定为本届大会特邀嘉宾。我们诚挚地邀请您届时光临大会，参与研讨。

附：1、会议说明；2、嘉宾出席确认表；3、关于出版《中国名校校训》的通知；4、关于征选中国教育家大会理事（会员）的通知。

教育部中国教师报　　　　发现杂志社

二〇〇四年十一月十六日

（第1页，共5页）

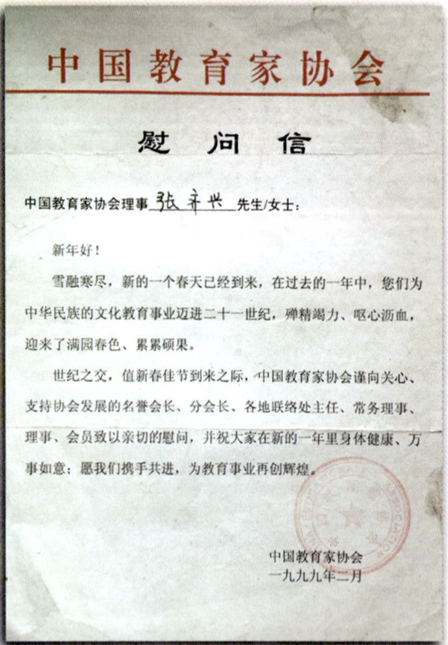

中国教育家协会

慰 问 信

中国教育家协会理事 张齐兴 先生/女士：

新年好！

雪融寒尽，新的一个春天已经到来，在过去的一年中，您们为中华民族的文化教育事业迈进二十一世纪，殚精竭力、呕心沥血，迎来了满园春色、累累硕果。

世纪之交，值新春佳节到来之际，中国教育家协会谨向关心、支持协会发展的名誉会长、分会长、各地联络处主任、常务理事、理事、会员致以亲切的慰问，并祝大家在新的一年里身体健康、万事如意；愿我们携手共进，为教育事业再创辉煌。

中国教育家协会
一九九九年二月

作者参加"首届中国教育家大会"的嘉宾邀请函

中国教育家协会的慰问信

目 录

新声·新闻

心声·诗歌散文

心语·论文

心海·浪花

新声·新闻

生活，引导我确立新闻写作观

还在戴红领巾的时候，我连做梦都想当个新闻记者。渐渐长大了，几次拿起笔来，跃跃欲试，都禁不住朋友尤其是大人们一番“新闻写作神秘论”的劝说，又望而却步了。生活中一个偶然的机会使我圆了新闻写作之梦，并与之结下了不解之缘。

那是1991年1月8日的傍晚，一场无情大火把村里年近八旬的朱朝太老人的全部家产化为灰烬。冰天雪地，衣食无着，无家可归，老人痛不欲生。乡亲们纷纷自发地送来棉被、钱粮和生活用具。学校师生慷慨仗义，把老人接到学校住下。全村党员、干部、师生以自己的实际行动谱写了一曲社会主义精神文明的赞歌。面对此情此景，我心潮难平，连夜写了新闻稿《烈火无情人有情》发往《拂晓报》，随即刊用。我的处女作大大激发了我的社会责任心。

这几年，信“教”风盛行，一些人视“耶稣基督”为“救世主”，盼望能时来运转，步入“天堂”。村里有一个三口之家，一向对“教主”虔诚不二，谁知不仅不能消灾去难，反而连遭子亡、夫瘫、妻盲之祸，生存的风筝断了线，老夫妻睡进木匣（当地称简单的狭小的薄皮棺材为木匣子）饮泣等死，最终还是政府和乡亲们救他们出了苦海。我把耳闻目睹的事实写成稿件《神叫人成鬼，党让鬼变人》先后被《拂晓报》、《安徽日报》和《农民日报》刊用。

我从报纸的选稿和不断学习中逐步体会到，抓住社会经济发展和精神文明建设中的新情况、新问题、新矛盾以及人们关心的“热点”问题，进行有深度的报道，才能提高稿件的命中率。1993年下半年，农民负担过重成了农村中的热门话题，当时正值党中央、国务院发布指示并层层部署贯彻落实之际，党的减免政策在我们乡的具体执行给农民带来实惠，他们额手称庆的欢欣情绪，使我激动不已，我通过深入采访，写了《花甲寺村农民免交提留款》，又先后被《拂晓报》《安徽日报》采用。

业余新闻写作生涯不仅充实了我的业余生活，更重要的是锻炼了我的思维能力、开阔了视野、增强干预生活的责任心。我每年都自费订阅十几种报刊，已在省内外报刊上发表文章二百三十多篇。新闻采访和写作成了我的必修课，我坚持在业余学习中结合时事新闻热点写出学习札记。同时，我还注意向行家里手拜师求教。我的新闻写作入门，得益于我县的"老新闻"李晋常老师，是他的悉心指点给我启蒙。几年来，我不失时机地登门拜访省内外新闻界的名家、前辈，聆听教诲，取经学艺，是他们的培育，铸就了我的"热情、献身、锲而不舍"的新闻写作观。

原文发表于《安徽日报》1994 年 10 月 26 日

1995 年 2 月转载《新闻通讯》

学校塌陷 牵动省长心

——回良玉关心花甲寺小学建设

新学年伊始，萧县白土镇花甲寺小学收到了省长回良玉的一封来信，全校师生奔走相告，传诵着省长回良玉关心师生安危的动人故事。

花甲寺小学本来是一所普通的村级完小，靠师生的努力，近年来一跃成为有特色学校，入学率、巩固率、升学率连续七年一直保持100%。自1994年起，因附近煤矿采煤造成地面塌裂，校舍全部变成一级危房，半年多得不到解决。省长回良玉知道后直接过问此事，出现了部队、地方政府和人民群众联合办学的热烈场面。今年三月份，正在北京开会的回省长从北京打来电话，询问花甲寺小学搬迁和建校进展情况。在回省长的关怀下，部队、地方政府和人民群众同心同德为学校建设出力。为感谢省长的关怀，花甲寺小学全体师生在教学楼落成时，给回省长寄去了一封热情洋溢的感谢信，回省长收阅后当即复函：

“花甲寺小学全体师生：

来信收阅。得悉贵校教学楼建成，十分高兴，谨表祝贺。

花甲寺小学全体教职员工尽职尽责，为我省的教育事业做出了贡献。在你们新校园诞生之际，希望你们再接再厉，创出新的更好的业绩。

祝全体教职员工工作顺利！祝同学们学习进步！

顺致

学安

回良玉

一九九五年八月十六日

手捧省长的来信，老校工施树堂情不自禁地说：“回省长时时关心咱这山旮旯小学，太感人了，咱们要铭记回省长恩情。”

原文发表于《拂晓报》1995年10月24日

一次别开生面的展览

最近，萧县白土镇花甲寺小学在学校阅览室成功地举行了一次别开生面的展览——活动课成果展，“开了全县农村小学‘实施素质教育，强化活动课程，使学生全面发展’的先河”，引起当地党政、教育部门领导及驻军首长的高度重视，在社会上产生了良好的效应。驻军某部师党委负责人蒋继安观后题词“园丁育新人，雏鹰展翅飞”，镇党委书记欧阳儒启、教办室主任单树荣等领导同志亲临学校观看展览，当即决定召开现场会，迅速推开花甲寺小学的经验。全县各小学、乡镇教办室纷纷前来参观学习。展出期间，适逢辽宁、河南两地教育考察团前来考察，他们观看了展出，给予很高的评价。

这次展览共展出师生作品2000余件，其中98%是学生的作品。该校从学前班到毕业班，人人都有作品参展，全校有名的“捣蛋四大王”参展作品最多，品位最高，制作最精致。展品内容涉及天文、地理、科技、交通、气象、环保、日用品等7个方面，种类有折纸、剪纸、布贴、吹塑、根雕、绒贴、树叶画等。孩子们的精心构思、巧妙制作，令参观者叹为观止，尤其是“捣蛋四大王”的作品更是令人惊叹不已。

花甲寺小学地处皖北腹地皇藏山麓，是一所仅有200名学生的山村完小，过去曾是一个脏、乱、差的老大难单位。近几年来，在“素质教育”的旌旗下，学校坚持“德育为首，五育并举”的办学方向，全面贯彻党的教育方针，坚持用素质教育思想指导教育教学改革，抓德育以严肃校纪，抓管理以提高效益，抓绿化以整治校园，抓质量以振兴校誉，抓素质以贯彻“两全”，抓活动课以促进学生个性特长的发展。校园优美，质量一流，“软硬件”达标。学生得到全面、主动、生动活泼的发展，“多面手”“百事通”“小神童”层出不穷。学校先后被评为“县文明单位”、地区农村示范小学和省德育先进单位。

原文发表于《农村孩子报》1998年3月26日

老百姓的平常心

萧县龙城镇大同街刘西华一家十多年如一日,无微不至地关心照顾瘫痪卧床的邻居,且尽到了活养死葬的义务,在当地被传为佳话。

刘家邻居靳朝春、靳志昂是一对历尽坎坷、屡遭劫难的同胞兄妹。二人是第二次国内革命战争时期牺牲的著名革命烈士靳伯益的胞兄妹。历经岁月的磨难,年逾花甲的靳氏兄妹相继身患顽症,卧床不起,大小便失禁。目睹此情此景,刘西华二话没说,带领家人轮流服侍这苦命的兄妹俩。一切都是尽义务,一切都做得那么尽心尽力,一切都是那么自然。一家人只图为病人送温暖、减痛苦,告慰九泉之下的烈士忠魂。

在刘西华全家人的精心护理下,靳朝春患病卧床12年,78岁时辞世。其妹靳志昂69岁时去世。兄妹俩的后事,自然又是刘西华一家人出资承办。今年清明节期间,刘西华为靳氏兄妹举行了骨灰安葬仪式。笔者慕名拜访了65岁的刘西华老人。她说:"出自人道,出自怜悯,最主要的我们是邻居。"看,这就是老百姓的平常心。

原文发表于《安徽日报》1996年8月8日

心声·诗歌散文

我不懂诗，更不会写诗，把所见所闻所思所感，把心里的话写出来，算作打油，抒发情怀，聊以自勉。

奶奶的背

爸爸小时候压的吗？
奶奶的背驼得像一张弓，
我爬在上面，
人们说我是一枚箭。

奶奶病了，
我却离开需要人照顾的奶奶，
牵着她的两束期望光线，
走进她小时候想都没敢想的校园。

如今我正飞翔在诗的蓝天，
奶奶却躺下起不来了，永远……
莫不是奶奶把生命的弦拉得过紧？
为了射出一枚带响的箭。

奶奶的背，
是我醒时的船，
梦时的港湾。
我驾驭着国产巨型航母，
驶离海港，穿越五洋，直抵九天，
遨游宇寰。

奶奶的背，
普通、平淡、简单。
却是我追梦、寻梦、腾飞、崛起
动力的不竭源泉；
更是人民共和国，
一道亮丽的风景线。

奶奶的背，
我无尽的思念。
给我留下的精神财富，
价值无法估算，
激励我敬业、清廉，
进取，奉献。

奶奶的背，
我永远的眷恋。
祈盼天国的奶奶，
何日故地重游？
您曾经的家园，
一个新崛起的萧县。

原文发表于《中国少年报》1987年8月26日

妈妈,再给我叠一只纸船吧

小时候,妈妈用爱和坚强,
给我叠了一只又一只纸船。
我以哭闹和嬉笑,
摇荡着、撕扯着纸船,
躲过了饥饿的熬煎,
送走了凄苦多难的童年。

学生时代,妈妈在我读
小学、中学、大学的三个阶段,
也都给我叠了纸船,
用她无限的希望和深深的爱。
虽然她知道:我已不是小孩,
怕盆中的水,碗中的汤,
湿了我的小船,
淹没了我的桨和桅杆。
她是在激励我,划着理想之舟,
去追寻幸福的港湾。

参加工作后,妈妈用深情的期待
和全部的爱,
又给我叠了一只,
也是最后一只纸船。
显然她知道,儿子长大了,
已肩负历史重担,
开始驾驶人生航船。
随着溪流,顺着江湾,
高歌猛进,迎接风与波,

让生命和海浪一起，
奏出最美的旋律，
开创灿烂辉煌，
更加幸福美好的明天。

现在，我已退休在家颐养天年，
却时时梦想着，远在天国的慈母，
我最亲爱的妈妈，
再给我叠一只梦中的纸船！

原文发表于《老人报》2013 年 6 月 26 日

走上讲台感赋

犁耙是手中的粉笔，
种子是文字和语言，
我耕耘的
是一块块稚嫩的心田。

上课铃声响起，
就像惊蛰来临的春雷呼唤。
教室里，同学们都已入座，
几十双渴望的眼睛在放电。

我，庄严地走上讲台，
——走上童梦中荡过的小船。
在这里，我用赤诚和艰辛，
验证古老而现实的答案……

不要说空间太小，
容不下青春的烂漫。
岁岁年年，这里桃李芬芳，百花吐艳，
香飘云外九天。

把学生带进知识的宝库，
钥匙交给笃学的青少年。
告诫他们，课本知识只是
驿站小憩时的甜点，
社会实践才是
知识的无限伸延和盛餐大宴。

是的，文明浸透的土壤，
岂能返祖到愚昧、荒诞？
快缩短到真理的距离吧！
历史在呼唤，寻求最近的垂线。

啊，我的讲台穿越历史，
浓缩了时间和空间。
历史与未来在这里接力，
希望的明天，
攀上了我高耸的双肩！

原文发表于《青海湖》1980 年 3 月

最爱妻子是民师

清晨离家,鬓戴霜露朝霞朵朵
在学校,她是个吐丝的蚕蛾
备、教、批、辅、考、研、学
丝丝入扣,环环衔接
教育教学工作的彩虹
在她手脑间飘落

午餐多半是啃几口凉馍
有时去家访,有时为学困生补课
有时忙里偷闲
到责任田里干点儿农活

晚上归来,已是万家灯火
进入家门,忙得像个陀螺
蒸馍、煮饭、炒菜……
似将军运筹帷幄

晚饭没吃几口,孩子已在怀中睡着
伺候好老小,做完了家务活
再伴孤灯,备课批改作业
熬到三更半夜

卖粮、打面、运肥、收割
拉起千把斤重的平板车
就像沙漠中
跋涉的骆驼

熟悉的身影在屋里院外穿梭
矫健的脚步在乡村泥路上重合
教室、办公室、家里三点一线
录下了多少期冀与拼搏

星期日、节假日，民师得不到休歇
村组分派的义务工：修路、开沟、挖河
必须抓紧完成干利索
上级组织的政治业务学习，集中食宿
一刻也不能缺

都说钢针不能两头尖
民师却能连轴转
一年到头，披星戴月
风雨跋涉，呕心沥血
尽管薪水没有多少
却也无怨无悔，爱岗敬业
奉献，执着

岁月的霜雪
偷偷地爬上了鬓角
时代的褶折
默默地布满了前额
民师精神感动了人民共和国
终于挺直了腰杆，转正进入公办教师行列
虽然已人到中年，但仍是爱如初，情似火
万里长征不歇脚

平凡吗？确实平凡
十几亿人中普通的一个
伟大吗？却也伟大
是她们支撑起了我们的家国

原文发表于《岁月》1997 年 6 月

忆我的“华居”——小草房

一间多么窄小的草房，
一丝多么微弱的灯光，
知识像无边的海洋，
吸取者像饥蚕扑在桑叶上。

一间多么拥挤的草房，
没有一角是学习的地方，
可是任何羁绊，
也关不住求知者的欲望。

一间多么热闹的草房，
大人、孩子、朋友、客人聚集一堂，
尽管，时间在无情地流淌，
我也要拼尽全力抓住金子般的时光。

一间多么善解人意的草房，
风云变幻却让人感到冬暖夏凉，
在那“知识越多越反动”的时代，
仍让我坚信，知识就是力量。

一间多么深情的草房，
悲哀、欢畅都在你的胸中装，
当我在知识的海洋中游觅，
你伴随着我迎来了曙光。

一间令我魂牵梦绕的草房，
孕育了学业、职位、升迁、成长，

十年寒窗终于磨出一剑，
寻梦、圆梦当上了“孩子王”。

一间多么窄小的草房，
你是一枚金灿灿的功勋章。
当知识汇成了力量，
当希望长出翅膀，
小小的草房啊，请不要在大厦旁悲伤——
因为你毕竟献出了应尽的力量。

有多少个这样的小小的草房，
有多少个这样赤诚的希望，
有多少人脱贫致富挺起了脊梁，
别忘本哟，永远铭记当年小草房。

原文发表于《青年之友》1982 年 3 月

进　城

进城，我们把裤管放下
放成喇叭形的潇洒
新生活熨帖的线条
立即把小城的目光惊傻
是的，我们是一群年轻的“农二代”
笔挺的裤管连同挺直的尊严一起
优美地摆动

魔法一样，缭乱城里人变幻的目光
——猜疑，惊讶，然后是让人高兴的忌妒
我们很快活
快活我们终于能博得目光的正视
我们很自豪
自豪我们进城落户安了家
不再像高挽着裤管的父亲
泥点，溅满皱巴巴的日子

进城，我们把裤管放下
和城里人携手生活在一起
共同绘出小城美丽的图画

原文发表于《农民之友》2001 年 6 月

乐育英才

启蒙开智术，
精刻细雕功，
呕心沥血何所求？
花开别样红。

耕云播雨恩，
含苞待放情，
霜染青丝终无悔，
英才辈辈出。

原文发表于《教师报》1997年9月12日

可爱的家乡，我真想……

我真想
真想是春天的一片绿叶
映衬你那羞红的脸庞
然后，你姹紫嫣红地微笑
而我，也把你的快乐分享

我真想
真想是夏日的一棵大树
让小鸟在我心中筑巢，纳凉
然后，你欢畅安详地睡去
而我，默默地顶着骄阳

我真想
真想是一阵秋风
给你抹上一层成熟的金黄
然后，你笑弯了沉甸甸的腰
而我，也得到了最高的奖赏

我真想
真想是冬日里的太阳
复苏你冻僵的躯体
然后，你自信地向春天走去
而我，多想伴你同往
携手建家园，共同奔小康

原文发表于《农民之友》2004年3月

春笋的自述

古老茂密的森林
甘醇肥沃的土地
我在你的怀抱里
美美地睡了一个冬季

巨响的雷声
把我从酣梦中催醒
挣脱懒惰的纠缠
挤破坚硬的泥层
露出尖尖的笋角
我第一次尝到新鲜空气
憋足劲头
等待着新的崛起

春雨，天赐的美酒
我没有辜负你的祝愿
腹中也并不空洞
有的是气节！
有的是骨气！

原文发表于《新生活》1983年2月

故乡的倒流河

故乡的倒流河
斗折蛇行景点多
陶墟牌坊天下奇
金寨出土文物多
鬼斧神工天门寺
皇藏峪风景更叫绝
卧佛山，宋窑址
汉墓群遍布西山坡
新石器遗址花甲寺
龙飞凤舞白虎卧
啊，故乡的倒流河
人杰地灵物产博

故乡的倒流河
迷人的好处所
河面鱼群泛金波
河底蟹鳖逗蚌螺
鹅鸭绕着荷花嬉
鲜菱肥藕淖中卧
啊，故乡的倒流河
欢声笑语喜气多

故乡的倒流河
童年游乐的好场所
撒下丝网兜鱼虾
潜入水底捉蚌鳖
折枝细柳追水鸟

叠个苇叶吹喇叭
啊,故乡的倒流河
存储了多少我童年的歌

原文发表于《乡音》1999 年 6 月

“八荣八耻”歌

你拍一,我拍一,“八荣八耻”永铭记,
爱国光荣叛国耻,分裂祖国遭唾弃;
你拍二,我拍二,衣食父母是上帝,
全心全意为人民,化作小草酬大地;
你拍三,我拍三,崇尚科学人胜天,
愚昧无知是耻辱,封建迷信要揭穿;
你拍四,我拍四,勤劳致富心踏实,
种瓜得瓜道理明,好逸恶劳受人讥;
你拍五,我拍五,团结互助创财富,
不干损人利己事,同舟共济小康路;
你拍六,我拍六,社会公德记心头,
见利忘义不归路,诚实守信天下游;
你拍七,我拍七,安全健康属第一,
和谐社会胜天堂,不能没有好身体;
你拍八,我拍八,遵纪守法人人夸,
违法乱纪毁前程,悔恨千古图个啥?
你拍九,我拍九,公民道德要恪守,
艰苦奋斗传家宝,铺张浪费知耻羞?
你拍十,我拍十,防微杜渐拒腐蚀,
骄奢淫逸活为死,不做公主小皇帝。

原文发表于《拂晓报》2006年4月6日

补

我用自豪
铸成钢针
我用爱情
捻成线绳
我用阳光
织成补丁
缝补
未婚夫军装上
山石荆棘
划破的窟窿
还要
绣上一颗闪闪的红星
补上我对军人
欠下的柔情
期待
军功章上
映出我的笑容

原文发表于《家庭生活报》1983年6月12日

公交车上

孩子,不要哭
该流泪的是妈妈
这座位不是让给妈妈的
因你,我们获得了拥挤中的
这方安宁
这么多陌生的身体组成一圈
爱的堤坝
在妈妈的怀里继续着你昨晚的梦
这梦是大家给的连同梦中的明天
生活不管多拥挤
总有你的位置

原文发表于《都市生活报》1984 年 8 月 21 日

红　笔

你是整枝的锐剪，
你是收割的银镰。
“×”
——剪去的是枯枝败叶，
“√”
——割来的是丰收粮棉。

原文发表于《教师之友》1982年9月

教师节感赋
——影视片名连缀

我出生在《金沙江畔》，经过《大浪淘沙》，成为《党的儿女》。由《潜伏》到《亮剑》，《喋血黑谷》，《千里挺进大别山》，参加《大决战》，继而转入《大后方》。在那《火红的年代》，历经《血与火的洗礼》，度过《激情燃烧的岁月》，已是《人到中年》。人常说《四十不惑》，我却保持着《童心》一颗。尽管《人世间》《潮起潮落》，教师的职业则是我《最后的选择》。

切莫叹教师的生活清贫，斗室里容不下《高朋满座》，然而其间充盈着对事业的《渴望》和奋斗的执着。金钱的《怪圈》可诱使利己主义者道德《裂变》，而在《灵与肉》的《大冲撞》中我却是一个胜利者。

切莫怨教师的工作艰辛，既没有闲情去《海马歌舞厅》度良宵，也没有时间去《青春卡拉 OK》《过把瘾》，但是我《青春无悔》，因为我不曾《蹉跎岁月》。伏案送走《五更寒》，挑灯迎来《启明星》。《烛光里的微笑》融进了我对事业的《忠诚》，《凤凰琴》呼唤着我心中的《师魂》。有人说如今人人为自己，只有上帝为大家。那么，我愿倾尽一片《心香》，做一个《仅次于上帝的人》。

切莫说教师的工作平凡，它牵系着共和国的《百年忧患》和振兴中华的《世纪之战》，不要忘记《远山姐弟》们正盼望着用知识去解除愚昧和贫困，《希望的田野》正等待着我们去耕耘和播撒。“忠诚党的教育事业”，这是人民教师心底里发出的《绝响》。《人生》《路漫漫》，教师《情未了》。我愿把《我的爱》化作《春晖》，哺育株株《苗苗》长成《擎天柱》，我愿用我的肩膀支起《放飞》的跑道，让千万个《小龙人》腾飞凌云。

共和国的人民教师们，《让我们荡起双桨》，冲向时代的潮头浪尖吧——我们是《追赶太阳的人们》！

原文发表于《河南教育》1993 年 9 月

山村四季赋

萧县的山村四季都是美的。春天的花，夏天的果，秋天的叶，冬天的雪，哪样都叫人赏心悦目，流连忘返。

朋友，来吧，到我们山村走一趟，住几天吧！

如果你有兴趣的话，就在春光明媚的三月里来吧，那时，山村里到处都是一派欣欣向荣的景象。花的世界是桃花、杏花、梨花的集锦；绿的海洋是杨叶、榆叶、桑叶的荟萃。当你漫步在乡村小路上，置身于这红绿之间，一定会觉得自己仿佛走进了一幅山水画中，惊叹不已。

俗话说"一年之计在于春"。春天，是农民播种希望的季节，在一片片梯田里，到处可见人们辛勤耕耘的身影。习习和风送来泥土的清香，飘来农机轰鸣、汽车喇叭声和青年男女的欢笑声，叫人像喝了三杯醇香的美酒，陶醉在春神的怀抱里。

如果你也忙碌于这大好春光中，那么就在五黄六月的夏天来吧，那时的山村真是一处理想的避暑胜地。不必担心烈日烤黑你的胳膊，那一顶顶硕大的树冠就是一把把太阳伞，不用说细细阳光，就是毛毛小雨也打不透，穿不过。当你走累了，可以在树下铺一方手绢，背依树干甜甜地睡上一觉。

"锄禾日当午，汗滴禾下土"，希望的种子需要汗水的滋润才能结出果实。花生地里，紫芋中间，都有人们拔草锄地的身影。如果你渴了，就任意踱到一处田头打一招呼，揭去上面的斗笠，搬起水罐美美地喝一顿。别以为老乡在水里撒了糖，我们这儿的水本来就这样甜，即使偶尔遇不上水罐，也不要着急，只要你望一眼那漫山遍野的红的可爱的杏子，也会口水满嘴，一解燃眉之急的。

假如山村的三月是花的季节，那么秋高气爽的八月便是叶的季节。秋天的叶子是那样的丰富灿烂，"停车坐爱枫林晚，霜叶红于二月花"，那大片大片红似火、艳赛霞的是枫叶的颜色，那漫山遍野的果树林则又像给大地镀了一层金。

在农民的眼里，秋色是金色的。黄澄澄的玉米山，黄灿灿的稻谷岭，惹得人们笑不拢嘴。在山村通往城里宽阔的公路上，载满玉米、大豆、棉花、花生的各种型号、品牌的车辆汇成一条车的长龙——这是收粮、卖粮的队伍。他们满怀希望而去，胸装喜悦归来，除了那凸起老高里面分明装满了票子的衣兜外，车上还放着各色各样时尚服装鲜品鲜货。这时,他们会热情地邀你一起回家去。不一会儿,热气腾腾的羊肉汤、地锅蘑菇鸡端上来,上面还撒一层辣椒油、香菜末……那味道啊,真叫一个“绝”。

即使寒凝大地的冬天,也不像某些诗人所描述的那样死寂、凄凉。当你站在辽阔的雪地里,远眺那挺拔于皑皑山顶的青松,欣赏那傲视白雪的红梅,那兴奋的心情绝不亚于春天看花、秋天赏叶!

如果你冷了可以叩开任何一家的房门,进去取暖。屋外鹅毛纷飞,房里却温暖如阳春三月,五六个老汉聚在一起,围着一盆赤红的炭火,炭火上温一壶烧酒,他们烤着肉干、鱼片,炖着羊腿,烧着花生米慢慢地啜饮。优哉,乐哉,活像一个个慈眉善目的老神仙。这时,你无论是男是女,都可以毫无拘束地加入到他们的行列,喝一杯烫人的烧酒暖暖身子,嚼几颗喷香的花生,品品各种自产土特产干杂果的滋味。听他们谈论着哪个国家领导人又去哪国访问,传播着又有什么关于农村政策的文件下达,打算着下年新春的耕作计划……

无论你走到哪里,山上山下,村里村外,溪边路旁,超市、酒家、快餐店林立,饭庄、旅店、歌舞厅遍布。朋友,远方的客人,来吧,一年四季,随时随地都能吃上萧县本土特产:皇藏峪蘑菇鸡,汪家羊肉汤,新庄千子、狗肉,酒店驴肉、牛肉,山村干鲜杂果……

朋友,来吧,我们热情地邀请您到山村做客。欢迎诗人来,欢迎画家来,欢迎歌手来,为我们山村吟几首奇丽的小诗,画几幅旖旎的图画,唱几支动人的歌曲。

原文发表于《农村大众》1985年4月

民 师 颂

从一开始，你们就以土生土长的方式，让农民感到教育的亲切和意义。这是一种成功。陈年老账的工分簿上，你们的身价由6分升至8分，由8分升至10分，记录着教育在土地中的“血压”。也有双脚持久的站立，也有双手挥扬的播撒，宽厚的舌苔，滑过婉转的音符，流利的文风，也滚过驱牛的吆喝和夯地的号子。

教育在农业的怀抱孕出泱泱气候。

偏远之地，你们的选择史无前例，那些阴沉的小屋和空旷的仓库，布满惊诧、犹疑的神色，好像目击者，等待回忆又一个历史掌故。从不敢奢望高贵，从不敢追慕优雅，汗水顺着传统的皱纹，砸在书页上，依然铜钱般大小；除了感受土地固有的崎岖和无奈，收获固有的丰厚，你们更添加了几分命运的艰辛。

没有精深的学问，缺乏高明的技法，只凭天生的耐力，把教科书宣讲得质朴而庄重。不善夸夸其谈。通俗浅近的叙述，吻合了乡土的习性，准确地放大乡间孩子的想象。总揣着一份担心，怕拙劣的演示误人子弟，故而免不了自责和自卑；十万个为什么的挑战，逼迫你们日夜翻山越岭，攀求高远的答询——就是这样，农家后代歪歪扭扭的思路被一次次摆正拉直，干干瘦瘦的目光被一回回打湿浸透。乡村的世界遽然开阔而充沛。

无须羞赧，即便真有过退缩，有过失落也包含着明明白白的挚爱。不必隐瞒你们长久的期待，因为这种渴求，同样是共和国的希望！应当庆幸，你们最终战胜了艰辛，用一浪高过一浪的书声掩盖了流言和怨艾，用鼓励孩子的勇气鼓励了自己。

半个世纪的使命，足以证明你们的忠诚。你们是最初的圣母，挤出自己并不丰泽的乳水，哺育了共和国一代又一代儿女。中国民师啊，你们赤足站立，栩栩如生的姿态，本身就是一个感人的坐标！

原文发表于《岁月》2000年9月

共 鸣 曲

像春雷滚过复苏的大地，
如清泉滴在干渴的心里。
一声“发展才是硬道理”——
唤起智慧，冲出寞寂，
催开多少带露的鲜花，
招下阵阵甘霖，引来多少投资商机。

啊！“发展才是硬道理”——
是前进的旗帜，
是希望的追求，
更是无华的真理……

“发展才是硬道理”——
是一架多姿的彩虹，
在中华大地上崛起！
再不像梦境那般缥缈，
而是一个有血有肉的实体。

啊！拼搏，进取，发展，崛起，
构成催人奋进的共鸣曲。
先人留下的是崎岖的山路，
我们填上去闪光的足迹……

原文发表于《百花诗刊》1988 年 3 月

我是一个点

祖国的明天是一匹彩缎，
我甘愿做一个闪光的点，
尽管微乎其微，毫不显眼。
数学老师给我讲过——
无数个点绘成了线；
奶奶也曾说过——
一根根线织成了缎……

原文发表于《少年报》1986 年 5 月 29 日

教师颂

用语言播种，用彩笔耕耘，用汗水浇灌，用心血滋润。——这就是你崇高的劳动！

在今天和明天之间架起金桥，在现实和理想之间铺设跑道；用智慧和毅力，用生命和挚爱，塑造着一代人，塑造着一个伟大的时代。——这就是您崇高的事业！

园丁的汗水，在绿叶上闪光；教师的汗水，在心灵中结果。园丁的梦境，常常是花的芳香，叶的浓荫；教师的梦境，常常是稚甜的笑脸，琅琅的书声。——这就是您执着的追求！

讲台上，书桌边，寒来暑往，撒下心血点点；绽花蕾，育桃李，春华秋实，拳拳赤诚一片。日历上只有春天，生活中只有播种。——这就是您无私的奉献！

用灵巧的手，栽种永吐芳香的桃李；用深沉的爱，培育永不凋谢的花朵。——这就是您宏伟的志向！

自爱使您端庄，自尊使您高雅，自立使您坚韧，自强使您奋发，自信使您坚定。——这就是您可贵的品格！

一个和孩子常年在一起的人，心灵永远活泼像清泉；一个热情培育小苗的人，希望永远会跳动在心间；一个忘我耕耘的人，形象在孩子们记忆中鲜活；一个用心温暖别人的人，自己的心必然是扬起的风帆。——这就是您精神的支柱！

看一年一度絮飞柳长，耐一年一度蝉鸣酷热，咏一年一度秋雨潇潇，搏一年一度风雪严霜。身无华贵，心系天下；读书万卷，情思育人。——这就是您引以为豪的座右铭。

老师，人类灵魂的工程师。唯有这光辉的名字，才有着像大海一样丰富、蓝天一样深湛的内涵！

老师，托起太阳的人。您是严冬里的火炭，酷暑里的浓荫，湍流中的站脚石，雾海中的航标灯。在孩子们心中，您是“真的种子，善的信使，美的旗帜”。

师者，传道授业解惑也。粉笔写下的是数字、字母、词语、线条、符号，这些通向学生心灵的特殊语言，悦耳像叮咚的山泉，亲切似潺潺的小溪，激越如奔泻的江流……每一章节都仿佛打开了一扇窗户，让孩子们看到了一个斑斓的新世界！

师者，人之楷模也。您总是感到自我肤浅，所以时时走向深沉；您总是感到自己还不足，所以天天去追求。您从不回避大山的沉重，您从不鄙视水泽的浅陋；其实您就是大山——山不让尘，所以才有如此之高耸；您就是大川——川不辞盈，所以才有滔滔不息的奔流。您用高尚的人格和丰厚的学识，哺育“四有”人才的成长，塑造祖国的未来。

一位好老师，胜过万本书。都说您培育了祖国的栋梁，其实，您就是祖国的栋梁。担负着提高全民族素质的重任，支撑起一代跨世纪人才的脊梁。

呵！老师，我们赞美您。是因为您职业的神圣，工作的辛苦和无私的奉献，是因为我们对您由衷的热爱与尊敬。

亲爱的老师，让我们向您致以崇高的敬礼！

原文发表于《湖南教育》1997 年 9 月

人生速写——我这一辈子

我土生土长,一副土模样。
童年凄楚,七岁父亡;
三年灾害,险些丧命;
政府救济,党恩浩荡。
九岁开始,割草拾粪挣工分
自食其力,当仁不让;
开荒种地,挖取野菜、草根
树皮,补充口粮。
逆境、苦难燃烧了我读书的热望,
肯钻好学保证了我的成绩始终处在
第一的位置上。
童年坎坷的乌云没能遮住我
成长的阳光,
生活塑造我的性格,
善解人意、刚毅、内向。
哺育抚养我成长,
仰赖吾娘吾师吾伟大的党。

小学时期,尤喜作文,经师指点,
多次获奖。
升入初中,显露锋芒,名校名师,
施教有方。
醍醐灌顶,蒸蒸日上。
难忘恩师,倪怀礼先生,
知识渊博,慧眼识良。
首次作文,先生命题《暑假见闻》、
《暑假生活片断》

我感觉太俗，换了包装。
自拟题目《我走在家乡的土地上》
洋洋洒洒，写满九张，
异曲同工，一炮打响。
轰动校园，惊叹师长，
争相传阅，交口赞扬；
行云流水，自如收放，
品读此文，满口溢香
经师推荐，发表在《萌芽》杂志上。
受到鼓舞，热情释放，
姐妹篇《可爱的家乡》
刊登在《少年文艺》上。

风云突变，好景不长。
“文革”灾降，作品祸闯；
我也差点儿被打成
“走白专道路的小黑帮”。
做梦没承想
竟因祸得福
两次幸福见到“红太阳”。
热血沸腾，喜泪盈眶，
“忠心”“听话”“跟党”。
怀揣“红宝书”，上山回乡
接受再教育，
广阔天地，“滚一身泥巴”，
“磨硬了双掌”。
“因成绩显著”，当了老九孩子王。
脱产进修，
吃上“商品粮”。

男大当婚，姻缘天降，
爱上一位民师姑娘。
志同道合，喜结连理，
亦教亦农，出对入双。

天不亮,我俩就用锄头扯去夜幕;
夕阳下,我们还不让仙女把彩锦收藏。
在粮棉堆起的"珠穆朗玛",
我们把恩爱理解刻在最顶上。

我们曾经有这样的梦想:
在外星上盖学校,实行电化远程教学,
用电脑指挥生产,在太空营建粮仓。
当我们的脚印通向理想之巅,
爱的旋律定会在玉宇回荡……
光阴荏苒,她,执教三十五个春秋,
早我三年退休回家,观赏晚霞风光。

吃过黄连苦,倍感米饭香,
灵魂雕塑师的责任感让我成为
"工作狂"
我要追回流失的韶光,
倍加珍惜眼下好时光。
我学中干,干中学,边干边学;
不断充电,不断输氧;
先后进修了党政、法律、秘书、新闻、
语言文学、领导决策、林果、
中文等八个专业。
蹲过机关,搞过社教,下过工厂,
教夜校农民识字,
授课职工政治课堂。
东进西去,与基层干部研讨"党建",
把党的优良传统和作风弘扬;
南下北上,应邀各地讲学,交流,
把深化教育改革的路子拓宽延长。
当过初中教导主任,
任过中小学校长。
无论任何职,无论走到哪里,
牢牢记住教书育人这个根本,

始终不忘自己的身份是个
“经师与人师合一”的教书匠。
驰骋教坛四十五载，
退休回家与妻共度红夕阳。
教书育人是我毕生应尽的义务，
党和人民却给我很多很高的荣誉。
上过电视，登过报纸，录过像，
进过人民大会堂，
获奖证书装满一大箱。

生活造就了我们的性格，
我们要为生活歌唱。
五线谱上再融进夕阳红的音符，
把全面建成小康社会的乐章
奏得更响。

原文发表于《晚霞》2013年6月

红烛精神赞

——献给敬爱的老师

红烛，您的身躯用慈爱的乳汁凝成，您的红心用期盼的热线贯通，您昂首挺立，义无反顾，点燃火种，播洒光明，以自己日渐消融的躯体迎来了一代又一代莘莘学子的茁壮成长，以自己崇高的道德情操营造了与时常新、奋发向上的精神文明。您，是无私奉献的化身，是鞠躬尽瘁的象征。人们把静静燃烧、坦然献身的您，喻为默默耕耘、循循善诱的人民教师，您觉得是否妥当贴切？是否名实相符？

有人说，您照亮了别人，毁灭了自己，是忘却了“自我”，这对新时期的老师们的意愿已显得落后于时代了。对此，我不敢苟同，因为对“自我”各人有各人的想法。有人说它是“自我意识”“自我价值”的表述，有人说它是“个人利益”“个人名誉”的追求，而在我看来，它的本质含义应是“自尊、自立、自强”的精神象征。

您，身正而挺立，默然而自重，燃烧而生暖，献身而发明，一时一刻也没有忘记自己的本职所赋予的“自我”精神的追求。时代前进了，内容更新了，可您与日俱进，汲取营养，充实自身，增加能量，把更多的光和热奉献给天天向上迅速成长的学生，使他们能够透过社会上消极阴暗的迷雾看到广阔光明的前程，面对滚滚而来的商潮及人心躁动，静下心来，排除干扰，一个劲儿地奔向您指引的成才目标。

有人说用您喻义教师，似乎只苛求其对社会的付出，不讲究从社会那里得到些什么，这对教师自身的价值实现是个约束。对此，我亦不能赞成，因为这种论调，片面地理解了您的精神境界。您对待人们，特别是对有志于求学的后生，总是情以系之，理以谕之，行以导之，全身心地奉献与投入。而人们对你的这种精神风貌亦是千古颂扬，世代歌咏。一代一代成长起来的后生，更是对您的培育、对您的引导，念念不忘、铭刻心中。在当今新的历史条件下，各级党和政府，颁布法令，做出决定，一个深入人心、妇孺皆知的行动口号就是“尊师重教”。千万个在您光耀下成长起来的、造就出来的专家、教授、党政领导，无论他们的地位有多高，名声有多大，一旦回顾起自己的成长道路，都会情不自禁地从内心深处道一声：“老师，您好。”当然，纵观时下人们的价值判断，也不乏小瞧您的后生，有冷淡您的场合，但只要您平心静气地想一想，就会感到这是与“只见物质不见精神”的急功近利观念连在一起的，是与商品价值规律在新旧体制转换的关头对教育、文化领域的泛化有关系的。随着科教兴国战略的落实，随着精神文明建设加强，红烛精神将普遍深入人心，广为弘扬，教师职业一定会成为人们心目中最为羡慕、最为崇高的价值取向。

古人云："师者，人之模范也。""师也者，教之以事而喻诸德也。"无论是从事哪门学科教学的教师，都在以红烛精神自勉自励，并引导学生养成立身处世的各种道德情操。德之不修，学之不讲，闻义不能徙，不善不能改，是最令人忧虑的呀！在当前社会经济迅速转型、价值观念错综纷呈的状况下，作为具有红烛精神的人民教师，只有把自己进修提高的着力点放在修师德、铸师魂、树师表上，从自己的言行举止、工作生活的方方面面为学生做好表率，才能不负时代的召唤、历史的重托和亿万人民群众的尊敬和爱戴。

红烛精神永远光耀教坛，光耀人间！

原文发表于《辽宁教育》1998 年 9 月

春 雨

春雨，悄悄地来了，轻轻地抚摸着大地，它是那样的小，像牛毛一样。大地沐浴在春雨里，像是罩上了一层薄纱。远处那已渐露春装的山峰，沉浸在这蒙蒙的春雨中，显得虚无缥缈，给人一种朦胧的感觉，山上的小河在春雨的抚摸下冲破寒冰，一路轻歌向前。

“不行春雨，何以丰收。”有经验的老农总好这样说。是的，没有初春的蒙蒙细雨，就没有春天特有的信息，就没有当年的繁花似锦，就没有叶盛成荫的美景，更没有丰硕的收获。可当你坐在树荫下，站在花丛中，或是抱着丰收的硕果时，你是否想到默默无闻地为大地培养出那绿遍天涯的百卉之芽和身负万钧的栋梁之材的春雨呢？

我爱春雨，这蒙蒙的春雨，在天空中不停地飘洒着。远远的屋檐上的水珠像断线的珍珠滴下来，变成一个个小水潭，它们汇在一起，形成一股股涓涓细流，顺着一条条纵横交错的田沟淙淙流淌着。麦苗长得更翠绿，菜花开得更金黄；这潺潺细流，流向花圃，花儿绽开了笑脸，鸟儿放开了歌喉，这汩汩细流，流入池塘，抹去了残冬的足迹，小鱼跃出了水面，摆动着它那细小的尾巴，掀起阵阵涟漪，显得生气勃勃。

这轻柔，湿润，细密，轻盈的春雨，滋润沃土，染绿大地，绽开百花，给人间带来姹紫嫣红，而那沙沙的雨声，仿佛正奏着一曲清新优美的春之曲。由此，想到了我们的老师，他们不正如这带着人间生气的春雨么？

伸手接住落下来的一滴滴春雨，我思绪万千……

原文发表于《花城》1993年2月

咏蒲公英

冈峦，湖洼，
河滩，堤坝，
路旁，树下，
海角，天涯……
只要风能吹到的地方，
你飘洒的种子就会在那里萌发。
稚嫩的芽尖刺破坚硬的土层，
钻出岩缝，挤走泥块、沙石；
无声地崛起柔软的身姿，
顶起一个富于生活美的躯体。
根的柔嫩的手指紧紧抓住命运的绳索，
牢牢地深深地扎入地下。

花的色彩不算绚丽却也那么金黄，鲜亮，
在初春尚未解冻的泥土上熠熠闪光。
当植物家族的同胞们正在孕育种子，
你突然间展开翅膀，抖落花绒，
飞向高高的天苍。
像彩蝶？像星？像雪？像羽？
不，是一个个成熟的灵魂
在向人间传递：
信念，理想，希望……

原文发表于《春风》1985年3月

栽

挖去千年荒旱贫瘠的忧患
栽下憧憬，栽下梦想，栽下明天
与对家乡的爱、家乡的发展一起生长
让生命化作
充满勃勃生机的浓荫一片

原文发表于《芳草地》1982 年 3 月

童年，绚丽的梦幻

花朵拥有春天
你我拥有童年
相同的心情
不同的容颜
都曾绽开绚丽的梦幻

让我们乘上岁月的船
驶向未来的召唤
远方是渴望也是祈盼
哪怕风再高浪再险
也不能阻拦
我们坚强的步履
更不能淹没
我们燃烧的信念！

原文发表于《新长征》1983 年 6 月

信　仰

信仰是犁
翻开流油的沃土
覆盖愚昧的杂草
将荒野变成良田

信仰是播种机
铅字的种子
撒在肥沃的泥土里
长出漫山遍野的果树
结满丰硕的桃李

信仰是镰
走进科学田园
收割一个课题
一簇启示
一丛哲理

原文发表于《文萃报》1995年10月3日

希 望

将失落的叹息
挫折的沮丧
铸炼成粉红色的希望

给心扉开一个窗
让那儿流进来花香和月光
在迷茫中振奋
雾般的惆怅已飘向远方

当霞光刺破了黎明
奔腾吧,年轻的心
窗外已是一片明朗

谁说成功与你无缘
谁愿把形象交给窝囊
只要你胸中还燃烧着信念
希望就在不远的前方

原文发表于《鹃花》1985 年 6 月

红 船 颂

南湖的红船，认识你，是在小学一年级的课本里——一个伟大的摇篮，我们梦想起航的地方。

风雨交加，电闪雷鸣，谁拉纤一路披荆斩棘，从北伐战争到南昌起义；江河滔滔，大浪淘沙，谁高擎锤镰组合的红旗，武装夺取政权，以农村包围城市，开辟了井冈山革命根据地，星火燎原，燃遍神州大地。

风云突变，血雨腥风里，为了保存革命种子，开始战略性大转移，冲破艰难险阻，历尽千辛万苦，长驱两万五千里。于是，在革命史册上，有了长征，有了雪山草地，有了红都瑞金，有了名城遵义，有了革命圣地延安，有了人民大救星毛主席……一个个闪光的名字。

血与火的磨砺，灵与肉的搏击，红船载着一轮红日，在天安门上冉冉升起。从此，多灾多难的中华民族，在阳光下扬眉吐气！

“四害横行”，“文革”祸起，阴霾遮天，淫雨覆地，谁举重若轻，力挽狂澜，用实践检验真理。狂风恶浪，急流险滩，谁拨乱反正，所向披靡——改革开放的总设计师，人民的好儿子，邓小平同志。因而，一个春天的故事，迅速传遍神州大地。每一声语调，都是睿智与心血的结晶；每一个字眼，都是久旱之后的雨滴；每一个细节，都是蓬勃生长的奇迹。

情满珠江，情满长江，情满浦江，情满赣江……

爱涌南海，爱涌东海，爱涌黄海，爱涌渤海……

高大的红船，在一代代领导集体的指挥下，与时俱进，继往开来；风雨兼程，扬起中国特色的风帆，驶向辉煌的新世纪。

原文发表于《开放潮》1992 年 4 月

心语·论文

教师要做自己的研究

在基础教育课程改革中，为了使教师尽快适应新课程，创造性地实施新课程，提高教师的素质和能力，很多人都提出了“教师要成为研究者”的主张，中小学的教育科研再度成为人们关注的热点。但教师成为研究者并不是要教师以专业研究者的身份，去做专业人员的研究。相反，教师应以教师的职业角色和身份，对教师自己遇到的问题进行研究，也就是要做自己的研究，研究自己。这是中小学开展教育科研或进行校本研究必须把握的基本原则。

做自己的研究是相对于做“他人”的研究而言的。做自己的研究意味着研究的问题不是“他人”的，而是面对自己提出的真实具体的问题；做自己的研究同时也意味着研究不是完成一种“外在”的规定性任务，而是教师自己发自内心的实实在在的需要。研究自己意味着教师的研究对象不是“他人”，不是“宏观的”“普遍的”教育问题，而是以自己为研究对象，不断改进和追求卓越的自我反思。研究自己才是在做真研究，而不是假研究。现在中小学教育科研之所以不断地受到人们的质疑和批评，“研究成果”在通过检查验收后就变成了在档案室封存的历史，教师们在轰轰烈烈的一项科研结束之后，又可悲地回到了“习俗化”的教育教学水平，就是因为在中小学教育科研中，教师们不是在做自己的研究，不是在研究自己，没有把握好中小学教育科研的方向。

对中小学教师来说，开展教育科研的基本动力是对更好的、更有效的教育的追求，是对他人成长学问的“迷恋”，是一种教育使命的召唤。中小学教育科研应该是学校和教师在教育教学活动中觉得有问题或出现困惑，为了解决问题和困惑而进行的有意识有目的的积极主动的探究和实践活动。这些问题和困惑有的也许具有普遍性，但更多的是特殊的或个案的，是一个个教师自己真实面对的具体的实实在在的问题。而他们在研究中也不是为了发现或贡献原理性的知识和理论，而是为了找到解决具体问题和困惑的策略和办法，在实践中增强自己的教育智慧，使自己获得成长和发展。

因此，中小学教育科研的根本特征就是老师做自己的研究，研究自己。对中小学教师们来说，搞科研不是目的，老师也没有纯粹的科研任务。教师所进行的研究不是存在于教育教学活动之外，不是在另外的时间和空间做另外的事情，而是在教育教学活动中，为着教育教学进行研究。一句话，教师是在教育教学中研究，在研究中进行教育教学。教师的主要任务是教书育人，搞科研不是为了成为专业研究者，而是为了"学会教学"，是出于做一个能"教好书"的好教师的人生追求。

教师要做自己的研究，并不排斥专业人员的专业支持，相反它更需要专业人员真正的专业支持。这种专业支持不是专家们"引领"教师做专家的课题或子课题，更不能是商业化的炒作，而是出于对基础教育真正关心的责任和情怀，向学校和教师提供高水平的咨询意见和建议，利用自己的专业知识和经验为老师做自己的研究提供有效的帮助，在专业方面提供专业化的知识和智力服务。学校和老师与专家的关系是一种"需要—服务"的"市场供求关系"。教师的研究需要专家的专业支持，但专家不能包办教师的研究，更不能指挥教师的研究，而是立足于开阔教师的视野，启迪教师的智慧，提升教师的能力，促进教师进行深入的思考，引领教师成为他"自己"——一个具备独特个性和智慧的好教师。

教师做自己的研究也不是不需要教师间的合作研究。但对合作研究我们不能做狭隘的理解，认为许多教师做同一个课题，完成同一项任务才叫合作研究。这与其说是合作，还不如说是分工更合适。有很多学校总是想搞一个覆盖全校的大课题来组织全体教师进行所谓的合作研究。如果没有教师做自己研究的主动性和积极性，这样的合作研究其实是"貌合神离"。合作实质上更多的是一种精神上的沟通，一种心灵上的默契，是在共同目标的鼓舞下，彼此间相互的激励和支持，宽容和理解，碰撞和交流。教师做自己的研究，并不是教师一个人单枪匹马地在"真空"中进行孤独的奋斗，其他教师的态度、意见都不可避免地对教师的研究方向、进度和结果发生着影响，合作研究与教师自己的研究就这样彼此交融，密不可分。

中小学教育科研既不神秘也不复杂，是我们人为地把它神秘化复杂化了。由于习惯和定式，说到搞教育科研，很多老师自觉或不自觉就把自己当成了专业研究者，而忘记了"自己"是谁。现在有些学者主张教师要做"行动研究""叙事研究"，讲"我的教育故事"，就是要让中小学教师重新发现自己，认识自己，回到做自己的研究，研究自己的本来状态。以自己为研究对象，以自己为研究工具，创造一个新我，这就是中小学教育科研的真谛。

原文发表于《现代教育论坛》2003 年 9 月

教师类型及相应的研究层次

教学是一种非常复杂的脑力劳动，教学效果也会因多种因素影响而达不到预想的期望值。大家一般情况下会强调工作时间和无私奉献精神，殊不知教学成绩并不完全与此成正比。调查研究证明：教学成绩还与教师的类型及其研究层次有密切的关系。

描述型教师：在学生刚刚接触某部分知识时，描述型教师也可以成为“好教师”。这类教师能将课本知识原汁原味地教授给学生，往往要求非常严格，但有时显得过于刻板和缺乏灵活性。由于对知识缺乏深层次理解，他们认为教学很简单，对自己工作的努力也常常自觉欣慰。平日测验教学成绩一般较好，大型考试或题目较难时则会大幅度滑坡。该类教师的教学研究停留在现象或事实的描述上，解决的问题是“某事件是什么”。

解释型教师：解释型教师的知识面相对广博，能帮学生理解某种现象间的关系，即现象发生的机制，但缺乏相关知识间的联系。该类教师教学研究主要解决的是这一事件为什么发生，什么引起了这一事件的发生。

概括型教师：概括型教师的主要特点是能把研究中发现的规律，外推到一个新的情境当中，即进行有效的知识迁移，很大程度上注重了某些问题的相似性。这类教师知识面广、丰富。概括型教师十分注意比较法的运用和知识的引申，是典型的将书“教厚”的教学代表。

理论型教师：理论型教师最大的特点是十分注重采用科学、有效的方法对某一部分知识进行系统的研究，从而发现或建立某种普遍性的规律或原则。该类教师对教材有相当深刻的理解，并精通教学理论和先进教学方法的内涵，善于借鉴相关学科知识及科学研究方法，做到既能适时地将书“教厚”，又能适时地将书“教薄”。学生反映理论型教师让人在不知不觉中遵循科学的认知方法及规律去解决问题，蓦然回首，才发现知识是那么条理简明，让人有一种拨云见日的感觉。理论型层次研究主要是在实践的基础上，运用先进的教学理论和方法，对知识的内在规律或原则进行剖析研究。

学生在不同的学习阶段需要不同类型的教师，初学阶段倾向于描述型、解释型，复习阶段倾向于概括型，毕业复习阶段倾向于理论型。根据教师特点合理地配置教师资源是当前一个重要研究课题。所谓的理论型教师也是一步步磨炼出来的,并非天生。但专家研究认为:有些教师教学很难上升到概括型、理论型,当然这与个人的知识结构、成长背景、个人心理特点等有密切的关系。通常说“学如逆水行舟,不进则退”,作为教人者大抵也如此。

原文发表于《教育科学》1997 年 4 月

教师从事教学研究的基本方式

一、从研究自己教学入手的研究方式——教历研究

教历研究是教师对自己的教学进行研究，以形成理性认识，进而改进教学的一种研究方式。它的思想前提是既往行为和表现的记录，是一种经验积累的过程，可以为当前或以后的行为改进提供重要的参考。从字义上理解，教历是指教师教学上的经历或历程，是教师教学情况的记录，它是在教案基础上发展起来的更全面、更真实记录教师教学行踪的一种材料。

教历一般包括四项内容：

① 一般项目：如教师的姓名、教历记录的时间、科目与专题、任教班级、学生人数、记录包括的时间跨度等。

② 课前计划（即教案）：包括目标、材料与设备、内容与方法等。

③ 过程记录（课堂教学情况）：包括过程记录，时间分配实录，调整记录（教师根据教学进展情况临时改变计划，对教学内容、教学方法、教学步骤等所做的调整及原因），课堂管理（课堂规划的制定与执行，问题行为管理）及辅助教学行为（动机的激发、师生交流、强化、教师期望的表达）记录等。

④ 课后反思：包括他人的评价性信息，自我反思等。这种研究方式的基本程序包括记录教历、研究教历和得出结论。

二、从研究他人研究成果入手的研究方式——移植研究

移植研究有两种。一种是把别人的教学经验移植到自己的教学实践中进行实验和研究，称为经验移植。一种是对已经具有物化的理论形态的教学研究成果进行移植，以研究的眼光将其运用到自己的教学实践中，并在保持该理论完整的情况下，根据教学的实际情况进行改造，最后形成自己的成果，称为概念移植。

三、从课题入手的研究方式——课题研究

课题研究是指以课题为中心，通过对课题的论证、规划、实施，收集数据，分析数据，最后得出结论的研究方式。

课题研究包括选题、查阅文献、制订研究工作计划、实施计划、分析数据、表达结果等环节。

从事课题研究有参与课题研究和主持课题研究之分，同时还有承担课题研究和自主申报立项进行课题研究之别。

四、以参与和合作为重要手段的研究方式——行动研究

行动研究是一种由实际工作人员在实际的情景中进行研究，并将研究结果在同一个情景中加以应用的一种研究方式。这种研究的特点是为行动（这里即指教师的教学工作）而研究，是对行动的研究和在行动中研究。教育行动研究的主要倡导者柯雷提出行动研究有五个相连续的步骤：

① 明确问题。既要澄清教师在实践过程中遇到的问题是什么，并用尽量清晰的语言对这些问题进行界定。

② 确立解决这个问题的行动目标与过程。

③ 按设计好的步骤行动，并对行动做记录，收集证据以确定目标实现的过程。

④ 对有关材料进行整理，概括出关于行动与目标之间关系的一些一般性原则。

⑤ 在实践情境中进一步检验这些原则。

行动研究有三个基本程序：一是计划，二是实施，三是反思与评价。

行动研究在从事研究的主体、研究成果的预期作用、关注的重点等方面，与传统意义上的研究有根本性的变化；同时，在研究的具体过程上还基本保留了科学研究的成分。它的思想和方法对教师来讲，不失为一种好的研究方式。

原文发表于《教学研究》1996 年 3 月

教学案例研究艺术初探

随着新课程的实施，案例的开发与教学成为教育研究领域的一个新动向。案例紧密地与教师发展、新课程改革结为一体，在教师的职业生涯和新课程的推进中，正扮演着越来越重要的角色。同时，我们注意到一个问题，与关注案例的热情相比，对案例的研究却少之又少，以至于时下案例在许多人眼中还属于"雾里看花""知其然而不知其所以然"。本文试图通过对教学案例研究的理解、意义及撰写内容的初步探索，以期引发广大教师对教学案例研究的热情，让教学案例在提高教师业务素质中发挥更大的作用。

一、什么是教学案例研究

教学案例是实践中发生的带有普遍性、代表性的典型事例，它反映一个问题、一件工作、一个案例发生、发展和演变的过程，通过对这些典型事例的分析，提出解决问题的办法和思路。

教学案例研究具有微观性、个体性和行动性的特点，易于操作，符合广大中小学各科教师的工作实际和教研能力。它并不使用特定的假设，也无须验证某种因果关系，研究过程不受限制。教师可以从自己的教学实践出发，将理论研究与实践探索紧密联系在一起，促进个体教学行为的优化。教学案例研究的主要特征是，教师在教学实践中发现问题并进行思考与探索，寻找解决问题的最佳方法，并对解决问题的过程进行反思。教学案例研究一般包括以下五个环节：

(1) 发现教学中的问题，并对问题的性质、状态、对教学的影响程度等因素进行分析，确定问题的价值度。

(2) 寻找解决问题的方法与途径。多层次、多角度地思考，在多种方案中找出认为适合解决问题的最佳方案。方案的设计要体现开放性、科学性和前瞻性。

(3) 尝试解决问题。根据设计的方案，组织实施解决问题的过程。可随时调整方案的某些环节或删改方案的内容，以求解决问题的效果达到最佳。

(4) 对自己解决问题的过程进行反思。问题的解决是一个实践的过程，需要把它总结深化，提高到理论的高度来认识，达到质的飞跃，以便指导今后的教学实践。

(5) 应用成功的经验，解决教学中的新问题，体现螺旋式上升的特点。

这五个环节中，前三个是自我实践的环节，后两个是实践后的认识，体现了由感性到理性的认识过程，不仅有利于提高教学的艺术，而且有利于增强教学研究的能力。

二、教学案例研究的方法及步骤

教学中案例研究的基本思路是把教学过程中发生的教学事件和处理的全过程如实记录下来，写成"案例过程"，然后围绕案例过程中反映出的问题进行分析或集体研讨，提出解决问题的策略以及值得探讨的问题，最终形成教学案例。具体地说，课堂教学案例研究一般要经过前期准备、收集材料、分析研究、形成案例等步骤。

1. 前期准备

教师要了解当前教学的大背景，教改的大方向，还要通过有关的调查、搜集详尽的材料，同时初步确定案例的研究目标、研究任务、体例、类型、结构等。必要时还要针对性地作一些理论准备。

2. 收集材料

收集充分的案例材料是课堂教学案例研究的基础，收集案例材料具体方法有课堂观察、访谈与调查。

(1) 课堂观察。观察是一种较为基本和常用的科学研究方法。课堂观察是指教师按照一定的目的和计划，在课堂教学活动的自然状态下，用自己的感官和辅助工具对教师的教与学行为和学生的参与状态等教育现象进行观察研究的一种方法。课堂观察可以是教师自己对课堂活动进行观察，也可以由其他教师来实施观察。课堂观察事先经过精心设计和组织，对教学情景的洞察可以获得一般观察无法达到的深度和广度，对观察的资料，可以逐字逐句整理成课堂教学实录、教学程序表、提问技巧水平检核表、课堂教学时间分配表等，以便为后续分析案例提供翔实的原始材料。

(2) 访谈与调查。对一些课堂教学不能观察到的师生内心活动，如教师教学的目的、教学程序的意图、教学手段的运用以及教学达标的成效度等一些需要进一步了解的问题，可以通过与执教教师的交谈和学生的座谈，以丰富、充实课堂教学观察的材料，从这些访谈、调查的材料中，再分析课堂教学的现象，不难发现造成各种课堂教学现象与教师教学行为之间的因果关系，然后再寻找在哪个教学环节中出现的问题，从中提炼出解决问题的对策。

3. 分析研究

围绕案例材料作多角度全方位的解读，可对课堂教学行为作技术分析，教师自己可以进行课后反思,可以围绕案例中体现的教学理念进行研讨,也可以围绕教学理论进行阐释。这里的分析研究,应回归到对课堂教学基本面的探讨才能展现案例的价值,不要过分地集中于个别情景或特殊问题,而应分析教学的基本特点以及值得研究的问题,要注意对课堂教学作整体的考察和深层次的分析,否则会失去案例真正的意义和价值。案例研究可以采用集体讨论的方法,可以发挥教研组等集体的作用,集体攻关,分工合作,共同研究,去进一步解读课堂教学的活动,挖掘案例中的教育思想。

4. 形成案例

在对案例材料做多角度研究分析的基础上,可按一定的结构进行表述形成教学案例。撰写案例要做到目标明确,描述真实、具体情节合情合理,材料选取适当,案例构思巧妙,文字表达生动。撰写课堂教学案例一般要经过撰写—讨论—修改—再讨论的多次反复的过程,不断完善。要反对“空话”与“套话”的泛滥,努力做到“言之有物,言之有理,虚实并重,小中见大”。

原文发表于《辽宁教育》2005 年 10 月

啥时能看到原汁原味的公开课

如今的公开课都有共同的特点：第一，广泛地使用多媒体，并制作了课件。课件画面清晰艳丽，动感强，可操作性强。第二，教师准备充分。小到先说哪句话，大到怎样分析课文结构，都早在老师掌握之中。第三，预演、表演、导演痕迹过重，给人一种“不是听课而是看演出”一样的感觉。第四，只要是公开课都是成功的。

举行公开课，就是要通过这种形式，给听课人树立一种典范、一个标本。听课人能把听课学来的方式方法用于自己的教学中。从这个角度上说，公开课应是人人可以模仿、人人可以学习的大众课。只不过是举行公开课的人，在把握大纲、了解学生、传授知识方面做得更好一些罢了。

就公开课的上述四大特征来说，就缺乏了可学性。每一位老师日常上课，不可能天天用多媒体，用多媒体也不可能设计出那么精细的课件。老师平时上课，尽管预先备了教案，但课堂上意料之外的事情是经常出现的。这是课堂上的正常表现，也是考验老师灵活性的一道道“试题”。缺少了这些试题的公开课，便少了很多味道，也看不出授课人的真实水平。更可怕的是那种预演、表演、导演式的公开课，一个“假”字贯穿其中，既给学生留下了老师作假的印象，又极大地破坏了授课效果。尽管我们提倡上课要声情并茂，要感情饱满，但这绝不是提倡老师像演员一样演出，更不提倡整堂课像被导演过的一个话剧。因为，任何一个学科都是一门学问、一门科学，而科学是来不得半点矫饰和虚伪的。

因此，有些老师说，我们宁愿看到一堂原汁原味，哪怕是失败的公开课，也不愿看到一堂历经预演、导演再加表演的完美无缺的公开课。因为，从前者的课上，我们能了解到兄弟学校的学生的真实情况，能了解到同行授课的真实水平和独到之处，也能了解到这堂课失败的原因或成功的经验。听这么一节课，我们有感触，有收获；听课后可以指导我们的工作。而后者呢？除了眼花缭乱、艳丽刺激的多媒体画面，除了矫揉造作的表演和天衣无缝的问答，除了预先设计的课堂结构，还有什么呢？而这些全是上公开课的老师预演、表演、导演的结果。这些预演、表演、导演费时费力费心，还需要很多人的合作。对每一个普通老师来说，可望而不可即，可听而不可学，可看而不可用。从另一个角度上说，每节课都这么上，这能符合教育规律吗？

打一个不恰当的比喻，听这种公开课，就如同领着下岗职工去参观大款家庭的高档装修。参观人只能啧啧赞叹，却徒唤奈何。

愿公开课，多一些实在，少一些虚伪，多一些可学性，少一些表演性吧！

原文发表于《求实》2006 年 4 月

形式主义休矣

形式主义何其多，即使不言“大跃进”的深翻土地，大炼钢铁，也不讲“文化大革命”的“早请示，晚汇报”，单看当前一些学校的计划、备课、听课、统考等之类的“搞炒”就够有意思了。

计划。一所学校订个切实可行的计划是应该的。然而，一些学校的工作计划是为了装潢门面，故有老师编顺口溜讽刺之：计划计划，牛皮大话。新的皇历，老的办法。开学一拟，墙上高挂，灰尘多厚，哪个管它。此有何用？应付检查。

备课。本来，备好课、上好课就是提高教学质量的前提条件，但不少学校对老师的备课只重形式，不重内容，框好模式：教学目标，环节步骤，课时课本，千篇一律，便于检查——乃为“佳案”。于是平行班教师，上完课后分下任务，各复写几单元，而且装订成册，上交即是。

听课。一些领导机关，不切实际，想当然办事，硬性规定：校长、主任、教师每人一学期完成多少任务，完不成者受罚。为此，学校领导与全体教师“攻守同盟”“齐心协力”“默契配合”，你抄我的记录，我抄他的记录，泥鳅黄鳝，串满为数。这对教师、对工作有何益处？

统考。频繁的统考，上级三令五申，却有禁不止，有令不行。一些基层教育部门、学校将之作为“法宝”。一则可卖资料赚钱，二是便于统报成绩。这个成绩又层层做“技术处理——报喜不报忧”。谁做得高明，谁就获得奖励。可谓“外以欺于人，内以欺于心”呵！

验收。当前，评估、验收亦很风行。在此之前，先发提纲——以作暗示；项目清楚——好装内容；通知时间——做好准备。这样学校领导口若悬河、滔滔不绝地汇报，检查组到此一游，走马观花。只要“茶花”大开，“石林”不倒，“塔山”一红，“云烟”缭绕，金、银、铜牌大家得到。

凡此种种，不可胜数。这种教学上的形式主义，实际上是一种虚伪浮夸的外包装。育人单位还是应多去磨砺本身的内功，实事求是，冲出“包装的”外壳，还一个真真实实的自我。

查实情，说实话，办实事，求实效，看实绩，那令人齿冷的形式主义该当休矣！

原文发表于《中国教师报》2001 年 9 月 28 日

略论教师高品位精神境界的特征

教师高品位境界的特征表现在哪些方面呢？下面试就这个问题作一简要论述。

一、敬业与乐业

一位教师的同学从外地来找他叙旧，下午6点多钟在教师家中没能找到这位教师，最后在教室里找到了。这时，他还在辅导着几名学生。这位教师的同学深有感慨地说："现在大家都在玩，只有教师没有玩！"这种感慨是真实的。

教师的工作对象是活生生的人，知识的传授与生命情感融为了一体。当过教师的人都深有体会：教师的工作其实是无所谓上班下班之分的，上班教好课，下班后，思想上总还在想着教学中的成败、想着学生的作业、想着还有哪些学生需要辅导……实际上都是心中有着想不完、做不完的事。教师职业要求教师自觉地去履行自己的职责，热爱自己的事业，这就是教师的敬业精神。

有人说，选择了教师职业就是选择了清贫。教育战线是高智力人才集中的地方，现代教师面对着更多的社会诱惑。然而，教师为何能安于清贫而长期地工作在三尺讲台呢？这不仅仅是敬业，教师的乐业精神更能体现教师精神境界的高尚。

敬业是以乐业为基础的。教师最大的期望和乐趣不在于个人境遇的贫富升迁，而在于自己教育的成功、学生的成才。教师看到自己学生取得优异成绩，其愉悦程度不亚于科学家看到自己设计的卫星上天。在这种乐业精神的支配下，教师往往放弃自己许多生活上的需求，废寝忘食地工作，以育人为乐，把自己的快乐融进教育事业之中。

敬业更乐业，这就是教师高品位精神境界的崇高之处。

二、竞争与合作

竞争作为一种促进发展的机制，引入教育之后，使教育增添了活力。教师们为了教育事业，充分发挥自己的创造力，你追我赶，推动教育的发展，在竞争中涌现出大批新型人才。这些，不能不说是竞争机制丰富了教师精神境界的内涵。

但是，我们要认识到，现代教育事业是一种集体协调性非常强的职业劳动，教师的工作需要竞争，更需要合作，教育工作中的合作更是教师高品位精神境界的表现。

教师的工作对象是人不是物，商品生产出了次品可以弥补，学生教育出了问题几乎无法补救。教育要求教师全面关心学生，关心全体学生。要做到这一点，只靠教师的个体力量是不够的，必须为实现共同目标而形成教师群体合力，优化教师集体个性结构，使竞争与合作紧密地结合起来。

教师既教书又育人，学科教师除了教好自己的课程外，还要与班主任配合，对学生进行思想教育。

教师不能只是顾及自己所教学科的单科独进，还必须与其他学科教师配合，促进学生全面发展。

教师的能力爱好是不尽相同的，教师间取长补短，体现教师教育教学整体力量的优势(如集体备课、共同研究课题、相互学习教学经验)，以发挥教育最佳功能，避免误人子弟。

一名青年教师在教育教学上的成功，必定有一批有经验教师热情无私的帮助。

教师就是这样，把为了一切学生和为了学生的一切作为最高追求，他们经常需要牺牲自己的时间和利益，需要失去自己竞争和成功的机会，去做教师群体合力形成的推动者。这是其他职业所无法相比的教师高品位精神境界之所在。

三、智力与情感

教师的主要任务是要把人类创造积累的文化科学知识、正确的思想观点等一代又一代地传承下去。社会的发展对教师的智力水平要求越来越高。教师为适应社会需求，不断地充实自己，扩大自己的知识占有量，并无私地将知识传授给学生。这便是智力因素在教师精神境界的闪光点。

现代科学家的研究表明：使人成功的因素中，智力因素只占20%，情感因素占80%(目前，许多部门把情商的高低作为人才招聘标准已获成功)。其实，教师工作是智力因素与情感因素的紧密结合，并使情感因素得到充分发挥，堪称典范。

工作实践使教师深深体会到：没有情感投入的教育是不完全的教育，没有引起师生情感共鸣的教育是不成功的教育。有经验教师的知识传授是与情感的投入分不开的。有位教师的一名学生学习较差，经常不完成作业。在给这名学生写评语时，这位教师不是直接写出学生的缺点，而是寻找学生的优点。他写道："你的字写得非常好，看来你是下功夫练出来的。如果每天能看到你那优美字体的作业，我会非常高兴。”教师这简短的评语改变了这名学生的学习状况。这难道不是教师情感在起作用吗？

有人说：教师不仅仅是知识的传授者，他们更是在用自己的爱心、诚心、关心、热心、细心、耐心，去换家长的放心。这是教师精神境界的真实写照。教师在家中，在日常生活中经常会遇到一些不顺心的事情，但是他们一见到学生，就把烦恼抛之脑外。

这，不正是教师高品位精神境界的独有表现吗？

四、育人与自育

古人把“传道、授业、解惑”作为教师工作的职责。今天，教师对育人的内涵有了更深的认识。培养德智体诸方面全面发展的社会主义接班人和建设者，已成为教师工作的最高追求。在工作中，教师处处以育人为目标，以育人为乐，对学生严格要求，全面要求，培养学生成人成才。这一育人过程是教师甘当“园丁、人梯、蜡烛”崇高精神境界的表现。

然而，教师精神境界的崇高，不仅仅体现在育人上，更表现在教师的“自育”上。

教师职业是一种具有超前性和规范性的职业，教师职业要求教师比受教育者具有更高的素养，更渊博的学识。教师在工作中，不仅研究着教育对象，而且在不断地研究着自己，育人先在自己心中播下育己的种子。教师们已经认识到，教师职业要求教师既要德高又要学高，否则，将不配做教师。

人们常说：“要给学生一碗水，自己先要有一桶水。”随着现代科技的高速发展，在这知识爆炸的年代里，继续教育、终身教育已成为教师的生活内涵。教师把自我诱导、自我调节、自我培养作为自己的职业追求，时时激励自己去刻苦学习，严格训练，促使自己站得更高，看得更远。以前，教师能教好一门课就行了，现在，已向教师提出了“三能一会”的要求（能教一门必修课，能教一门选修课，能带一个课外活动小组，会当班主任）。教师要达到这一要求必须努力地自育。

在教师中流传着这样的话：“社会上能说的话，教师不一定都能说；社会上能穿的衣，教师不一定都能穿；社会上能做的事，教师不一定都能做。”“为人师表”使教师深深懂得这些话的含义。育人者先自育，这是教师职业的要求，这更是教师高品位精神境界特有的特征。

没有教师高品位精神境界，即使有最先进的教学设备、最好的教材，也不能获得教育的成功。因此，我们要了解教师的精神境界，认识教师具有高品位神境界的特征，努力促使教师高品位神境界的形成和发展。

原文发表于《现代教育论坛》1999年5月

教师要学会赞赏学生

赞赏是心灵深处的自然流露，内心情感世界的迸发，没有矫揉造作，没有功利目的。在日常教学中，一些教师常常对学生期望过高，甚至以“完美”的标准去苛求他们。因此，教师看到的大多是学生的不足和缺点，看不到学生的优点，自然就谈不上欣赏称赞学生了。

赞赏学生是人文精神在课堂教育教学过程中的渗透，体现了学生和教师人格尊严上的平等。它倡导个性解放，要求教师应看到人性的美好，看到每个学生都有追求进步、积极向上的倾向，都有聪明、好学、向善的一面。同时，教师必须以平常心去看待他们的每一个长处，肯定他们的每一次进步，久而久之，学生自然而然就会树立起自信心和自豪感。而对待学生的失败和错误，教师要能以一种广阔的胸襟给予谅解、宽容和鼓励，并为他们指出一条解决问题、改正错误的途径。如果学生长期生活在和谐、温暖、相互信任、相互赞赏的氛围中，就能养成积极向上的健康心境，就能以积极主动的态度去学习新知识、探索新方法、研究新问题。

赞赏是一种美的熏陶，所有学生都希望得到赞赏、信任和鼓励，这样的语言对孩子们具有神奇的激励作用。善与美是紧密相连的，“君子成人之美，而不成人之恶”，作为一名教师，如能时时以饱满的精神、赞赏的眼光、鼓励的话语对待学生，必能起到“随风潜入夜，润物细无声”的作用。真就是美，教师的赞赏必须真心诚意，没有矫揉造作，体现出自然、真切与和谐之美，凝聚着强烈的感染力和亲和力。如果学生在学校里能时时感受到人与人之间的真善美，经常体验到被爱感、成功感、自豪感和愉快感，就会形成开朗活泼、乐观向上的性格，建立起亲密、和谐、真情的师生关系。在课堂教学中学生就能表现出勇于探索、敢于创新的精神，处处洋溢着真情，时时闪耀智慧的火花。

赞赏是一门艺术。作为它的外在形式的表扬、称赞、激励也要讲究艺术。由于每个学生的性格、学识、经验和优点不同，教育教学内容、手段不同，要使赞赏达到最佳效果，就必须灵活掌握表扬方法，让它具有针对性和实用性。

我衷心希望所有的孩子都能遇上一位具有人文精神、善于赞赏学生的好教师。

原文发表于《河南教育》1995 年 9 月

教师人格对学生的教化作用

人格，简言之即德。它是一个人感情、言谈举止、道德信仰的综合表现。理想人格具有示范作用。中国古代教育就注重“身教”，提倡教师的“为人师表”。一个教师具有了“躬自厚而薄责于人”的品格，学生才会自觉自愿地学他传授的知识。这就是所谓的“其身正，不令而行；其身不正，虽令不行”，德是人成才的动力系统与导向系统。孔子认为教师只有“志于道，据于德，依于仁”才能“游于艺”，其教学业务水平才能达到一定境界。古语曰“经师易得，人师难求”，讲的就是人格是决定教师是不是良师的重要因素。

教师的业务水平和教学技艺是教学的实践与动力基础。两者相互作用共同促进教学的顺利完成。中国道家主张“无为而无不为”。教师的业务水平和教学技艺是教学系统中的硬件，是实用之用；教师的人格是教学系统中的软件，是虚无之用。“实用之用是有限之用，虚无之用是无限之用”。在教学过程中，教师如果把自己对学生的人格感召渗透于教学过程中，那么这个看起来“虚无抽象”的人格因素就会发挥“无限之用”，教学就会收到事半功倍的效果。

从另一个角度讲，学生有一种特殊的“向师性”心理，他们对自己所信任的教师，有一种模仿。在学生的眼中，教师不仅是知识的传授者，而且也是他们人生道路的领航者。所以为人师者，不仅要开启学生的智慧，而且也要做学生的导航者，帮助他们了解自身、认识世界。

当前，我们正处在人类有史以来最伟大的时代，面对伟大时代，学生需要一个明晰的价值规范体系，一个稳定的人生选择参照系，而教师的人格魅力就在于它可以感染熏陶学生的价值观。另外，人格的感染熏陶可以避免道德教育中喋喋不休的说教，形成一种引导践行的养成教育，这样也就造成了一种“潜移默化”的德育氛围。对当今“人必曰利”一些负面效应影响下的学生道德失衡，教师应该站在激烈竞争的潮头，充当学生的定心丸，亮出自己博大、健康、审美的人格，身体力行为学生梳理出一个明晰的价值规范体系，一个稳定的人生选择参照系。

原文发表于《教师报》1996 年 3 月 18 日

若琚成才与学法指导

清初学者阎若琚儿时有口吃的毛病，读起书来结结巴巴，一本书往往唱读了百十遍，还是词不上口，意不在心。母亲看出了儿子的苦衷，对他说："若琚，从明天起，你不要和同学们一起唱书了，试着一个人静静地看书，不必念出声来。只要用心学习，什么方法都行。"母亲的开导在儿子心中燃起了希望之火，把他从死记硬背中解脱出来，逐步养成了静观默察、独自思考的好习惯。从 20 岁起，若琚就对汉武帝时代发现的一部用蝌蚪文(篆字)写的古文《尚书》进行悉心研究，从该书的渊源、内容和用语等方面系统地找出了后人以假乱真之处，终于写成了《古文尚书疏证》，为中国文献学和历史研究做出了可贵的贡献。

这则历史故事给人的启示是多方面的，但使人感受最深的是：学法指导多么重要！君不见，时下许多中小学生的学习方法单调得可怜，"小和尚念经"式的超限重复几乎成了莘莘学子学习知识的唯一方法。应该说，这是教师硬塞给他们的。譬如，一个拼音、一组生字、一行造句、一道算题，要抄写若干遍，甚至还有"连动式""滚雪球式"之类的"新型"抄写法，即抄写后课作业时连同前课作业再抄一遍。于是乎学生抄得头晕、眼花、手困、心烦、意乱、失神。那作业本上龙飞凤舞、阴差阳错，令人啼笑皆非。

早在中世纪，英国教育学家洛克在《教育漫话》一书中就指出："导师应该记住，他的工作不是要把世上可以知道的东西全部教给学生，而在使得学生爱好知识，尊重知识；在使学生采用正当的方法去求知，去改进他自己。"如果学生只会用死记硬背、机械重复的方法学习知识，那只能增加他对学习的厌烦情绪，从而将自己的求知欲，好奇心扼杀殆尽。而不少有经验的教师却能洞悉其害，在不断改进教法的同时，指导学生改进学法。例如，针对统一抄写的缺陷，改为分类抄写，即常用字少抄，不常用字适当多抄；易读易记的字少抄，难读难记的字适当多抄。这就将学生的学习时间和精力花到刀刃上，不但调动了学习积极性，而且在这"搀""扶""放"的学法指导中让学生逐步学会灵活多样、讲究实效的学习方法，养成自觉学习的良好习惯。

原文发表于《教学研究》1995 年 5 月

教师要善于发现学生的优势

“天生我才必有用”，关键在于如何看准最佳点充分发挥其优势。有个“西邻五子”的故事，十分耐人寻味。西邻家有五个儿子：一个质朴老实，一个聪明机灵，另三个儿子分别是盲人、驼背、跛脚，这一家真是够惨的。按常理，他们的日子一定不好过。然而，西邻因人制宜，扬长避短，让质朴的务农，机灵的经商，眼瞎的按摩，背驼的搓绳，脚跛的纺线，结果全家丰衣足食、安居乐业，日子过得挺红火。

一个家庭扬长避短就能充分发挥潜力，兴旺发达。一个人智力才能的发展也是不平衡的，每个人的智能都有其强点和弱点，充分发挥其优势就能取得最佳的成就。

德国著名的物理化学家奥斯特瓦尔德读中学时，他父母为他选择了一条文学的道路。不料老师在他的成绩单上写的评语是：“他很用功，但过分拘泥。这样的人即使有着很完美的品德，也绝不可能在文学上发挥出来的。”对照孩子拘谨老实的性格，父母尊重儿子自己的选择，改学油画。然而他既不善于构思，又不会润色，对艺术的理解力也很差，成绩在班上是倒数第一。学校的评语变得简短而严厉：“你是绘画艺术方面的不可造就之才。”面对这评语，父母并不气馁，他们到学校去，主动征求学校意见，学校领导十分重视，专门召开了一次由校长主持的教务会议。会上，不少老师说他笨拙，只有班主任说到他做事十分认真的优点，化学老师接着说：“他做事一丝不苟。这对于做好化学实验是十分必要的品格。”于是建议他试学化学。他父母接受了这一建议。这下，奥斯特瓦尔德智慧的火花一下被点燃了。自此一发而不可收，这位文学与绘画艺术的“不可造就之才”变成了公认的化学方面的“前程远大的高才生”。后来，他由于在电化学、化学平衡条件和化学反应速度等方面的卓越成就，获得了1909年诺贝尔化学奖，成了举世瞩目的科学家。

万丈高楼自地基建起，老师对学生的成长，选准其智能最佳点这一优势起着至关重要的作用。奥斯特瓦尔德成功的道路对我们的启迪是多方面的，其中有一点就是：青少年学生的老师应善于发现他们每个人的优势，这对后一代人才的开发起着不可估量的作用。每个人要使自己的事业获得成功，对人类做出尽可能大的贡献，就必须发挥自己的优势，找准智能最佳点，那就像找到蕴藏丰富的油田，随着钻机的深入，汩汩的石油将喷射而出；反之，选择自己的薄弱点，那就如在没有油层的地方打油井，哪有不失败的呢？愿我们“人类灵魂的工程师”们——广大的教育工作者，尤其是班主任从奥斯特瓦尔德的成功中吸取经验，努力地去发现学生的智能最佳点，充分发挥他们的优势，像西邻那样使学生人尽其才，为莘莘学子的成才找准方向，找到含量最高的“油田”，让他们的聪明才智为人类的伟大事业做出最大的贡献！

原文发表于《现代教育论坛》2000 年 3 月

什么样的课是好课

对于什么样的课是好课，见仁见智，众说纷纭。我认为首先应该站在学生的立场上去思考这个问题。

一节好课，首先应该是学生难忘的课。我上小学的时候，农村的教学条件十分简陋，连老师用粉笔都计划限用量。可有一节课让我至今记忆犹新：教语文的杨士俊老师带着我们奔上学校南边的青龙山，让我们观察家乡新貌。俯瞰碧绿的田野，我才知道庄稼是那么的郁郁葱葱；远眺斗折蛇行的倒流河和宽阔安静的闸河，我才知道家乡美丽富饶，如此多娇；回望身后的连绵群山，我才明白家乡又是这般的巍峨壮美。那节课，我们是在野外站着上的，它不仅让我真的看明白了家乡，而且打那时起，我也真正爱上了自己的家乡，同时也爱上了写作文。从那节课中，我明白了一节难忘的课，一定是在学生的某种情感、某种兴趣、某种价值观中播下了能够发芽的种子，或者是使学生的某种思想得到了提升。

一节好课，应该是学生富有激情的课。课堂上，教师的言行举止无一不是为了使学生有效地参与教学活动，而检验学生是否有效参与的重要指标就是教师是否点燃了学生的学习"激情"。学生在激情的燃烧中，注意力集中，思维灵活，态度端正，价值观也受到深层感染和铸造。学生充满激情的课堂，是以和谐、动情、深思、生成为表征的，而不是那种表面的热闹和做作。倘若老师能把自己的情感、学生的情感、作者的情感，与课堂环境、文本环境有机融合到一起，做到情景交融，那么学生就会在一种特定的环境与氛围中得到全方位的熏陶和升华。

一节好课，应该是实现了有效互动的课。有效互动，应该是在教师的引导和组织下，由全员共同参与的积极互动。整个教学过程应有利于学生形成良好的合作学习方式与生活技能。

课堂上的各种互动其实都具有不对等性。比如师生互动，很明显，老师无论是生活阅历、知识背景，还是情感体验、价值判断，都远远高于学生，他们常常处于"高位"。再看生生互动，这种互动相对来说要均衡一些，其实也不对等，因为学生与学生之间在知识能力、情感态度、生活观察与体验等方面也不尽相同，所以也是不对等的交流。而学生与文本更是一种不平衡交往，因为文本不具有主动性，这就要求师生必须走进文本，与其内容对话，与其人物对话，与其编者对话，与其文字对话，以达到“融入文本，真情交流”之目的。至于人与活动的互动，很容易被我们忽略，因为我们从来就不认为这是一种“互动”。先打个比方，好比人照镜子，“照镜子”是活动本身，而照镜子的人则可以在“照”的过程中不断地使自己得到校正和完美。台湾学者张静誉曾提出：“建构学习是以：做中学、谈中懂、写中通等多元互动的社会建构，非以：聆听、练习等单元单向的任意建构。”他这句话中的“做中学、谈中懂、写中通”也影射到了学生与活动本身的互动关系。

那么，在课堂上怎么才能提高“互动”的质量呢？我觉得三个方面值得注意。首先是要注意调节平衡，特别是师生平衡，因为师生平衡是“有效互动”中最主要的一对矛盾问题。调节师生平衡关键在于心理平衡。课堂以外的良好师生关系只是课堂上双方心理平衡的一个基础。有些老师为了“降低”自己，提出要“蹲下来”和学生对话，其实这都是不积极的举措，真正的心理平衡是老师利用一切手段和策略，激发学生进入教学活动中去，达到“忘我”的境界，使学生真正被教学活动感染，完全被教学内容陶醉，从而实现互动中的“真情交流”。其次是教师要充分利用教学资源，优化资源结构，比如文本、音像、时间、实物……要把这些因素整合到“互动”过程中，使其优化。再次是培养学生良好的互动习惯，像倾听、举手发言、认真阅读、观察、释放情感、发言响亮等等都是提高互动质量必不可少的条件。

原文发表于《教学研究》1999 年 4 月

“成连育才”的启示

《荀子·劝学》一文记载:“伯牙鼓琴而六马仰秣”,说的是伯牙弹起琴来,连正在吃草的马都抬起头来听,可见琴声之妙。这虽有些夸张,但据史料考证,伯牙的琴确实弹得极好。

伯牙并非生来擅长弹琴,天赋也不算好,头三年学琴,进步极慢,却遇到了一个造诣深而善教育的老师——成连。一天,成连对伯牙说:“我有个老师在东海,我们去看看他吧!”他把伯牙带到东海蓬莱山,对伯牙说:“子居习之,吾将迎师。”便划着船走了。伯牙一人留在山中,只闻海水汹涌,惊怪骇愕;山林杳冥,四顾无依。耳边只有大自然深邃美妙的声音。这时伯牙才明白老师的用意:陶冶他的性情,拓宽领域。于是他一边弹琴,一边放声高歌,于练中反复体验。过了一段时间,成连划着船归来,听伯牙弹琴,觉得大有长进,将他接回。从此伯牙琴技大长,成为独履乐坛的高手。

成连独具慧眼育人才,实在难得。伯牙当初实在算不得“千里马”,学琴三年不成,早应劝其退学,可是成连用移情造性之术,催动伯牙的艺术灵感,使之对音乐产生认识上的飞跃,最终成为天下高手。若没有对艺术的深刻理解,没有诲人不倦的精神,没有造就人才的热情、信心和耐心,是难以办到的。

如今,各级各类学校涌现出了不少“千里马”,伯乐也不乏其人。教育事业需要伯乐,更需要成连。如果伯乐常有,而“成连”不常有,那么想把“伯牙”造就成高手也是很难的。

当前,许多教师十分重视优生,而冷眼看待“差生”,因教学成绩排队,为了自己的声誉,有的老师缺乏耐心,恨不得来个大扫荡——把所有差生全部清理回去。想一想成连育才,我们更希望有志教育的老师,热情对待学生,特别对那些有志求学而又“三年未成”的差生、淘气包,更要动之以情,晓之以理,积极关心,热情鼓励,多亲近他们,循循善诱,启发开导,多给他们创造有利的条件和适当的环境,也来个“子居习之,吾将迎师”,因地制宜,就地取材,来个移情造性,大胆改革教学,造就更多的“伯牙”!

原文发表于《教育科学》1998 年 6 月

不容忽视的教学环节——教学后记

有一位教育家曾经指出:“一个教师写一辈子教案不一定成为名师,如果一个教师写三年反思有可能成为名师。”他指的反思就是教学后记。事实上,我们在平时的教学中备课与授课总是存在着或多或少的差距:有时自以为准备得十分完美的一堂课讲授起来并不得心应手;相反,备课时感觉平常的一堂课却在课堂上灵光乍现,妙语连珠,远远超过预期效果。每次教学一结束,及时动笔反思,精炼地记录其中体会最深处,日后再去回味,必将受益无穷。

教学后记的内容主要有如下几个方面:

一、记录你“熟视无睹”的学生的困惑和问题

学生是初学者,许多在教师看来是“无足轻重”或者“了如指掌”的知识对学生来说却是一道难以逾越的鸿沟:“钻牛角尖”“思维陷入死胡同”,或者“风马牛不相及的联系”“没有逻辑的推理”等等,令一些教师头痛和无奈,这反映了学生知识的零散性、表面化或者模糊性。发牢骚、置之不理或者讥笑讽刺只会挫伤学生的积极性;相反,我们将学生的困惑不厌其烦地记下来,归纳到一起,每隔一段时间发给学生重新练习或理解记忆,学生肯定会视其为“最珍贵的资料”。而对于教师来说,日积月累,教学资源日益丰富,课堂教学也更加贴近学生实际。

二、记录你教学中的疏漏和探索

由于种种原因,教师在平常的备课中总有不足之处:譬如,将难点简单化;忽视了一些知识的必要拓展;部分教材的处理太死板;忽略了某一类知识前后的本质联系;过于重视知识本身的结构体系而轻视学生的接受能力;等等。有一次,我在教学《蒲公英》这篇课文时,原以为蒲公英在乡下村野田间几乎到处都有,随处可见,农村孩子都最熟悉不过了,教学时不需费什么功夫就可轻松达到教学目的,结果事与愿违。课堂上,我唱了独角戏,学生启而不发,一头雾水,教学没有达到预期效果。课后,我广泛听取了学生的意见,反思教学过程,找出主要原因是朗读指导不到位,没给学生充分阅读的机会,尤其是在揭示《蒲公英》这则寓言故事的道理时,照搬了教参上的正确答案,没能尊重学生的主体感受,没

给学生自主选择的权利，因此导致教学失败。通过反思，我调整思路，重新设计了教学方案。在第二次教学中，我把重点放在“读”上，在学生充分阅读的基础上，鼓励学生敢于提出自己的看法，做出自己的判断，获得很好的，也是令我非常满意的教学效果。在这次教学后记里，我写道：“读，是学生理解、感悟、思考的前提。语文课堂教学必须以读为主，让学生在读中学习，在读中感悟，这是中年级语文教学尤其要遵循的教学规律。”自始至终，我在整堂课中给学生提供了充足的朗读时间。学生通过读书、揣摩、品味，进而产生自己独特的感受和理解，获得独特的情感体验……诸如此类，只要我们认真去思考，就会觉得有许多东西值得去写，根本用不着写些假话，套话来应付检查。

三、记录你教学中的亮点

教学中的亮点应包括教师教学中的成功之处及教学机智。备课时，一般教师会对教材处理和教学过程设计等花费大量的心思。在课堂教学之后，如果发现确实有独具匠心之处是应该归纳和总结的；另外，再详细的教案也不可能预见师生思维发展、情感交流的全部情况。课堂上，随着教学内容的展开，问题情境的创设，或者一些偶发事件的产生，教师总会突然产生一些灵感，这些智慧的闪光点往往“突如其来，突然而去，不由自主”，不及时利用教学后记去捕捉，稍纵即逝，会再也想不起来，造成很大的遗憾。

总之，教学后记没有固定的格式，内容也非常广泛；另外，教学后记是将一点一点的经验教训汇集起来，它需要持之以恒的精神和坚定的信念，最后还需要将后记进行小结、分析，不断地优化和提升，从而形成独特的、符合自身特点的教学风格。

原文发表于《教学研究》2002 年 3 月

谈教学的空白艺术

格式塔(完形)心理学派认为,当不完全的形(例如一大段缺口的圆 c)呈现于眼前时,会引起视觉中强烈地追求完整、追求对称、和谐和简洁的倾向,从而使知觉的兴奋程度大大提高。

根据格式塔对“空白”“不完全”造成的审美心理效果的独特解释,在真正的艺术创造中,如何通过“空白”和不完全的形造成更大的刺激力是艺术创造能力发展的一个重要表现。中国传统的山水画,就是因为有了空白,才为那些有限的形装填了宇宙般广阔的无限性,取得以少胜多、以一当十的审美效果。选入中小学语文教材的课文,不少名家名篇其重要特点之一是含蓄、凝练、隐约,讲究“曲折有致”“言近旨远”“意在言外”。文章中的“空白”绝不是笔墨的“节约措施”,也不是作者故弄玄虚搞文字游戏。它实实在在取决于创设作品意境、深化主题思想的需要,是作者独具匠心的艺术构思,使文学艺术作品具有强烈的艺术感染力。如安徒生《卖火柴的小女孩》最后人们议论“她想给自己暖和一下……”这里的省略号,意味深长,使读者感受到了作品的思想美和艺术美。

教师是教学空白艺术的创造者和引导者。如板书中有意留出一片空白,成为不完整的提纲;阐讲时有意戛然而止;提问时问得不需回答,只需思考;结束语中有意留下一个“悬念”,或者有意把某一情节夸张到不可信的地步而不再解释,引出笑声……这都是教学中的空白艺术。这种教学手段意在引起学生的思考、联想、激情。让学生去追求、探索、补充,以收到开发智力、发展能力的效果。教学空白艺术包括两方面的内涵。首先,课堂教学结构要虚实相间,巧置空白。一堂课密度太大,学生和教师紧张得喘不过气来,就无从谈教学艺术。一堂课“翻箱倒柜”式地一问一答到底,学生的思路在教师设置的教案框框内转,也无从谈能力的培养。因此,教师在教学过程中要有目的地巧置“空白”,给学生思考的余地,活跃学生思维,外静内动,取得“言尤尽而意无穷”“此时无声胜有声”的教学效果。如果教师一味追求微言大义,讲全讲细,不仅会加重学生的负担,而且会阻碍思维的发展。其次,把问题讲到关键处有意卡住,或者有意揭示一形态不完整的部位,激起学生“探照究竟”的潜在创造力量,或探索多种解决问题的途径,有利于学生发展思维,培养创造性想象能力。如数学是“训练大脑的体操”,教师活动过多会抑制学生思维品质的发展。在教学中,教师应充分利用教材本身的“空白”蕴含的心理张力或“压强”引导学生展开合乎逻辑的想象,去回味教学内容的“空白”,有利于儿童认知结构的积极主动的建构。

原文发表于《陕西教育》1991年6月

谈“牛不喝水扳犄角”

常听到一些老师如是说:“牛不喝水总不能扳犄角”,言下之意是“对那些胸无大志、无心向学的顽皮学生,我们做教师的又能奈他何?总不能强人所难,硬要他听我的,还是听之任之,随他去吧,这样,他逍遥,我自在,双方相安无事,岂不乐哉!”乍一听,似有道理,常言说:“强摘的花儿不红,强做的事儿不成。”牛不喝水而扳犄角,确实吃力不讨好。但细一想,这观点又实在令人不敢苟同。姑且先不论对那些不愿喝水的“牛”们采取放任自流的做法有悖师德的要求,为做人的良心所不允,单说自己的教学果真弄到“扳犄角”的地步,无论如何是让人不敢恭维的。冷静、理智地分析一下“牛不喝水”的原因,或许能启发我们不再去做扳犄角的蠢事。

常识告诉我们:没有永远不愿喝水的牛,但牛确实有不愿喝水的时候。原因不外有三:一是水体受到了污染;二是牛身体生了毛病;三是没有掌握好给水的规律。此时,大凡有经验的饲养员是决不扳犄角的,他总是先从上述几个方面查找原因,然后“对症下药”。我们的教学不是与此有诸多类似之处吗?对那些学习劲头不足、兴趣不高、调皮捣蛋的“牛”们,我们做教师的万不能简单地采取扳犄角的做法。而应该做出具体分析,弄清症结并采取以下针对性的措施。

首先,教师要不断给学生提供清醇甘美的优质水。而要做到这一点,教师就必须不断用新鲜洁净的源头活水补给充实自己,不仅要时时更新,拓宽本专业的知识,而且要不断增加相邻学科的知识储备,吸收反映时代特点的最新知识,尽可能丰富自己的知识背景,这样,才能在教学中左右逢源,游刃有余,课堂才会有磁性,始终给学生以新鲜感,才不会变成一潭死水。

其次,要多多了解学生,摸清其不愿学习的“病”因。学生不愿学习,就学生方面而言,既可能是受到社会上“读书无用论”的影响,对学习的重要性认识不到位,从忽视、轻视最终导致鄙视;也可能是方法不得当,苦学死学导致厌学;也可能是基础太差,几番努力收效甚微,由松劲进而到没劲;也可能是生活有困难……针对不同情况,教师应因材施教,充满爱心和耐心。对思想认识模糊的,要多用著名人物刻苦求学的感人事迹激发其好学上进的欲望;对学习方法不当的及时予以点拨;对基础较差的适当降低要求,使他们也能体验到成功和进步的喜悦；对生活上有困难的，要多从物质和精神两方面给予更多的关照。

最后，要遵循教育规律，提高教学艺术。课堂教学要讲究语言的生动性，讲解的趣味性，逻辑的严密性，训练的科学性。什么地方教师讲，怎么讲，什么时候学生练，如何练，何处设置悬念吊胃口，何时拨开迷雾见晴天，课堂节奏的张弛起伏，都要巧妙安排设计。教师不唱独角戏，学生不坐冷板凳，让笑声走进课堂，把校园变成乐园。

诚如是，则那些“牛”们就一定会实现由“要我喝”到“我要喝”的飞跃，我们的教师也就不必再去扮演斗牛士的角色了。

原文发表于《现代中小学教育》1997年6月

浅谈师爱的原则

一、教育原则

教师爱学生的最终目的是育人，这是师生之爱有别于其他诸如男女性爱、血缘之爱的根本所在。教育原则是教师爱学生的首要和最基本的原则，是其他原则的原则。教育原则在教师对学生之爱的诸种原则之中，处于“母原则”的地位。因此，一切与此原则相悖的认识或做法，都是不恰当而必须予以纠正的。教育原则之所以至高无上，是由教师的教育职能和责任所决定的。教师的根本任务是教书育人。同时，是否促进了对学生的教育，也是教师对学生的爱与父母对子女的溺爱区别所在。在教学实践中，无论教师采取哪种方式来爱学生，都必须遵循教育原则。教育原则，也是评判教师爱学生的具体做法的尺度标准。教育，是教师对学生的爱的出发点与最终目的。

二、真情原则

要真正达到缩短教师与学生心理距离的目的，进而最终实现我们的教育目标，教师对学生的爱必须货真价实。不真诚的爱，在师生间构架的一定不会是牢固永久的心灵之桥，因而它最终也无法完成肩负的教育任务。那种仅仅把教师对学生的爱技术化、工具化的庸俗操作，那种逢场作戏、装腔作势、转瞬即逝的“爱”，不但不能赢得学生的爱，反而会将学生从教师身边推得更远。那种嘴巴上爱不离口行动上爱不见影的教师，是很难真正在感情上赢得学生的信赖，如果在教学实践中遵循了真情原则，再顽固的学生也不会无动于衷——人非草木，孰能无情？哪有不作感情呼应的道理？这种心理呼应一般表现为一种对教师的亲近行为——这，正是实施教育的良机所在。

三、精神原则

坚持爱学生的精神原则，目的在于维护师生之爱的尊严和圣洁，以免这种爱流于形式和坠入庸俗。只有教师对学生的爱本身是圣洁的，教师才配走上神圣的讲台。坚持精神原则，是坚持教育原则的必然要求。当然，教师在条件许可的情况下，在保证有利于教育的前提下，以适当的物质形式来表示自己对学生的真诚的爱护和帮助，也并不是不允许的。从教育原则出发爱学生，精神原则是主要的，而且，即使偶尔的物质关心，其目的也主要在物质背后的精神。

四、健康原则

教师对学生的爱健康与否，尺度是教育原则，凡是有违教育原则的。我们均视为不健康，应坚决反对。不健康的师生之爱有种种表现形式，如师生间的异性情爱，疏于教导的纵容之爱，片面依赖于物质投入的庸俗之爱，没有感情投入的技术形式之爱，都是与健康原则相悖的。健康原则要求教师对学生的爱应该是指向教育目标的。健康原则，旨在保证教育原则的顺利贯通，它是从属于教育原则的。

总之，教师对学生的爱必须遵循教育原则、真情原则、精神原则和健康原则。

原文发表于《山西教育》1995 年 5 月

教师形象的教育效应

“学高为人师，身正为人范”，我们每个教师都应以此为努力方向，既要“学高”，具有渊博的学识，又要“身正”，能为人表率，成为榜样。两者缺一不可，而“身正”尤其不可忽视。

“身正”是通过形象显示出来的。教师的形象，即他的装束、言行举止、待人接物、喜怒哀乐等，不仅表现着教师的思想感情、审美情趣，而且也对学生起着积极的感染熏陶作用。因此，教师的形象必须符合规范的要求。

师生之间交往，总是从外表——第一印象接触开始，教师的衣着打扮得体，会使学生产生亲近感，在心里接受了教师，从而为实施教育创造了前提条件。在老一辈无产阶级革命家中，周恩来总是给人以可亲可敬之感，这与他“面必净，发必理，衣必整，纽必结，头容正，肩容平，胸容宽，背容直，气象勿傲勿怠，颜色宜和宜静宜庄”的仪表关系极大。许多老师也深深懂得装束打扮的教育作用，每次上课前，总要照照镜子，整整衣服，理理头发，求得最佳的“亮相”。学生看着这样的教师，心里觉得舒服，进而产生一种亲近感，教师的装束打扮是含有丰富的育人因素的，它可以使学生亲近老师，模仿老师，进而从老师身上引出创造的迁移。

规范的言谈举止，可以使学生信任教师。苏联教育家加里宁曾说过：“一个教师必须好好检点自己，他应感到，他的一举一动都处于最严格的监督之下，世界上的任何人也没有受着这样严格的监督。”教师要严于律己，言行一致，举止文明，只有这样，才能取得学生的信任。有位荣获“全国教育系统劳动模范”称号的老教师，非常重视自己的言谈举止，就连给学生批改作业时打钩打叉的用力程度都注意到了。他说：“有些教师对差生缺乏爱心，反映在批改作业时发现错误较多，一个叉打下去，不仅划得很大，而且把作业本都划破了。”这样的教师去给学生讲课其效果必定大打折扣。“不能正其身，如正人何？”当前，在社会上拜金主义、享乐主义、极端个人主义重又抬头时，教师应坚持正直清廉之风，耐得寂寞，用自己的实际行动做给学生看。

真诚的微笑，可以使学生热爱教师。笔者的一位学生很喜欢一位只给他上过两次课的教师。问他为什么？他说，那位教师看见学生总是微笑的。有些差生的转变，也往往是从教师的微笑开始的。这是因为教师的微笑，包含着对学生的爱和信任。古语说得好“数子十过，不如奖子一功。”事实证明，教师以温和、微笑的表情对待学生，其效果比过多的指责要好得多。

原文发表于《教育科学》1994 年 3 月

孔子关于教育的三种境界

我国古代教育家孔子说过:“知之者不如好之者,好之者不如乐之者。”“知之者”—“好之者”—“乐之者”,是孔子关于教育的三种境界。对于学生的思想品德教育也是如此。“知之者”是从道理上使受教育者认识、懂得为什么这么做;“好之者”,是让受教育者在习惯上成为一种爱好,习惯于这么做;“乐之者”,则是使受教育者把它当作一种乐趣,心甘情愿,心悦诚服地这么做。三者相比,后一种自然是最高境界。以思想品德课教学为主渠道的小学思想品德教育只有达到这一境界才算是成功的教育。

一、“知之”即晓之以理

小学生的教育是启蒙教育。教育对象是天真、无忧无虑、无拘无束的孩子。他们好比是一块块未经雕琢的璞玉,一张张洁白无瑕的白纸。要使璞玉变成美玉,白纸变成最新最美的图画,被称为“人类灵魂工程师”的教师就必须精雕细描,因材施教,循循善诱。要给孩子们讲清楚应该怎么做,不应该怎么做,使学生从道理上识真伪,辨美丑,分善恶,懂得什么是高尚与卑劣,什么是光荣与耻辱。如何晓之以理呢?一是讲清学生守则和行为规范。行为规范要联系学生实际,使学生易于理解。二是认真上好思想品德课。思想品德课内容丰富,包含古今中外仁人志士的优良品德和行为,故事性强,说理深入浅出,学生喜爱学习,乐于接受。三是在各科教学中渗透思想教育。如学习《锄禾》一课,使学生认识到要爱惜粮食,爱惜别人的劳动成果;学习《一定要争气》一课,教育学生要自尊、自强,为国争光。四是寓思想教育与课外活动之中,教师应根据活动内容适时引导,有机渗透,进行思想教育,使学生在活动中明理、懂事、成长。

二、“好之”即养成习惯

“知之”是重在说理、明理,“好之”则是重在导行、促进。小学阶段是进行养成教育的黄金时期。教师“两耳不闻窗外事,一心只教案中书”是不行的。要既教书又育人,而且以育人为本,一旦学生形成良好习惯,将终身受益。怎样才能使受教育者形成良好的行为习惯呢?关键要做到“六有”:一是有的。培养学生良好的行为习惯必须有一定的目标，无的放矢就像教学生飞翔没有指南针，航行没有灯塔。随着学生年龄的增长、年级的提升，目标应不断调整。二是有章。培养学生的良好行为习惯必须建立一套完整的制度，细化、量化《小学生守则》《日常行为规范》，形成单列，如《卫生制度》《三操制度》《集会制度》等。三是有样。培养学生良好的行为习惯要注重树立典范，使学生学有榜样，做有依据。尤其是教师要为人师表，言传身教，“桃李不言，下自成蹊”。如果教师只是“口腔运动员”，不注意自己的言行，则会收效甚微，甚至产生负面影响。四是有序。根据不同的年级，培养学成良好习惯的侧重点也不同，充分体现由易到难、循序渐进的过程。五是有恒。由于学生认知能力有限、自制能力差，不良品德及行为会再现反复。教师不能急躁，要有细心，耐心和恒心，要冷静思考，找出症结，对症下药，方能药到病除。六是有效。教师要经常检查学生习惯养成的效果，不断改进教育方法。

三、“乐之”即培植情感

如果说“知之”“好之”是从道理上说教，行动上去规范教育学生的话，那么“乐之”则是将思想品德认识赋予深厚的情感，这种情感融合在一起，人们的道德信念才是坚定的、稳固的、不可动摇的。雷锋为人民做好事，全心全意为人民服务，就是发自内心的情感，他以此为荣，以此为乐，以此为美。在教育活动中，教师要善于激发学生的审美情感，升华道德情感。培植学生情感，可从两个方面进行。一方面在日常活动中进行。如进行大扫除后，可让学生体会到整洁带来的愉悦感受，而这种美感是以辛勤的劳动换来的，从而产生劳动光荣、乐于劳动的情感。每天的升旗仪式，学生看着鲜艳的五星红旗在雄壮的国歌声中与灿烂的朝霞一同升起，感受到国旗的庄严之美，心中便涌动着一股浓浓的爱意，爱国旗，爱祖国。另一方面通过课堂进行。如语文教材中的人物形象美可以帮助学生形成勤劳能干、助人为乐、坚贞不屈、热爱祖国、艰苦奋斗等高尚品质。手工课、劳动课可使学生体验到创造的乐趣，并树立热爱科学，为科学勇于献身的理想。这种建立在情感之上的道德认识，思想品质，行为习惯，不仅从理性上认识应该做什么，不应该做什么，而且使他们从内心情感上心甘情愿地这么做。实践证明，运用这种方法教育出来的学生对当前社会上的不良之风具有较强的免疫力，大大减少教育的负效应。我们思想品德教育的效果也就显而易见。

总之，“知之”“好之”“ 乐之”虽是由低到高不同的三种境界，但它们是相互联系的。在实施过程中，不能截然分开，应该有所侧重，要互相渗透，互为补充，才能提高小学思想品德教育的效果，塑造学生健全的人格。

原文发表于《湖南教育》1999年5月

教学叙事在改善教师职业生存状态中的作用

所谓教学叙事，是指教师以其独特的叙事视角对自己的教学进行描述并在不断的反思中提高教学效率和促进教师专业发展的研究活动。由于教师的专业发展水平决定着他们的职业生存状态，因此，从这个意义上说，教学叙事也是改善教师职业生存状态的一种有效手段。

教学叙事的特点主要表现为叙述性和反思性。叙述性是指教学叙事的主体——教师，对具体的教学事件进行描述，这种叙述必须相应地显示出一定的情节性和可读性。反思性是教师在反思中回过头来改进自己教育实践的一种思维倾向。叙述自己的教育故事是教师进行教学研究最直接、最有效的行动方式，它往往采用详细叙述的写作方式，介绍问题发生与解决的整个过程，留意一些有意义的具体细节和情境，反映具有典型性的教学事件，并尽可能描述教师自己在教学事件发生时的心理状态。

教学叙事贴近教师的教育生活，是教师进行教育教学研究较理想的切入点，在改善教师职业生存状态，促进专业发展中起着重要作用。

第一，提高教师教育实践能力。教学叙事克服了单纯的专业理论学习和脱离理论学习的经验总结不可能促进教师教育实践能力的发展的弊端，使教师在实践中积累经验，并结合实践需要不断进行理论学习，从而丰富和提高自己的教育实践能力。

第二，树立正确的反思意识。通过不断反思，教师的自我觉察能力和自我反省水平得以提高，教育教学能力获得不断发展。可以说，反思是教师将这节课的某个教学事件的反思插入到相关的教学环节中，通过诸如“我做了什么……”“有什么不足……”“我的专业任务完成得如何……”等心理描述，对实际教育教学进行感受和体验，发现教育中的问题，以批判的眼光反观自己的思想、行为、价值观、态度和情感，重申自己从事教育教学的思想依据，并积极寻求解决问题的突破口。最后，在实践中检验经验并发现新的问题。教师对教育实践不断深化的反思，最终促使自身教育实践能力和教育质量的提高。

第三，教师成为研究者。教师求助于教育学院或教师进修学校研究者，形成自己的研究共同体，在教师共同体的引导下进行自我反思。研究具有特有的实践性特点，也就是在教育中研究，在研究中教育。作为教育实践者的教师无疑是进行教育教学研究的积极参与者。教师通过自己熟知的教学叙事研究改进自己的专业工作乃是最直接最合适的方式，往往比外来研究者更能做出最符合实际的结论。教师还是教学活动最理想的观察者，他们可以通过反思教育生活找到解决问题最合适的方式方法，做出最贴切的改进建议，并通过自身的实践活动不断进行自我检验、修正和完善。

教学叙事改善教师职业生存状态，促进专业发展目标的最终实现，有如下途径：

第一，打造全能型教师。全能型教师并非指能力的一切，不是要让教师成为面面俱佳的超人，而是主要指教师具有较强的实践能力，成为一专多能的多面手。全能型教师应该既能教学，又懂管理，还搞科研。全能型教师应具备三种能力。首先是具有发展价值的扩展能力。从课程、学生、教师本身等方面收集有关资料，利用自我提问或开展合作研究来确立假设、验证假设、改进现状。其次是具有创造性反思的能力。创造性反思是教师发展的工具，教师成长＝经验＋反思。教师只有学会创造性反思，才能积极主动地寻求自己的专业发展，把教学的信念和技巧内化之，使教学更加有效。再次是具有职业特点的实践能力。注重教育实践能力。树立教育观念，通过反思建构自身经验的系统，形成教学指导能力。教师既是一个学者，又是一个教育理论的实践者。

第二，突出教师专业自主成长的发展模式。自主是专业的基本特征之一，专业发展自主是专业人员即教师的必然要求。教师专业自主是教育专业的一个基本特征，是教师专业自主特征的具体体现。教师有意愿和能力进行教育教学的实践性研究，实现自我发展的成长。这里包括两种基本模式。① 教育行动研究模式。这是一种以参与合作为特征，以实践情境为研究场所，以教师为研究者的研究形式。在教学情境下，教师具备最起码的问题意识和研究意识，使用自述、回忆、记录、访谈等资料收集方法，通过反思和合作，界定问题并界定其范围，寻求合理的方案加以解决。② 教育故事研究模式。教育故事研究简称案例研究。教育故事研究的基本环节是：教育故事的描述—分析—归纳—创设—问题研究。它以丰富的叙事形式，向人们展示了包含有教师和学生的动机、行为、价值观、思想、感情、矛盾等在内的生动故事。这种研究方法的运用可以帮助教师很快掌握对教学进行分析和反思的方法，大大缩短教学情境与实践生活情境的差距，是一种操作性极强的教学模式。

原文发表于《中国教研交流》2005 年 2 月

浅谈教学策划

一个成功的策划，可为企业带来巨大的经济效益。一个成功的影视策划，可提高影视作品的档次和知名度，取得票房价值和社会效益双赢。同样，成功的教学策划，能使教学突破陈旧的教学模式，摆脱应试教育的桎梏，打造出优化的教育结构和方法，拓展学生的主体作用，激发学生创新思维和能力，取得素质教育的可人硕果。

以往，有教学经验的教师，也曾依据一定的教学理论和方法，进行过教案设计，或作业设计，或板书设计，或教学组织、教学方法设计，或考核考评设计等。这些设计，说到底是在"理性具体"指导下的设计，是建立在对教学本身某一特点、属性、内容及规律基础上的主观形式。这很容易导致内容与形式相向，动机与效果相悖；或造成顾此失彼，教与学分离、知与行脱节，难以取得教学的综合整体效果，难以促进学生综合素质主动的渐进的养成和提高。这种设计，实质上是以教师为主的"自我设计"，是在应试教育的圈子里"打滚""翻新"，难以突破应试教育的窠臼。

教学策划则不同。首先，教学策划以"实践理念"为指导。要求教学策划从教学目标出发，又回到教学目标上来，整个策划过程和环节以教学目标为轴线和内驱力，增强了教学目标的先导性和驱动力。其次，比起教学设计，以"实践理念"为指导的教学策划是对教学过程中各要素（教师、学生、教材、教辅材料）、诸环节（备课、课堂教学及其步骤、作业、实践、考核考评等）、教学手段（挂图、投影仪、多媒体）以及实际条件和环境的变革、改造性构建，深化和细化了教学改革，增强了教学改革的可操作性和实效性。再次，策划需要创意和构建思维。教学策划可对教学过程诸因素、各环节及其条件和环境，进行标新立异的调配组合和构建，达到教学过程的创新与优化组合，使每个教学环节具有优质化、效能化和创新性，使每节课、每个教学环节，像每天的太阳一样都是新的。例如，教师根据教学实际和特点以及教学目标需要，打破"经典班级授课"模式，重建多维互动的创新教学新模式，教师针对教材，指导学生制作图片、投影、课件等；对教学要因"课"进行改造，甚至"包装"，如对教师的形体语言乃至服饰、发型进行独具匠心的创意。对环境这一潜行教育因素进行配调建构，使其教学过程成为一种艺术。

最后,教学策划的每个步骤和环节,不仅是实践的方案,行为的模式,同时作为操作过程,突出了教学过程的整体性,增强了教学环节的独立性,使教学过程这一客观活动,与师生的知识、技能、经验、感情、意志、人格相互促进,有机统一。这使得教学过程的主体与客体,信息源与信息流,对象与环境、条件(学生与人、多媒体、教材、潜行教育因素)双向交流与融洽,双重制约与构建,使学习成为获得知识、能力的过程,又是综合素质形成提高的过程,还是学生感情、意志、人格升华的过程和健全个性的过程。

综上所述,策划作为信息时代的产物,不仅适应经济、文艺活动,也适应教学实践。倘若每个教师独具匠心地策划每节课,教育改革将是千帆竞发,教坛将是百花争艳的春天。可惜的是,不少教师以为策划是纯粹的"包装",是要"花架子";也有教师担心,教学策划难以与现行考核的"标准件"相吻合,出力不讨好。实际上,现代教育是各显其能的创新教育,恰恰需要创新思维和能力。况且,现存的"标准件"面临冲击和逐步淘汰,作为推动中国教育改革的新世纪人民教师,应重新策划人生,策划中国创新教育的光明未来。

原文发表于《教育探索》1998 年 4 月

谁来给教师职业稳定感

日前，华东师范大学举行了首批终身教授聘任仪式，62 位教授从此可以免除后顾之忧，专心于学术研究直到退休，学校无正当理由将不得解聘他们。

这是到目前为止在我们国家首次提出终身教授的概念，虽然当今很多学校搞了教师聘任制，但如果没有违法或自己不主动辞职的话，基本上还是终身制，然而明确地提出或设立终身教授的职务还是第一次。受聘终身教授后，由于不受学校教学、科研工作等定期考核的约束，没有解聘的风险，他们可以全身心地长期投入到所关注的重大的基础性、原创性的科研课题的研究，有利于产生一批对国民经济和社会发展具有重大意义的创新性的科研成果。由此看来，终身教授的意义和作用是显而易见的。

终身教授的设立不由得使人想起了目前中小学教师队伍的建设。这些年来，以校长负责制、教师聘任制为主体的学校管理体制已全面推广，这对深化教育教学改革，激发学校的生机与活力，调动广大教师的工作热情发挥了很大的作用。但同时我们也看到，由于全社会的整体改革还很不配套，尤其是像失业保障机制等还没有完全建立起来，聘任实施过程中也缺乏必要的规范与约束，一些学校管理者时不时地把“待岗”“下岗”作为管理的一种手段来威胁教师，使得不少教师感受到了前所未有的精神压力。大多数教师的职业稳定感已不复存在。

客观地说，生存的精神压力和危机感有它好的方面，它可以促进老师必须更加努力地工作，更好地教书育人，这有利于达到我们改革的目的。但它也有不利的一面，教师没有了职业的稳定感，生存的问题像一张无形“大网”笼罩在教师的心头，整天挥之不去，从而使得不少教师承受着很大的心理压力，并产生了种种心理障碍或疾患，如焦虑，失眠，忧郁，压抑，心浮气躁，注意力无法集中，记忆力减退等，已成为教师常见的心理疾病。《中国教育报》前不久进行的一次关于教师心态的大型调查表明：有近 70％的教师患有各种心理疾病，教师的整体生存状况在各种职业的比较中并不令人满意。近年来教师体罚学生的现象时有所闻，为什么在今天大力强调要尊重学生的情况下，还会有这种现象发生？这当中除极个别教师确实因为师德太差以外，我以为更多还是那些教师屈从于学校和校长“应试教育”的指导思想，是一种在以升学率和按分数排名论成绩与能力并决定取舍的巨大压力下的不自觉行为，而又是因为它直接影响了教师对自身职业是否稳定的认同，当学生的考试成绩太差而影响到自己的生存的时候，作为教师能不心急吗？他的心态还能平和吗？

教师工作的对象是人，是千变万化的人，是成长中的人，所以，教师工作的性质决定了教师除了应该具有崇高的理想和奉献精神以外，还必须要有一个良好的心境：既对自己所从事职业充分的认同，外部又能提供一个非常宽松和谐的环境。双方的结合，使人产生一种对所从事工作的相对稳定感，向往甚至是愉悦。唯有如此，教师才有可能全身心地投入，才能做到心无二用，才能从容不迫地研究它的科学性和艺术性，才会不断提高育人技巧和开拓创新。如果这学期不知下学期的事，如果要把很多的时间和很大的精力花在如何去搞好人际关系上，如果时时刻刻地担惊受怕、忐忑不安，想着下一个"下岗"的是否是自己，又怎么能专心致志、一门心思地去研究教材、研究学生、探讨教法和提高自己的教育教学能力呢？大家都抱着急功近利、心浮气躁的心态去教育学生，我们的教育还有希望吗？其实，在现有的教师队伍中，真正"待岗""下岗"的人并不多，而那些真正"下岗"的，却又是不安心于教育工作的，或者是违法乱纪的。就教师总体上来说，95％以上的教师是热爱本职工作的，他们兢兢业业、恪尽职守、教书育人，表现了一个人民教师应有的师德风范，也得到了社会各界的肯定。作为教育主管部门和学校，对那些师德高尚、作风正派、业务精湛、自觉地教书育人的教师，就应该给他们"定心丸"，明白无误地告诉他们：你们的职业是稳定的。

当然，我不是说要回到以前教师职业就是"铁饭碗"的状态，但对绝大多数教师来说，保持教师职业的相对稳定，让他们有一种稳定感，无论是对整个教育事业的发展，还是最大限度地发挥教师的聪明才智，都有其积极的意义。因为有了职业的稳定感，就会亲近它，热爱它，珍惜它。所以，在大力倡导科教兴国战略的今天，应该鼓励教师终身从教，做教育家，而不是让从教的人有朝不保夕之虑。

原文发表于《教师报》1998 年 11 月 23 日

浅谈学生抗诱惑能力的培养

青少年学生各方面正处于形成时期，心理不够稳定，可塑性较强，常常在外界诱惑或内部不正当需要的推动下，产生不符合道德的行为，表现为缺少自觉的自制能力。因此，每一位老师，特别是班主任老师，在道德教育中，应重点培养和训练学生的抗诱惑能力。

一、良好道德行为习惯的培养和训练

道德行为是指个体遵照道德规范所采取的言论、举止和行为。良好的道德行为习惯，是增强学生抗诱惑能力的基础，是一个人由不经常的道德行为转化为某种品德的关键因素。

教师在培养和训练学生道德时，既要重视道德动机、观念、情感、意志的教育，又要进行行为方式的指导，让学生知道为什么这样行动和应该怎样行动，使学生逐渐形成独立性、主动性和创新性的选择道德方式的能力，从而养成良好的道德行为习惯，让道德行为方式与道德动机建立稳固的联系，形成较稳定的行为倾向和行为，并能使一定的行为方式在新的情境中自觉地得到迁移。

二、学生意志力的培养和训练

意志力是学生能否经受住诱惑的决定因素。学生有时虽然有正确的道德认识，但因缺少果断和坚韧的意志力，而不能完成任务。因此，增强学生的抗诱惑能力，必须培养和训练学生的意志力。

首先，运用榜样对学生进行正面教育。古今中外许多杰出人物依靠坚韧不拔的毅力，面对困难和挫折仍坚持不懈地追求真理，为事业献身，为理想奋斗的事迹，都能使学生受到意志力、自制力的教育。如钱学森、李四光、钱三强面对国外优厚生活条件的诱惑，却毅然回国的事实；江姐在反动派的严刑拷打和各种诱惑面前，为革命事业从容就义的事例，都能激励教育学生，培养他们的意志品质。

其二，创设情境，加强训练。教师应该积极创设一些困难情境，提供一些克服困难的条件，在方法上指导学生。充分利用鼓励、表扬和批评，有目的、有意识地锻炼学生的道德意志，培养和提高学生辨别是非、美丑的能力，使他们在思想上有正确的信念和原则。

其三,指导学生加强自我训练。在培养和训练学生意志力的过程中,要充分发挥学生自身的主体作用。苏霍姆林斯基说过:"最大的胜利就是自己征服自己的胜利。"中小学生比较缺乏自制力,在学习和生活中,教师应教育学生认真做事,踏踏实实,从点滴做起,规范自己的行为习惯。并引导学生加强对自己意志行为的自我评价、自我监督、自我完善,不断提高自己的意志力。

培养和训练学生的抗诱惑能力,是一项长期的任务,需要每一位教师在教学实践中,正确分析和了解学生道德品质上存在的优点和缺点,采用不同的锻炼方式,有针对性地培养他们良好的道德行为习惯和意志品质,从而增强学生的抗诱惑能力。

原文发表于《河北教育》1996 年 3 月

培养和增强学生心理耐力的几种尝试

心理耐力就是能够承受心理负荷的程度。人的一生,身心所承受的各种压力很多。对中学生来说,有来自考试的压力,来自升学的压力,来自同学间竞争的压力,来自家长和老师期待的压力,来自同学关系方面的压力,来自功课方面的压力等。所以,培养和增强学生的心理耐力,就是对学生身心关怀的最实在而长远的举措;对预防学生心理和行为问题,也有着举足轻重的作用。

一、从明确自我特色的途径培养和增强心理耐力

所谓"明确自我特色",就是有明确的自我意识,知道自己的长处和短处,接受自己,维护自己;不因外界的评价或事情的结果而动摇自己,迷失自己。

心理耐力包括两方面的意思:一是对挫折或打击的承受能力,即抗挫折耐力;另一个是对成绩或荣誉有一定的承受能力,即抗骄傲耐力。现实生活中有些学生受不得表扬,一表扬就得意忘形,摔跟头,这就是抗骄傲耐力太小的缘故。更多的学生是吃不得苦,经不起挫折,受不了打击。所以,从明确自我特色的途径来培养和增强心理耐力,是比较可行的。

二、从体验预设挫折的途径培养和增强心理耐力

每个人感受挫折的强度大小,与所订的目标高低有关,目标高则挫折感大,反之则小;挫折感还与人的精神准备有关,同样的挫折,有精神准备的人比没有精神准备的人,挫折感要小得多。所以,把学生日常生活中经常会遇到的挫折作为"预设挫折"对象罗列出来,指导学生有意识进行训练,让他们以"实践者"的身份而不是以"当事人"的身份去经受各种预设的挫折,对学生增强心理耐力具有重大的意义。一方面"预设挫折"是一种虚拟的体验,心理打击再大学生也不会觉得受不了,因为这不过是一种虚拟的体验;另一方面,当真的挫折降临时,因为与预设的挫折情景相似而使学生觉得精神上有所准备,不会惊慌失措。而且更重要的是,由于在体验预设的挫折情景时已经积累了若干对付挫折的办法或能力,学生的挫折感会相应地减少或降低。

三、从帮助他人排忧解难的途径培养和增强心理耐力

就中学生所接触的人际关系来看,“他人”主要指同学、朋友、老师及家里人,更多的是指朋友。因为学生时期,只有朋友间才能共享心里的秘密,分担心里的苦恼。根据这一客观情况,可以让学生按朋友关系编成不同小组,彼此倾诉心中的苦恼或难题,共同讨论对付的办法,共同面对并解决难题。“帮助方”是从旁观者的角度来看待心理难题的,而“被帮助方”则亲身体验到该难题解决前后的酸甜苦辣,两者的感受应该说是不一样的。

四、从学会自我心理疏导、维持心理平衡的途径培养和增强心理耐力

当巨大的挫折降临而人又无能为力时,当挫折的强度超过了人的承受能力时,就需要学会心理疏导的办法。心理疏导一方面靠外界的帮助,另一方面靠自己调节,关键是要及时。心理疏导的办法一般有四种:一是改变情境法,通过改变情境来改变心情与态度;二是转移注意力或兴趣法,以减轻挫折带来的精神压力;三是精神发泄法,向所信赖的人倾诉或宣泄内心的压抑或积怨,以求心理平静或平衡;四是自我谅解安慰法,谅解自己的过失,把造成挫折的原因尽量“合理化”,从已经失败的结果中发现成功的地方,有助于减轻或消除心理紧张或痛苦,重建心理平衡,从而增强心理耐力。

五、从培养坚强意志的途径培养和增强心理耐力

人的心理承受能力与人的性格特征有着密切的联系,特别是与人的意志特征成正比。意志坚强的人,不仅能克服外部困难和障碍,而且能克服内部困难和障碍,在克服困难的过程中表现出明显的意志力行为。培养坚强的意志力,就是培养学生自觉、主动地行动的能力,减少易受他人暗示的行动;坚定地朝着既定的目标前进,有毅力,坚持时间长,不轻率地改变、动摇或犹豫不决;加强自我调节和自我控制能力,减少或减轻易兴奋、爱冲动、任性、执拗等毛病。随着意志力水平的不断提高,人的心理耐力也会不断增强。

原文发表于《现代教育论坛》2000 年 5 月

教师，请注意心理保健

一段时间以来，电影、电视、报纸里的教师形象总是千篇一律：带病坚持工作，不顾家庭埋头苦干，不分白天黑夜超负荷运转，为学校、为学生忘了自己，为工作牺牲了所有的业余爱好，等等，教师被描写成永远是单向付出的悲剧角色。有一个比喻最能说明问题：蜡烛，在有限的生命里发出无限的光芒，照亮了别人的同时也毁灭了自己。

每年教师节前后，新闻媒介都要将教师的工资、地位、住房等问题作为热点而倍加关注。这样做的同时似乎也在提醒众人：教师的地位实际上还不高，教育还不被人们普遍重视。不然，何须这样大声疾呼呢？长期以来，这种社会舆论导致许多教师不知不觉中在心理上形成了一种消极的自我意象。另外，我国现在正处于社会转轨时期，许多制度尚待健全，社会分配不公、不合理现象依然存在。在改革的大环境里，潮起潮落，部分教师心理不平衡，有的愤世嫉俗，有的自怜自哀，有的烦躁不安，有的无所适从……殊不知，这种思想、心态于不知不觉中正侵蚀、损害着教师的身心健康。

世界卫生组织早在1948年就指出，健康包括生理、心理、社会适应等方面。近年来，心理健康对工作、生活的重要意义已被公众普遍接受。心理健康应包括：智力正常，情绪正常，意志健康，行为协调，人际关系正常，反应适度。人的心理健康与否，情绪是其中一项重要指标。健康的情绪，会使人生活愉快，工作效率高；反之，则会扰乱心理平衡，造成心理负担，引起心理疾病。所谓“笑一笑，十年少；愁一愁，白了头”，就形象地说明了情绪与健康的关系。研究表明，人在忧郁、悲痛、烦恼、生气以及过度兴奋的时候，血液凝聚增快，心跳加速，血压升高，肾上腺激素分泌增加，肠胃消化液减少或暂停。可见，情绪会导致一系列生理变化，有可能产生身体疾病。

做教师的都常有这样的体会：无论这一天有何种不愉快的事情，只要一进课堂，一登上讲台，就什么都忘了。其实，这时的不愉快情绪体验并没有消除，而是暂时埋藏在心底了。另外，教师被誉为“人类灵魂的工程师”，社会提倡教师要“燃烧自己，照亮别人”，对教师高尚道德为人师表的要求是合理的，但也更容易使教师掩盖或压抑自己的不愉快情绪，久而久之，这种情绪沉淀多了，自然会引起身体上的不适反应。

其实,教师与其他各行各业的人们一样,都是在“为人民服务”。苦恼并非教师的专利。教师和其他人一样,都是在劳动中释放自己的能量,展示自己的人格、理想,为社会做贡献。因此,教师要勇于排除不利因素,改变消极的自我意象,用健康的体魄,热情投入到教书育人工作中去。那么,教师应怎样注意心理保健,保持身体健康呢?

首先,要树立积极进取的信念。特别是在竞争激烈的现代社会中,在教师的社会地位、物质待遇还不尽人意的大环境下,更需要教师把握人生的风帆,在创造性的工作中去体验人生的价值。

其次,要学会适时地调节自己的情绪。对所有的事物都不屑一顾,无动于衷或者随心所欲地宣泄情感,结果只能是使自己的心绪更糟。掌握一些基本的自我心理调节方式,有助于保持心灵的平静、安宁。如承认自己是普通人,也有喜怒哀乐,碰到不高兴的事,和亲人、好友、同事、领导讲讲从而得到安慰和启发,而不应整日沉浸在痛苦的自我体验中。

第三,遇事要心胸开阔,襟怀坦荡。在躁动的环境中,教师要善于找准自己的位置,保持一份宁静致远的心境,淡泊明志,坦坦荡荡。孔子曾这样赞誉他的学生颜回:“贤哉,回也!一箪食,一瓢饮,在陋巷,人不堪其忧,回也不改其乐。贤哉,回也!”。可见,心态是可以由自己调节的。有一句话说得很好:幸福只是一种感觉,跟财富等等无关。罗素也说过:一个人不快乐,是关心自己太多的缘故。遇事,要多从别人的角度想想,对待个人得失上做到大事明白小事糊涂就可以了。与其老惦记着不愉快,不如想办法做些能让自己和别人愉快的事。

第四,要注意培养广泛的兴趣爱好。为了保持良好的心态,教师要注意自己的个性修养,培养广泛的兴趣爱好。如课余听一听音乐,练几笔书法,读两篇美文,节假日携带家小出去旅游旅游等,在这些趣味盎然的活动中,心理可以得到最好的放松、休息和恢复。其实,学校生活紧张而有序有律,于养生也颇为有利。教师的工作极富创造性,生活在天真烂漫的孩子中间,也可以使人心态永葆年轻。

教师们,请注意心理保健!

原文发表于《教师之友》1995 年 6 月

学会微笑

某校在学生中进行一项问卷调查,“你最不喜欢什么样的老师”一题,答案中最多的竟是“不会笑的老师”。

这结论,令我瞠目,也引起了我的深思。沉思之余,我不由想起了几年前发生的一件事:

那时我刚参加工作,上课了,我拿着精心准备的教案兴冲冲地走进教室。教室里正进行着一场“激战”,“纸飞机”在空中飞来飞去,更有甚者,一架“纸飞机”向我扑面而来,我本能地向后一退,差点摔下讲台,大家顿时笑得前仰后合,我不由勃然大怒,将教案扔在讲桌上,大吼一声:“不上了!”便头也不回地走了。不一会儿,几个班干部便揪着肇事者的耳朵前来向我认错。听够了道歉、保证的话,我才心满意足地再次走进教室。

以后上课,老远就看见一两个小脑袋在教室门口“打探”,随后听见一声“老师来了”!教室里便鸦雀无声地恭候老师大驾光临。这一声“老师来了”不啻一声“狼来了”。但我发觉,这样的教学效果并不尽人意,我很苦恼。这是为什么呢?终于有一天,我从大家的周记中找到了答案:“老师,我们怕您,每天上课,我们都在看您脸色,生怕您不高兴又发脾气……”“老师,我们做错了事,您尽管批评,我们一定改,请您相信我们。您千万别生气,生气会伤身体的……”“老师,您能每天上课带着微笑吗?您笑了,我们也松了口气……”

看着这一篇篇流淌着纯洁与真诚的周记,我被震惊与感动了。我平时的确对学生丰富的内心世界了解得太少了,教师所谓的威严使师生之间始终存在着一种隐约的距离,正是这种距离,使教育教学的成效不够显著。

找到了答案,从此,我不仅从思想观念方面进行调整,还有意识改变自己的形象,学会用微笑鼓励、赞许、支持、安慰学生。随着时间的推移,师生关系变得融洽了。后来,学生在周记中又写道:“张老师会笑,他的笑最感人,笑得最好看……”

是啊!教师的微笑是打动学生心灵最美好的语言,学会微笑吧!

原文发表于《河北教育》1978 年 9 月

教师怎样克服偏爱心理

教师对学生的爱,应该以全体学生为对象,应该公正、公平。如果教师因学生形体、容貌、智力、行为表现、性格、品德等方面存在的差异出现偏爱行为,就会给学生的心理发展和健康成长造成不良影响,甚至妨碍学生身心健康的正常发育。

当学生发觉老师有偏爱时,他们就会对老师重新做出评价,不满和对立情绪随之产生,师生之间就会出现难以消除的心理障碍。由于这种心理障碍的出现,学生对教师的教育会产生抵触情绪甚至拒绝接受,教师在学生心目中应该具有的威信和地位也会逐渐丧失。这必然导致师生关系紧张,多数学生学习成绩全面下降。

教师的偏爱会使受到偏爱的同学成为其他同学嘲讽的对象,他们在集体中会渐渐趋于孤立。生活在这样压抑气氛中的受偏爱者,虽然得到教师的偏爱,但内心的苦闷和委屈却多于喜悦和欢畅。这种心境如果得不到改变,将妨碍他们在学业上取得进步,也会给他们的个性发展带来一系列消极影响。更重要的是,教师的偏爱心理还使得班集体难以团结,良好的学风也无法形成,学生优良个性品质的形成和发展变得困难。

那么,怎样才能克服偏爱心理,使师爱成为学生身心健康发展的动力呢?

第一,提高认识,消除刻板印象。

教师要认真学习教师职业道德,加强道德修养,更新教育思想和教育观念,树立面向全体、进行全面培养、促进全面发展的新教育观。同时要充分认识到偏爱学生的危害,对存在差异的学生要做出正确公正的评价,克服消极的心理定式,一分为二地看待学生。既要看到先进生身上的缺点,又要善于发现后进生身上的“闪光点”。树立“人人都能成才,人人都是人才”的坚定信念和期待心理,尽到“灵魂工程师”的责任。

第二,增加平等的、个人间的接触,努力创造和谐融洽的师生关系。

只有增加平等的、个人间的接触,做学生的知己,才有助于消除后进生恐惧、自卑、冷漠、自暴自弃的消极心理,才有助于培养他们积极的学习态度,激发他们强烈的求知欲和学习热情,才有助于真实地了解对方独特的能力、性格、爱好、抱负等，避免先入为主的判断。这就要求教师真心实意地热爱每一个学生，特别对后进生要做到各种优先（如课堂发言优先、批改作业优先等），让他们有显露自己聪明才智和潜在能力的机会，增强他们的自尊心。

第三，公正无私地对待每一个学生。

教师在教育教学过程中，要经常暗示自己，对不同情况的学生应一视同仁，公正对待，要树立起“手背手心都是肉”的观念，本着一碗水端平的思想，虚心听取学生的不同意见，引导他们参与各种集体活动，缩短师生间的心理距离。针对他们不同的特点，提出不同的要求，使所有的学生在各自的水平上向上攀登，并使他们感受到老师对待每一个同学是一样的，公正的。

第四，宽容。

教师要胸怀广阔，对表现不良的学生，不要严词斥责，冷嘲热讽，应持有宽容的态度，着重进行心理诱导。要尊重、关心学生，谅解学生，使受到挫折的学生从内心感到老师是在帮助他，从而消除思想顾虑。

总之，爱一个学生等于培养一个学生；讨厌和歧视一个学生，也就意味着将要毁掉一个学生。教师的偏爱，对于全体学生都是有害的，应努力克服偏爱心理，把爱献给全体学生，使每一个学生都得到健康的发展。

原文发表于《陕西教育》1989 年 10 月

球王之父教子的做法给我们的启示

球王贝利在他的自传中记述了对他影响极大的一件小事：他小时候曾和小伙伴们躲在外面吸烟，他的父亲撞上之时并没有说什么。回家之后，父亲才把他的想法语重心长地告诉贝利："你踢球有几分天分，以后你也许会成为一个高手，要是你抽烟喝酒，就踢不好球了。到时候，就没有足够的体力在 90 分钟之内一直踢出理想的水平。这事你自己决定吧。"正是这番讲话，使贝利走上了通向球王之路，而不是成为"烟鬼"。

学校教育是家庭教育的延伸和发展。家庭教育中的某些良好的方法或艺术的手段，完全可以借用到学校教育中来。《贝利自传》中记述的这件事所包含的选择环境、注意心境和创设情境等教育艺术，都是值得我们认真体味并身体力行的。

先说选择环境的艺术。贝利和小伙伴们躲在外面吸烟，他的父亲撞上之时并不立即进行批评教育，而是等到回家之后才语重心长地讲明他的想法，这就是认真选择教育环境的力证。他善于审时度势，注意内外有别，不搞当众批评，这就增强了对被批评者的理解和尊重。过去，我们往往在哪里发现问题，就在哪里就地解决，不分场合，不顾环境，有时还大发雷霆，摆弄得学生无地自容，虽然当时也能使学生痛哭流涕，但后来效果并不见佳。究其原因，盖源于缺少了选择环境的艺术和缺乏对被教育者的尊重。

再说注意心境的艺术。在撞见贝利吸烟时，他父亲的心里怒火中烧。在这种心境之下，就容易感情冲动。感情一冲动，对贝利的教育就会有失分寸，效果就不一定好。再从被教育者方面看，他们在公开场下大失面皮，也容易因感情冲动而轻举妄动，当众顶撞老师的学生也不是没有的。被学生顶撞之后，老师往往就更难控制自己，师生矛盾就可能进一步激化，而事后能够反省自己并承担部分责任的人也不是很多的。这样的正反对比提醒我们：在教育学生的过程中，既注意教育者的心境，又注意被教育者的心境，形成师生双方的心理调适或共振，应该是每一个有权教育他人的人都必须记取的一种教育方法和必须掌握的一种教育艺术。

还有创设情境的艺术。贝利父亲的做法还在启示我们，在心平气和的教育氛围中，易于创设教育情境，收到良好的教育效果。贝利父亲对贝利未来的设想，让人如见其形，如入其境。在将贝利引入具体而真切的未来情境之后，再接上温存可亲的开导（“这事你自己决定吧”），就易于收到“动之以情在先、晓之以理于后”的效果。

总而言之，贝利父亲教育孩子，在选择环境、注意心境和创设情境等方面所显示的高超的教育艺术，值得我们借鉴和学习。

原文发表于《教育艺术》1998年3月

成功不是育人的唯一目标

人的一生会遇到许多问题，尤其是青少年在成长过程中面临许多困惑，确实需要恰当的指导和援助。这种帮助可能属于思想和精神方面，也可能属于策略和技巧方面。无论哪方面都是我们现在的教育所缺失的，以致我们的孩子在挫折和苦难面前，不知如何处理。这种缺失从几十年前我读书的时候就存在，一直持续到现在。我们的教育都是“玫瑰色教育”：不希望学生看到社会真相，直到他们走出校外，才粉碎这个景色。可学生为这样的教育付出了高昂的代价。

我们教育孩子人生的理想是追求成功。的确，大学教授、总统都是成功人士，可又有几个人能达到？台湾一个学者曾经说过，成功是比较功利的。它作为人生目标有很大的缺陷。这位学者认为从通识教育的角度而言，成功的概念应该是圆融，也可以解释为圆满或和谐。一个人如果做事成功，可内心孤独，没有朋友，这种成功真的很好吗？

教育的目标是面向所有人，不管智力和专业高低，每个人都应该是乐观健康的。广博的文科教育是使一个人心智健康的重要因素，它的意义在于奠定一个人的生活状态，养成一种好性格和态度，心态更开放和健康。至于涌现出那么多的科学怪人和科学狂人，我认为不是好现象。曾经有一个人在生命中最暗淡的时候突然看到一个残疾人在学习，他猛然醒悟：我的环境比他好过许多，为什么要放弃自己？一件不起眼的小事可能会帮助一个人渡过最危急的时刻。这就是教育的力量。

随着高考瓶颈的拓宽，小学的教育环境开始宽松。学生只有在宽松的前提下，才能考虑考试以外的事情，才能拓宽自己的视野。学校的育人目标应该越来越“渺小”，从过去培养一个完美的人，到通才，再到现在培养一个充实的人。

原文发表于《青年教师导报》1998 年 11 月 26 日

经典惩罚的启示

多年前,美国有一个 12 岁的少年,在院子里踢足球,把邻居家的玻璃踢碎了。邻居说,我这块玻璃是好玻璃,12.5 美元买的,你赔。这是在 1920 年,12.5 美元可以买 125 只鸡。这个孩子没办法,回家找爸爸。爸爸问玻璃是你踢碎的吗?孩子说是。爸爸说,那你就赔吧,你踢碎的你就赔,没有钱,我借给你,一年后还。在接下来的一年里,这个孩子擦皮鞋、送报纸、打工挣钱,挣回了 12.5 美元还给父亲。这个孩子长大后成了美国的总统,就是里根。

教育家陶行知先生在担任某小学校长时,看到一位学生用泥块砸另外的同学,就制止了他,并要他放学后到办公室去。放学后,陶先生来到办公室时,那位学生早已等在那里。先生没有批评,反而掏出一颗糖给他,说:"你按时到,我迟到了,奖给你"。学生惊疑不定地接过糖。接着,先生又掏出一颗糖,说:"我制止你用泥块打人,你立即住手,我应该奖励你。"学生疑惑万分地接过糖。先生又掏出第三颗糖,说:"根据我的了解,你用泥块砸那些男生,是因为他们欺负女生。这说明你有正义感,这颗糖也是奖给你的。"这时,学生激动得流下眼泪,说:"校长,我错了,我砸的不是坏人,是自己的同学……"陶先生笑了。又掏出第四颗糖:"这颗糖奖给你,是因为你认识了自己的错误。好啦,我的糖给完了,我们的谈话也完了。"

以上两个故事有殊途同归之奇,异曲同工之妙,都展示了"惩罚"的人性光芒,且显示了"惩罚"的艺术魅力。下面我们不妨来品味一下这两个故事,寻找一些启示:

其一,这两个故事告诉人们,惩罚教育是人性化的教育。众所周知,犯错误是人的天性,因此,青少年犯错误更是再正常不过的事。固然,犯错误受到惩罚也是天经地义的事。所以说,惩罚教育是人性化的教育。正如大教育家马卡连柯所说,"合理的惩罚制度不仅是合法的,也是必要的。合理的惩罚制度有助于形成学生坚强的性格,能培养学生抵抗诱惑和战胜诱惑的能力"。

其二,这两个故事告诉人们,惩罚教育是家庭教育和学校教育必不可少的教育手段。放眼美国的惩罚教育,我们对此认识会更加深刻。美国的中小学生一入学,就人手一份规章制度,学生在校犯错误该惩该罚和如何惩罚,规章上清清楚楚，一目了然。至于学校、教师对犯错学生的惩罚，就像中国交警处罚违规驾驶的司机一样自然。更为有意思的是美国的学生家长都非常认同并积极支持学校的惩罚教育，他们认为孩子在校有犯错并受惩罚的经历，有利于孩子走上社会少犯错，甚至不犯错。

其三，这两个故事告诉人们，惩罚教育一定要讲究艺术。近期，中国青少年研究中心副主任孙云晓在《中国青年报》撰文指出，没有惩罚的教育不完整。他还认为，惩罚绝不等于体罚，更不是伤害，不是心理虐待、歧视，让孩子觉得难堪，打击孩子的自信心；惩罚是把双刃剑，是一种危险的、高难度的教育技巧，弄不好会伤害人……为此，笔者呼吁天下为人父母者及为师者一定要学习故事中的“父亲”和“校长”，善用“惩罚”，巧用“惩罚”，确保举起的是惩罚之剑，划出的是艺术之光。

原文发表于《教育艺术》2003 年 4 月

善用“更”,“更”有用

“没有最好,只有更好”,这是一句人人都耳熟能详的广告词。它让人体会到一个企业为追求产品的高质量而不断探索的过程,重视的是一种导向结果的过程。

笔者曾听一位老教师讲育人艺术。他说,他对学生的要求是:要敢于怀疑,要善用“更”字。这样,学生每回答一个问题,老师就鼓励学生:有没有更准确的表达方法,有没有更合适的语句来形容,有没有更简洁的思考方式……就这样,学生的思维在老师的引导下一步步地向问题的深处发展,理解也越来越深,知识面也越来越广,到最后,心中有一种豁然开朗的感觉。

其实,这是个思维方式的问题,同时也是学习态度的问题。学生对知识的追求应有一种不满足感和一种怀疑的精神,这样,学生心中就有了渴求学习的原动力,这种原动力促使学生继续思考,继续学习。如果学生从老师那里得到的是一种现成的答案,一种不容置疑的结果,那么,就熄灭了学生思维的火花。相反,如果教师交给学生的是一些学习的方法,在得出结果的过程中,教师始终发挥一种引领、导向的辅助作用,这样,学生才会学得深刻,学得扎实。

在当今教育实践中,学生主体地位已经日益凸显。教育已经越来越讲究让学生自己发现问题、解决问题,借此来培养学生独立的学习能力和创新精神,不让已有的知识束缚学生的思维。一个“更”字,为学生提供了一个多角度的思维趋势。学生在这种多角度的思维下,各种潜在的知识被更大限度地激发了出来。

总之,如果每位教师都能善用这个“更”字,让学生自己驾驭问题,自主学习,到那时,向学生展示的将是一个更广阔更明朗的思维天空。

原文发表于《江西教育》2001 年 4 月

如何化解"改分"风波

新学期开始，学生把手册交回来，我逐一看家长的意见，发现有些不合情理，仔细一查成绩，发现有改动的痕迹，有拿胶带纸粘下原成绩，改了新成绩，让家长看后，又写上原成绩的；有的就地取材，如"1"改为"7""4""9"，"6""2""4"改成"8"等。

当时我很生气，这种欺骗老师和家长的做法实在可恶至极，真想把他们叫来批一顿，后来想还是先了解一下情况再说吧。于是我找改分的同学逐一谈心，才发现改分背后的问题。

一位女生，这次退步不少，原因是上学期母亲下岗，心里不痛快的她学习受了影响，期末考得不好，为了不使伤心的母亲雪上加霜，她悄悄地把成绩改动了一下。"对不起，我知道这样做不好，违背您对我们做人要诚实的教育。不过，老师，这次我一定努力下功夫把成绩搞上去。"我拍拍她的肩膀说："也只有这样，才能使你母亲得到安慰。"

有的同学改动成绩，多是为了逃避父母的唠叨和责骂。

就此我采取了一些措施：

一是对改分的同学进行谈心教育，指出改分这一错误做法，并不能因为有原因就可以欺骗家长和老师，不能正视失败就不能更好地取得成功，并对改分的同学提出要求，本学期看他们各方面表现，以此弥补他们的过失。

二是满足学生的要求，答应此事为他们保密，不再追究，不在班里公布，也不通知家长，避免学生出现其他的顾虑。

三是展开"正视成绩，继续努力"的主题班会，讨论"成绩代表什么？说明什么？""如何使成绩得到提高""求知与做人"等话题，使学生认识到，成绩只能代表过去的成功，我们应正视它，努力学习加上正确的方法会取得更好的成绩。

一场改分风波就此得到解决。

在近一段时间，我发现学生比以前更爱学习了，我想这是因为老师的守信，使他们卸下了心理负担，并激发了他们的学习热情。

原文发表于《班主任》1996 年 5 月

平平淡淡才是真

还是上学的时候，我就特别喜欢这样形式的讲课：它既没有天南海北古往今来的铺垫渲染，也没有气吞六合势盖八方的豪言壮语；既没有巧串悬念的精彩情节，也没有巧设陷阱的惊险场面。它质朴无华，实实在在，没有浓妆艳抹，没有矫揉造作，自然顺畅，恰到好处。当时听这些课，只觉得很顺耳，很贴切，知识的泉水缓缓掠过了心田，很像品一杯素雅可口的清茶，色淡味正，余香无穷。

后来，自己也当了教师，由于崇拜心理的驱使，开始临摹仿照老师们上课的招数。起初是仿其形，渐渐地会其神，反复琢磨揣测，实践体会，逐步找到了这种外表淳朴而质地珍贵的课堂教学的魅力所在。

其魅力之一，就是其备课时那纵横捭阖、提炼升华的读书功夫。其实，教师读书与学生读书有以下不同：其一，教师读是主动的读书，重点在于弄清楚知识的来龙去脉和逻辑结构；学生读书是被动的读书，重点只是消化和掌握知识。其二，教师读书是一个从厚到薄的过程，他们用概括和统摄的才能，掌握主干，淡化枝蔓，吸取精华，遗弃糟粕；学生读书是一个从薄到厚的过程，他们认为书本上的一字一句、教师讲的一点一滴都很重要，单怕有一星半点的遗漏。其三，教师读书是站在书本之上，居高临下，书本上知识的逻辑结构，尽收眼底，对书本的内涵具有敏锐的洞察力；而学生读书是置身于书本之中，金银珠宝，一一采撷，对课本知识的内在结构，则无暇顾及。因此，教师读书，如高屋建瓴，统摄全局，脉络清楚；他们把厚书读薄，抓住了主干，抓住了核心，抓住了真谛。教师读书达到这样“脱俗”的境界，其专业基础就愈益扎实，专业知识就愈益宽厚。他们头脑中的知识积累，如一泓秋水，不枯竭，不浑浊，既满满登登，又清澈见底。这样，教师讲起课来，才胸有成竹，得心应手，设疑举例，恰到好处；虽不慷慨激昂，却能激起学生心中的层层波浪，虽无电闪雷鸣，却点燃了学生思维的簇簇火花。

教师读书达到如此境界，其眼力就变得敏锐犀利、入木三分。杂乱混沌的知识集合，在其眼下是纲目清楚，主次分明，井然有序；再由其大手笔巧妙组合、搭配、淘汰、提纯，就架构起了一个由原理、定律、法则、素材、信息组成的逻辑链条，即知识链。这个知识链布局合理，结构严谨，它以原理、定律为主干，以法则、素材、信息为分支，形成一个知识网络。这个网络的各个环节之间，都有逻辑应力相互牵引，从而使知识链成为紧凑的整体。在这个链式整体中，梁栋檩椽，排列有序，而典型事例和幽默语言如颗颗明珠镶嵌其中。引导学生步入这样的知识殿堂，学生则无不为这座殿堂的严谨结构，雄伟气象，珠光宝气所吸引，所倾倒，所折服。因此，备课时构建知识链，教学中围绕知识链，正是这种外表淳厚而质地珍贵的课堂教学的魅力之二。

正是这条知识链，牵引着学生的注意力和创造力，在广袤的知识天地中翱翔；引导着学生思维触角在深邃的知识宝库中延伸。也正是这条知识链，反映了知识的本质，体现了知识的核心，还原了知识的本来面目，重建了知识原本的逻辑结构。教师以这条知识链为准线实施教学，使学生思维轨迹回归知识原有的轨道，又重演了知识形成时的逻辑发展过程。这样教学，既符合知识本来的客观属性，也符合学生的思维规律，从而使学生进入接受知识的"很投入"的状态，如沐春风，如润春雨，从而使教学获得事半功倍的效果。同时，也正因为知识链回归了知识的逻辑特征，所以围绕知识链的教学，返璞归真，不需要华丽的修饰，不需要多余的渲染，讲授方法凝练简洁，老道深刻，课堂用语沉稳实在，掷地有声。围绕知识链实施教学，舍枝蔓，抓主干，择捷径，符合美学的简单性原则。围绕知识链实施教学，发知识之内功，以知识内在的逻辑力量吸引学生，以知识链的结构美感化学生，这样做，不仅美化了教学过程，而且优化了教学效果。

综上所述，教师在备课时要注重读书，主动研究，概括提炼，从而读出纲目，抓住要领，理出头绪，铸就灵魂，构建起知识链。这样的教学才会恬淡潇洒，委婉淳雅，如炉火之纯青，似陈酒之真醇。

原文发表于《教学研究》1993 年 2 月

另一种“功夫在课外”

宋代大诗人陆游曾劝学诗者道:“汝果欲学诗,功夫在诗外。”此言道出学问的广泛性和深刻性,因而后人多有引用或套用,诸如“功夫在书外”、“功夫在文章外”、“功夫在课外”,等等。大意总是说,凡要干好某种事,仅仅只学会这一事情的本身还不够,还要掌握多种相关知识,注意提高各种素质和综合能力。例如“功夫在课外”,即是说要教好课,应靠平日积累知识,磨炼本领,厚积薄发,单纯靠课堂上那一点功夫是绝对不够用的。

但现在有一种“功夫在课外”,却连课堂上的这一点功夫也不要了,把功夫彻底转向课堂以外的其他方向上去了。一些学校为提高升学率,把有教学经验又受学生欢迎的教师从课堂教学岗位上抽出来,专门利用礼拜天辅导由尖子生组成的“提高班”,而让毫无经验的教师去进行正常的课堂教学。他们把课堂教学当成可抓可不抓的次要教学场所了。

笔者接触不少师生,谈到这种“功夫在课外”的现象其实有两大类:一是课堂教学效果差,不得不在课外加班加点,连学生节假日都占用了;二是热衷于课外创收,想方设法设立一些名目,搞有偿辅导、家教之类,或下海搞“第二职业”,无心课堂教学,根本也就谈不上下功夫教学。其真功夫用在“创收”上。

这样,我们就有几个关系弄不明白了。

其一,国家法定与学校规定孰大孰小。课堂教学节数、时数由教学计划规定,而教学计划乃是国家颁布的有指导性、政令性的文件,如此忽视课堂教学,置国家指令于何地?

其二,课内与课外孰先孰后。课外是根据课内而来,第二课堂是针对第一课堂而言,不要课内何言课外,不要“第一”哪来“第二”? 如此,学校教学还有什么秩序可言?

其三,第一职业和第二职业孰主孰次。且不论教师第二职业该不该搞,仅就先后次序、轻重缓急、精力投入重点来说,功夫全下在第二职业上,哪还分什么第一第二?

此外,还有尖子生提高和大多数学生普及的关系,有经验教师与无经验教师上课搭配问题等多种关系,但只要首先弄清上述三点就够了。

原文发表于《随笔》2003 年 9 月

转化后进生要有“五心”

转化后进生是班主任的重要工作内容。为了做好转化工作，班主任应具备“五心”：

一是要有信心。要相信后进生是可以转化的，应把转化后进生视为自己神圣的、义不容辞的职责。后进生的“差”有一定的原因，如智力开发较迟，家庭矛盾影响大，受了某种打击或委屈等。只要摸准脉搏，对症下药，“晓之以理，动之以情”就会“精诚所至，金石为开”。

二是要有恒心。应有做长期转化后进生工作的思想准备。学生年纪小，自制力不强，各方面都尚未定型，易“好了伤疤忘了疼”。因此，对后进生不仅要扶上马，而且要送一程。在升级、升学、转学、更换班主任时都要做好衔接工作。

三是要有真心。转化后进生是一项艰苦、费时费心、周期性长的工作。对后进生要时时处处都给予关心、帮助、指导，使后进生在真心实意中得到温暖，缩短与同学、老师的感情距离。

四是要有爱心。后进生的意志不坚定，感情脆弱，需要别人更多的理解和同情。而班主任的理解、同情和信任尤为重要。因此，对后进生的点滴进步，要及时给予肯定，使之受到鼓舞；后进生有反复时，则要谅解，及时提醒。只要多给一点温暖，多奉献一份爱心，后进生一定能转变过来。

五是要有耐心。后进生旧病复发时，不要开口训斥、闭口责备，切忌伤害其自尊心，因为反复是正常的。要通过耐心劝导，给他们一个再认识，再改正的机会，急于求成则适得其反。

原文发表于《河北教育》1997 年 6 月

“追星现象”的原因及对策

近年来，青少年中出现了崇拜港台影视歌星的热潮，他们熟记着明星的年龄、生肖；保存明星的各种照片；唱明星所唱的歌曲等，这种狂热地追逐明星一举一动的现象，概之为“追星现象”。

一、“追星现象”的心理透视

首先，青少年在身心发展上都不够成熟，他们一方面以理想、想象为依托而生活，另一方面又对现实迷茫。这种混沌的心理状态很容易被港台影视歌星通过电视等传媒而感染，进而占据他们的心理空间，使他们把明星当成偶像加以崇拜。

其次，“追星族”成员的年龄不大，大多数是初高中学生，他们多数时间生活在学校、班集体里，而学校、班集体里的学生之间具有社会互动性。再加上，青少年在这个时期具有虚荣心、好奇心、从众心理等特点，别人追星而你若不从众会显得孤立，这样就使“追星现象”愈演愈烈，“追星族”的队伍越来越壮大。

二、“追星现象”的社会透视

追星现象是“后现代”文化潮流的一种表现。它不是偶然产生的，也不是中国独有的怪异现象。它是在世界范围内“后现代”文化潮流的影响下，“文化工业化”的一种表现。这种表现的特征是：随着生产力的提高，物质财富的丰富，精神消遣、娱乐日益成为大众的普遍追求。在中国亦如此，生产力水平日渐提高，物质需求渐近满足，精神追求亦趋时尚。由于过去文化市场的产品多呈“贵族化”“高雅化”“单一化”，大众的口味渐腻。港台的影视歌星便成为人们心中关注的焦点人物，尤其青少年为甚。加之青少年的行为受情感所左右，很容易激动，认为这些明星犹如他们心中的“精神太阳”，打开 了他们心灵的窗户，道出了他们的心声，自然而然地对明星就热起来了。

三、“追星现象”对小课堂的冲击

青少年生活的校园本应是“七彩阳光”，可在应试教育的导向下，校园文化单

一、乏味，方式多是说教、训诫、惩罚，他们的身心在某种意义上说是受到了压抑，精神空虚，内心寂寞。此时，港台明星的出现，为他们寄托理想、共叙心曲找到了理想人物。由此我们可以看出"追星现象"给学校的制度、校园文化、德育工作等都带来了冲击。过去"小课堂"的教育、教学应该反思。如何让青少年乐学，愉快地成长是摆在教育工作者面前亟待解决的问题。

四、"追星现象"对德育工作的影响

(1) 提出了新问题，指出了德育工作的不足。青少年中出现的"追星现象"是一个社会性问题，给我们展示了青少年内心敏感、脆弱、迷惘的一面，他们渴求真善美，而当前的德育工作方式单一、方法简单，远远不能满足他们的心理需要。

(2) "追星现象"在一定程度上有利于保证青少年身心的健康发展。作为一种兴趣，"追星现象"充实了青少年的业余生活，对保持青少年的心理健康和平衡有积极作用。

(3) "追星现象"对德育工作带来很大的消极影响，它导致青少年走向盲目崇拜的极端，极少数人达到了痴迷、疯狂的地步。这种病态崇拜很危险，不但影响他们的学习，甚至影响到健康人格的形成。

五、"追星现象"的教育对策——正确引导

对"追星现象"舆论导向要正确，尤其是传播媒介，要把职业道德与社会责任放在首位。不要把不该成为社会视觉中心的东西放在视觉中心的位置上。

对"追星现象"的正确引导还应从加强校园文化建设，丰富德育内容入手。引导"追星现象"走上正轨，校园文化是个关键。要利用广播、墙报、黑板报、寝室等校园文化阵地，打造一个良性循环的校园文化环境。丰富学生的课外生活，扩大他们的视野，使他们认识到世界上有更多值得他们热爱崇拜的人和事。

"追星现象"这个社会问题，有它发生的原因，也有它的利弊。愿社会各界，尤其是教育工作者认识这一现象，引导这一现象，为青少年的健康成长做出自己的贡献。

原文发表于《教育研究导刊》2006年1～2合

别让不良的谈话方式伤着你的孩子

我们提倡与孩子谈话态度要友善诚恳，以平心静气、实事求是的平等方式进行，表扬、批评、开导、劝慰恰到好处。然而在现实生活中，不少家长做不到，常用一些不良的谈话方式，使独苗苗产生不健康的心理。

一、揭短方式

有的父母与孩子谈话，总喜欢揭孩子的短，说孩子的丑。而且多安排在吃饭时训斥孩子，有时还在众人的面前数落孩子的过错。长此以往，孩子会产生厌恶和抗拒心理。

用揭短的方式与孩子谈话，是把孩子看得太“扁”了。

二、赞誉方式

有些父母当着同学、亲友的面，不切实际，过多地夸奖、称赞孩子。这种赞誉式谈话掩盖了孩子的错误和缺点，容易使孩子产生虚荣、骄傲、放任、盲目乐观的心态。

用赞誉的方式与孩子谈话，是把孩子看得太“乖”了。

三、唠叨方式

有些父母与孩子谈话不简练，总喜欢唠唠叨叨，啰唆没完。这种谈话方式，容易使孩子产生厌恶、反感、牢骚心态。

心理学告诉我们：啰唆、唠叨是一种重复刺激，会使孩子大脑产生保护性抑制，产生了这种保护性抑制，你越说孩子就越听不进去，时间长了，他还会反抗、冲撞你。

用唠叨方式与孩子谈话，是把孩子看得太“低”了。

四、许诺方式

有些父母与孩子谈话，总喜欢许诺。用这种方式谈话时，孩子也常常讨价还价，讲条件，达不到就不听不干。用许诺方式与孩子谈话，孩子会形成一切以自我为中心，目空一切，霸道、傲慢、一味索取等心态。而当许诺达不到时，又会使孩子产生冷漠、消极、自卑、自暴自弃、郁闷甚至敌对等心态。这给孩子的成长带来不利。

用许诺方式与孩子谈话，是把孩子看得太“高”了。

五、迁移方式

有的父母与孩子谈话，总喜欢从旁敲侧击、影射开始，将别人的缺点错误和不良倾向，不分青红皂白地迁移到自己孩子身上，主观臆断进行说教，嘱咐、叮咛不止，使孩子左右为难。这种谈话方式严重地伤害了孩子的自尊心、上进心、好胜心和求实心理，人为地加深了与孩子的隔阂。次数多了，孩子对你的谈话充耳不闻，看不起你，甚至反唇相讥。孩子会产生疑惑、不满、厌恶和反抗心态。

用迁移方式与孩子谈话，是把孩子看得太“差”了。

六、审训方式

有些独生子女家长看到或听到孩子的一些苗子性的现象，就大惊小怪，捕风捉影。然后对孩子进行审训，并根据主观推测，毫无根据地把可能性说成现实性，把鸡毛蒜皮的小事说成重大原则问题。这种草率的不负责任的谈话方式，很容易使孩子产生抵触情绪，挫伤了他的人格、尊严和正义感，长久下去孩子会产生受屈、害怕、悲观失望、消极、受压抑的不满心态。

用审训方式与孩子谈话，是把孩子看得太“死”了。

家长们，让我们抛弃这些不良的谈话方式，改用正确的方式来与你的独苗苗谈话吧！须知谈话也是一门艺术、一门科学，不能一味地怪孩子不听话啊！

原文发表于《现代教育论坛》1998 年 4 月

教育孩子八大智慧

一、赏识:求知上进的源泉

赏识是人类心灵深处最强烈的需求。对孩子来说,由于年纪小,心理还很幼稚,他们心灵深处最强烈的需求,最本质的渴望就是得到别人特别是父母的赏识。

好孩子是夸出来的,儿童的年龄越小,越需要外界的鼓励,特别是父母的鼓励。事实证明,父母用行动表现出来的爱和赏识,对孩子的成长起着莫大的推动作用,是孩子求知上进的动力之源。而一个孩子如果缺少赏识,会直接影响到他个性的发展,甚至导致他一生的个性缺陷。

二、梦想:创造奇迹的翅膀

童年是梦想的故乡,梦想是明天飞翔的翅膀。教育心理学显示,一个人心中拥有了梦想,就会在希望中生活,并不断地创造生命的奇迹。孩提时代是多梦的季节,一个懂得爱孩子的父母应当精心呵护孩子的梦想,并用行动和孩子一起设计未来的蓝图。这样,梦想的种子才有可能长成参天大树。

三、知识:自立成才的杠杆

知识改变命运,学习成就未来。

培根曾说过:“知识就是力量。”高尔基也曾说:“人的知识愈广,人的本身也愈臻完善。”知识,是孩子自立成才的有力杠杆,有了它,孩子才能撬起自己美好的人生。

有技巧地激发孩子的求知欲,提高孩子学习的兴趣,引导他们一步一步从兴趣发展到乐趣,增长更多智慧和才能,是父母的重要课题。

四、品行:茁壮成长的基石

孩子的心灵是一张空白的纸,你在那里种下什么,你就会收获什么。在这张空白的纸上,品行是孩子茁壮成长的基石,它将影响孩子一生的命运。

一个人的品行如何,决定着他的未来是昏暗无光,还是光芒四射。在孩子的心灵里精心种下一颗美德的种子,日后他才能长成一棵参天大树,收获一个美好的未来。

五、习惯:成就未来的捷径

我国著名的教育家叶圣陶说:“教育就是培养习惯。”培根则强调说:“习惯真是一种顽强而巨大的力量,它可以主宰人生!”

习惯是指人的行为倾向,用心理学的话来说,习惯是刺激与反应之间的稳固链接。习惯就像是走路,人们如果选择了一条道路,就会沿着这条道路一直走下去。好的习惯是成就孩子美好未来的捷径,能让孩子在不知不觉中健康成长;不好的习惯则像缠在身上的铁链,它无形地限制着孩子的思想和行为,阻碍着孩子每一步的发展。

六、心理:立足社会的支柱

联合国世界卫生组织(WHO)对健康做了新的定义,即“健康不仅是没有疾病,而且包括躯体健康、心理健康和良好的社会适应能力”。

人的心理特别是孩子的心理如果不健康,存有障碍,不仅影响着他们的正常成长,而且还会导致其他社会问题。家庭环境和父母的教育会对孩子的心理健康产生重大的影响,然而,很多家长只注重让孩子锻炼身体,却忽视了孩子的心理健康。克服人性的弱点,把孩子培养成情绪快乐、心态积极的人,只有这样才能让孩子有健康、成熟的心理去应对人生道路上的种种挫折,找到适于自己的社会立足点。

七、沟通:心意相通的桥梁

融洽的亲子沟通不仅是亲子间维系亲情的基础,更是相互交流,彼此理解,提高培养教育效果的桥梁。

融洽的亲子沟通,可以增进彼此间的感情,增强孩子的自信心,让孩子在良好的亲子关系中感受到被爱、被欣赏、被接受,进而树立积极的自我形象和健康的人格,走上成功人生之路。

八、榜样:潜移默化的要诀

家庭是孩子的第一课堂,父母是孩子的第一任老师。家长都希望把自己的孩子培养成才,但教育孩子的要诀却是自己的榜样先行。

孩子天生就有模仿能力。孩子和父母在一起生活,父母的品质、习惯与处世态度对孩子不同阶段的成长以及一生的发展都将产生重要的影响。好的榜样对于孩子潜移默化的力量是巨大的,不好的榜样付出的代价是惨重的。如果为人父母在榜样方面出现了某种偏差,给孩子带来的负面影响以及产生的不良后果将是长远的。

原文发表于《特区教育》2000 年 9 月

十招教出好孩子

没有教不好的孩子.只有不好的教育方法，家长、老师常常因为孩子进步缓慢而着急，由此或者粗暴地给孩子戴上“脑子笨”“性格难以改变”之类的帽子，或者自认为学识浅、水平低，不会教育孩子。实际上，只要方法妥当，任何孩子都是优秀的；只要用心，总能找到合适的教育方法。

一、扮弱计——让孩子充当一次“小大人”

父母常常抱怨现在的孩子对父母漠不关心，缺少责任感，他们不知道，孩子的责任感是要从小培养的，如果你总在孩子面前表现出一副风雨无惧的样子，孩子就会认为父母是不需要他们关心照顾的。因此，父母不妨偶尔扮一次弱，向孩子求助，你会惊奇地发现孩子竟因此变成了懂事的“小大人”，而你也可以从孩子的帮助中获得很多东西。

二、补强计——让孩子由自卑变自信

美国加州大学哲学博士詹姆斯·多柏林提出了“补强法则”，当一个人的行为得到满意的结果时，这种行为就会重复出现。因此，当孩子受到认可时，他的自信就会被激发出来，不断重复令人满意的行为，直至摆脱自卑，成为自信上进的好孩子。

三、诱导计——帮孩子跨过厌学的泥潭

几乎每个孩子都多多少少有些厌学情绪，这是可以理解但却不能放任自流的，因为这种情绪会阻碍孩子学习的热情，给孩子的成长带来难以估量的影响。然而强制孩子学习也不是好办法，这只会加深孩子的反感，聪明的做法是诱导孩子学习的兴趣，让孩子自动自发地学习。

四、冷淡计——让孩子有一点自控能力

今天的孩子大多是独生子女，受到家人无微不至的关怀和照顾，然而这样的生活却让孩子养成了任性的习惯，这将给孩子未来的生活埋下巨大隐患。专家建议孩子任性时不妨试试冷处理，这会使孩子因得不到注意而自动收敛脾气。

五、受挫计——给孩子一个体验失败的机会

美国教育家卡乐尔·桑德堡说："顺境当然可以出人才，但逆境也可以出人才。而且在逆境中经过挫折和千锤百炼成长起来的孩子才更具生存竞争力。"也就是说为了增强孩子的耐挫力，父母们不妨有意识地给孩子创造一些适度的挫折情境，这种挫折教育对增强孩子的心理承受能力大有好处。

六、放手计——培养孩子自己的事情自己做

不要什么都为孩子做好，家长应当试着放开手，让孩子自主地去做，第一次也许做不好，但以后就会做得又快又好。千万不要做包办父母，放开手为孩子创造做事的机会和平台，孩子才能有自立能力，父母也会少些麻烦。

七、纵容计——让孩子在"淘气"中开发潜能

一些父母抱怨自己的孩子"太淘气"是"破坏狂"，其实这类孩子往往很聪明，求知欲、好奇心都比较强，意志力也比一般孩子来得坚定。因此，聪明的家长要试着"纵容"孩子的淘气和"破坏"行为，并借机挖掘潜能，培养兴趣，说不定你的孩子就是另一个"爱迪生"。

八、处罚计——让孩子正视自己的错误

教育孩子就要赏罚分明，孩子做得好要给予奖励，但孩子做错事时一定不要姑息，哪怕只是小错也要进行适度的处罚，这样孩子才能正视自己的错误，及时改正，免得在错误里越陷越深。

九、制冷计——给自负的孩子"泼冷水"

自负是指自我评价过高，目中无人，这种心理对孩子的成长是极为不利的。因此一旦发现孩子自负的苗头，父母就应当运用"制冷"的手段，适时地给孩子泼点冷水，让孩子学会理性地评价自己，正确地认识自己。

十、包容计——让孩子感受父母无条件的爱

孩子也许不够聪明，也许有很多缺点，可是作为父母，绝对不能对孩子存有偏见，不能羞辱或嫌弃自己的孩子。对孩子一定要包容，要有信心。

原文发表于《教育探索》2004 年 3 月

强化活动课程之我见

活动课,顾名思义,“活”即教材活、课堂活、时间活、教学方式方法活,也就是说可结合当地和学校实际选定教材、安排教学内容、确定活动目标和活动的方式方法等;“动”即动脑、动口、动手,启发学生开动脑筋,展开丰富的想象,既能用比较准确、生动的语言文字表达出来,又能动手实践操作;“课”,即课程。活动课与一般手工课的不同之处在于它是课程而不是课外活动,但又不是学科课程的延伸,它与“学科”同时纳入课程体系,形成课程结构不可分割的“两大板块”,“学科”课内打基础,求“合格”;“活动”课内扬个性,展特长,培养“合格+特长”的学生。与学科课相比,活动课更强调学生能力的培养、特长的发展、素质的提高,侧重于实践、探索、创造。《九年义务教育活动课程指导纲要》(试行)明确了活动课的概念:“活动课程是指在学科课程以外,由学校有目的、有计划、有组织地通过多种活动项目和活动方式,综合运用所学知识,开发以学生为主体,以实践性、自主性、创造性、趣味性以及非学科性为主要特征的多种活动内容课程”。这里清楚地告诉我们,活动课程作为全新课程,它具有实践性、自主性、创造性和趣味性的特点,上好活动课程可以全面提高学生的素质,从而为学生进入社会打下良好的素质基础,强化活动课程是全面贯彻教育方针、实施素质教育的重要途径。

那么,如何强化活动课程呢?笔者认为,强化活动课程,必须在优化教师队伍、建立活动系统、选择活动内容和形式及加强活动管理四个方面努力探索。

一、优化教师队伍

随着《九年义务教育全日制小学、初级中学课程计划》(试行)的深入贯彻和活动课程的全面铺开,现有师资的量与质已不能适应教学之需,必须花大力气组建一支数量充足、门类齐全、素质优良、精通业务、爱岗敬业、富有奉献精神的专兼职活动课教师队伍。可通过内部挖潜,选择有专长的教师担任活动课教师;也可通过短期培训,鼓励那些既热心活动课教学又有发展前途的教师经短期培训上岗(如音、体、美等);还可以面向社会求贤聘能,引进有专长的人才从事活动课教学或担任兼职活动课教师,或邀请有一技之长的离退休人员担任活动课指导教师,以老带新,传技授艺,或举办活动课师资培训班,让教师全员参加岗位培训。

二、建立活动系统

学校要成立活动课教研组，规范活动课程，建立活动系统，有目的、有组织、有计划地开齐、开足、开好活动课，做到计划、内容、器材、人员、时间、地点、检查、评价“八落实”。学校可根据校情因地制宜，充分开发校内外教育资源，建立各类活动系统，诸如礼仪教育活动系列（以对青少年进行礼仪、传统美德、社会公德教育和行为规范训练为主要内容的活动系列）、社会实践活动系列（以广播、专刊、演讲、竞赛、新闻发布会、参观、访问、社会调查和重大节日、纪念日、民族传统节日等专题活动为主要内容的活动系列）、科技活动系列（以进行创造思维训练和发明创造为主要内容的“六小”活动系列）、文艺活动系列（以培养学生文艺方面的兴趣，发展某方面特长为主要内容的活动系列）、体育卫生活动系列（以增强体质，培养良好意志品德、卫生习惯和自我保健意识为主要内容的活动系列）和人文景观教育系列（以加强美育，提高学生体验美、表现美、创造美的能力为主要内容的活动系列等），使之与学科课程相互协调，构成有机的体系。

三、选择活动内容和形式

活动课以学生为主体，这就决定了活动内容的选择必须符合有趣、有益、可操作等基本要求，“有趣”就是能激发学生兴趣，“有益”就是能培养能力，开发智力、发展个性、陶冶情操，“可操作”就是能具体实施。据此，活动课可采用必修性活动、必选性活动、提高性活动和社会性活动等形式。必修性活动可把传统的晨（夕）会、班团队会、学科类活动纳入课表，全体学生参加，专职教师指导；在必选性活动中，学校可打破班级和年级界限，由学生根据自己的兴趣自行选择，在固定的活动时间内，全体学生必须选择一项活动参加；在提高性活动方面，要对有特长的学生进行分类，形成学校的特长专项；社会性活动主要以团队或班级为单位组织开展社会公益服务活动。通过这些具体活动，使活动课内容丰富多彩、形式活泼多样。

四、加强活动管理

一是制度管理。应建立一套切实可行的《活动课管理常规》，将活动课摆到“课”的位置，纳入教师岗位职责目标考核范畴。二是课时管理。应将活动课教学时间列入课表，监督执行，确保活动课时杜绝改上其他课。三是教学管理。对活动课的备、教、批、辅、评等教学环节做出具体要求。四是设备管理。大力改善活动课教学条件，添置活动课教学设备，保证活动场地。五是考评管理。实行

“三查三评”:一查计划和备课,评“优秀活动课程教案”;二查考核评估,将活动课成绩纳入教师教学考核项目,与职称考核及评“先进”挂钩,评“优质活动课”;三查资料建设,评“优秀成果奖”(包括经验总结论文)和“优秀学生作品奖”。

原文发表于《安徽教育》《香港现代教学论坛》1997 年 7-8 合

(本文获'98 年度亚太华文教学成果金奖)

让孩子在赏识中体验成功

赏识教育是指开发生命潜能、保护生命资源的教育;是家长、老师在享受中育人,孩子在成功中成长的教育。在实施素质教育培养创新人才的今天,赏识教育的理论不仅在课堂教学中具有重要的指导意义,而且在班级管理中又是班主任进行民主管理、全面育人的一味催化剂。班主任学会赏识学生,让学生在赏识中体验成功,就会使“我能行”这三个字深深地扎根于学生的心中,促进每一个学生的身心健康成长。

一、留心学生的生活,学会赏识学生

有位心理学家说过:“人类本质中最殷切的需求是渴望被赏识。”这句话给了我们深深的启发。在我们的生活中,无论是朋友之间、同事之间、上下级之间,彼此都渴望得到对方的赏识。一个赞许的目光,一句肯定的话语,一次成功的鼓励,都会使人产生奋发向上的动力。学生的进步、成长,需要的不也是这种动力吗?拿破仑在《成功学全书》中写道:人的一切行为都是受到激励而产生,通过不断地自我激励时,就会使你有一股内在的动力,朝向所期望的目标前进,最终达到成功的顶峰。因此,班主任要善于拿起赏识这把“金钥匙”,通过表扬、激励等手段,肯定孩子的优点、长处,鼓励学生不断追求成功。可是,要赏识每一个学生,并不容易。因为,学生并不都是整齐划一的,无论是学业成绩还是个性品质,都存在着很大的差异。往往是一些表现出色的所谓好学生容易得到班主任的赏识,而有些个别学生常常成为角落里的“灰姑娘”。对于这些“灰姑娘”,班主任的赏识会像和煦的春风、绵绵的细雨,吹拂、滋润着他们的心田,激发他们的自尊心和上进心。

我带的班级里有一个小男孩,活泼好动,常常管不住自己,还干扰同学们的学习。我多次采取正面教育,但都难以收到效果。有次午间休息,高年级的同学在操场上练健美操,这位男同学竟跟在人家的队伍后面,学得有模有样。后来我又注意到,在学做广播体操的时候,他不仅接受快,动作也很到位,其协调性、灵活性明显高于其他同学。这些发现使我有了一个想法:何不让他来试一试做体委呢?我在同学们的一片怀疑声中,拍着他的肩膀诚恳地说:“试试吧!老师相信你一定会很出色的!”在老师的鼓励下,他不仅努力地做好体委工作,也在悄悄地改掉自己身上的不足,日常行为也规范了许多。这个“灰姑娘”一步步走出角落,成为集体中快乐的一员。我把赏识带给了这个曾经被人忽视的男孩,也带给他一种成功的体验,一种不断进步的动力。从此以后,我常常注意发现学生特别是个别学生身上的闪光点,并通过作业评语和日记评语等多种形式及时与学生交流,受到了学生的普遍欢迎,也使更多的学生找到自信,品尝了成功的喜悦。正如《学习的革命》一书中写的那样:“如果一个孩子生活在鼓励之中,他就学会了自信;如果一个孩子生活在认可之中,他就学会了自爱。”

二、家校融合,鼓励学生赏识自己

让学生学会赏识自己,并不是盲目的孤芳自赏,而是引导学生能悦纳自我,体现自我,勇于自我实现,相信自己能行,树立坚定的自信心。为了增强教育的合力,为了达到长久的效果,我积极争取家长的理解与支持,在班级里开展“我能行”教育。在新学期的家长会上,组织家长讨论“怎样培养孩子的自信心”,让家长献计献策;同时,要求家长在家里配合老师多肯定孩子的优点、进步,少批评,少指责。其次,在日常学习中师与生、生与生之间经常使用“你能行”这种激励性语言,并教育他们互相帮助、互相关心,让集体中的每个孩子都抬起头来走路,让每个孩子都有成功的体验,让每个孩子从小会说“我能行”。孩子每次作业得了优,在活动中有了突出的表现,为班级为同学做了好事,我就给他们一种特殊的奖励:亲自用红笔在竞赛表上画上一个代表自己进步的小方格。直观的鼓励使学生在赏识自己进步的过程中感觉着成功的快乐,也激起了他们争取更大进步的信心。最后,在学期末的家长会上,我安排的第一项内容是由每个学生向家长汇报自己这学期的进步,由家长为孩子戴上朵朵红花。孩子的点滴进步引来了家长们热烈的掌声,也使每位家长对自己的孩子充满了信心。学生在赏识中学会了自信,在赏识中快乐地成长。

三、开展活动,引导学生赏识他人

班级里开展的各项活动,有利于学生的相互交流和相互了解,也为学生学会赏识他人提供了有利的时机。学生在赏识他人的过程中,自然而然地看到他人的长处、他人的努力,从而信任他人、欣赏他人,相互间多了羡慕、竞争,少了反感、嫉妒,他们不仅自我激励,更能相互激励,不断地吸取他人之长来完善自我,超越自我。

原文发表于《现代中小学教育》2002年6月

想起了美国孩子的“吃饭教育”

一天早饭后我送孩子上学，老远就听见学校门口有哭喊吵闹声。我来到校门前一看，孩子哭喊着向门里挣，孩子的奶奶哭叫着拽住孩子的胳膊往门外拉。我和几位家长上前劝阻说：“孩子要上学，你为什么不让？”孩子的奶奶哭诉道：“他没吃一口饭，怎么上学？我从四点钟起来，给他做了四次饭，他都没吃。来到学校对面的早点铺，给他买了包子、豆浆、奶，他还是不吃，这一上午，他怎么受得了……”听她一说，看她手中的塑料袋里还真有包子、奶等物，我不由想起美国孩子的“吃饭教育”。

美国孩子吃饭，弄得满脸满身，家长也不管，而且美国孩子从上小学一年级开始，每天中午都在学校吃午饭，孩子怎么吃，丢掉多少，家长一无所知，也根本不问。

美国家庭吃饭，桌上摆几样菜，孩子说吃哪样，就吃哪样，说不吃哪样，就不吃哪样。几乎所有美国孩子都不喜欢吃青菜。美国父母尽管也知晓青菜的营养价值，但绝对不会强迫孩子吃。美国孩子吃饭，一说吃饱了，就可以放下刀叉，甚至离桌。

美国人在吃饭这件事上的态度和做法，体现了美国儿童教育学的一个核心目标：培养孩子独立思维的能力。孩子吃饭，必须自己决定喜欢吃什么，不喜欢吃什么。如果明明没有饱，为了贪玩而不再吃，那么过一会儿他挨饿，就活该。美国人爱说，犯错误是一个不可缺少的学习过程，儿童教育学对这一认识尤其重视。在这样的生活环境中长大的美国孩子从小懂得，自己有能力知道自己要什么，不要什么，不想吃就说不想吃，吃饱了就说吃饱了，他们对自己有充分的自信，也知道父母对他们有充分的信任。

从美国孩子的吃饭教育中，中国家长应受到启发，要注重给孩子自由，以培养孩子的自主能力。

原文发表于《家教》2005 年 3 月

教改不应急功近利赶时髦

近几年，中小学教育在教育理念、教学方法、管理模式诸方面都在探索，都在改革，穷乡僻壤的乡村小学都刷出“教育要改革学校要发展”“科研育师，科研兴教”的标语。与此同时，教改的榜样也在不断涌现，景山学校、洋思中学、黄冈学校、求实学校、杜郎口中学、向阳小学……全国的或者地方的教改典型一个接一个，各有一套，各有特色，有的还形成了新的教育教学模式。

每个教改典型被媒体报道之后，各地就纷纷有组织地学习“先进经验”，只是有些地方实行的是拿来主义，亦步亦趋搞克隆，要求教师讲课的方法、备课的步骤、批改作业、跟学生谈话都得学习“典型”模式，甚至连校园和教室的布置也要照搬典型的模式，不仅要把人家的校训顶在自己的头上，悬在教学楼上，还把人家的学风教风校风班风口号也刷上，某些地方甚至要求原来有一点特色、在当地较有示范性的学校放弃自己的特色，转而学习“先进经验”。更有甚者，今天要求学这个经验，明天要求学那个模式，出一个典型就折腾一番，教师学生都应接不暇。

每个典型都不是一蹴而就的，每一种教育教学模式都经过了长时间的探索与积累，如果要学习，也应当学习人家的“神”——科学的教育理念，而不是仅仅学其“形”——照搬外在的形式，因为很多典型经验具有鲜明的地方特色和文化背景。

如果教改也忙着赶时髦，别说学生受不了，教师也会无所适从。

原文发表于《当代教育》2008年3月

如何构建有魅力的班集体

长期的班主任工作，使我深深地懂得小学阶段是人生成长的起步阶段，也是人的基础素质形成的开始阶段。作为班主任——一个担负着"万丈高楼平地起"的铺路人，应该如何把握好这一关键期？笔者认为，培养有魅力的班集体，促进班级的整体发展不失为一个好办法。

一、圆的启迪

新学期开始，我接了一个公认的"差班"。第一次走进班级，我二话没说，一甩手用粉笔在黑板上画了一个大大的圆。就在学生为之惊叹时，我疑惑地问："许多老师都说我们五(2)班差，这是真的吗？"这一问，触动了学生心灵的"伤处"，大家都低下头，默默无语；这时，我却一反常态，自信地说："可是，我绝不相信！"话音刚落，学生惊异地抬起头。我随即在黑板上的圆内写上"我＋你们"，指着黑板坚定地说："我只相信，只要我和你们一起努力，就算我们是从'零'开始，也一定能'圆'满地完成小学阶段的学习任务！"学生明白了我画"圆"的寓意，都会心地笑了。

在心理学中，这种现象就是人们所熟悉的"罗森塔尔效应"。美国著名心理学家罗森塔尔，曾在纽约的一所中学，在各班随意选出10多位学生的名单，私下赞扬了他们一番，指出他们各自的优点，并宣布他们都是最有前途的学生。随后把这些学生名单交给该校的教师。其实，这份名单是随意拟定的，并没有什么科学的依据。但正是这份特殊名单，使教师自觉不自觉地提高了对部分学生成功的希望。在教师的关怀和鼓励下，他们刻苦求学，锐意进取。9个月后，奇迹出现了：在期末统考中，这些随意抽出来受到赞扬的学生，包括以前学习成绩是中下等的学生，学习成绩全部是优秀。正是这个圆树立了五(2)班全体同学的信心，让他们重新认识自我，扬起自信的风帆。

二、做好三件事

每接一个新班后，我总是尽可能做好三件事：一是开好和同学的见面会。会上，我开诚布公地把自己的姓名、经历、兴趣和爱好介绍给学生，使学生了解老师,沟通感情。二是和学生谈心,一个个地了解他们的家庭生活、周围环境、个人交往和兴趣、爱好等情况,熟悉学生,成为朋友。三是留心观察,逐个了解他们的思想、学习情况和心理、性格等特点,对每个学生的情况尽可能做到全面了解,心中有数。这样,在较短的时间里,我对每个学生的情况有了较为全面的了解,使学生也消除了对新任班主任的陌生感。

成人需要理解,小学生更需要理解、需要宽容。新时代的少年儿童,他们富有幻想,敢于实践,常常有些近乎离奇的想法与做法,对此,班主任老师要能理解,进行具体分析和引导。另外,小学生自制能力较差,是非观念不十分清楚,容易干傻事,犯错误。面对他们的错误,班主任不能只是简单地批评,甚至训斥体罚,而要分析他们犯错误的具体情况,有针对性地进行思想教育。一旦认识和改正错误,就要宽容,要鼓励他们再接再厉,这样做,容易加深学生与班主任的感情交融,取得事半功倍的教育效果。

为师之道,既要严,更要有爱,有关心,有尊重,这是育人的前提和保证,更是一个班主任应该认真做到的。教育是爱的事业,这种爱没有惊天动地的气魄,只有润物细无声的永恒:教育是育人的工作,学生渴望被尊重、被重视,在平时学习、生活中,学生希望与老师成为朋友,渴望与老师交流、沟通,寻求被关注、被尊重的目光。“爱生如子”不是一句口号,要成为一种实际行动。当学生取得成绩,教师要给以表扬奖励;当学生受到伤害,老师应加以呵护关爱,不是父母胜似父母;当学生犯了错误,教师的批评要“动之以情,晓之以理”,让学生心服口服。如果教师对学生要求过高,严而无度,不仅会拉大师生间的距离,而且也不利于学生的身心发展,弄不好还会使学生产生逆反心理,师生之间产生抵触情绪,使教育效果适得其反。

三、师生心理换位

我们在平日的思想教育工作中,不要念念不忘“我老师怎么怎么”,而要经常来个心理换位,设身处地为学生着想,站在学生的位置来观察分析和认识问题;多想想“假如我是学生……”甚至不妨作作自我否定。

因为,教育者一旦套上这种“自我中心”思想枷锁,就会漠视自己的教育对象,就会使自己的教育工作带有主观随意性、被动性,而有悖于教育工作应有的科学性和有效性。久而久之,那原本由教师自己正确的教育实践建立起来并赖以维系的学生心目中的威信,就必然丧失殆尽!

让老师常常想到“假如我是学生”,其实是尊重教育规律的表现。马卡连柯说:“孩子是活生生的生命,必须了解和尊重他们的权利义务;享受快乐的权利,担当责任的义务。”

四、老师属于学生

一位戏剧大师说过:“当演员来剧院的时候,他应把个人的一切不快和隐私都留在剧院门外。因为在剧院里,他整个人是属于艺术的。”由此,我想到老师也应该如此。当他们来到学校时,就应抛弃自己的一切不快,在学生面前表现出正常的情绪。因为教师是属于学生的。

教师应满面春风。他踏进校园的时候应容光焕发,仪表堂堂,精神饱满,笑语盈盈,一举一动让学生如沐春风,如久旱逢甘霖。这样学生才能以良好的心理状态,饱满的精神状态,投入到学习和活动之中。如果教师将个人的不快或不良情绪带进校园,或冷若冰霜,或怒目以待,学生如临严冬,似遭霜雪,自然就无法以良好的精神状态投入到学习和活动之中,更谈不上师生之间的沟通。

教师要热情如火。人是感情动物,老师既是师长,又是学生的大朋友,对待每一个学生都应该热情如火,要让学生感觉到老师是可以信赖的,是引导自己走向光明的使者和向导。如果教师表现出冷淡,或因某种不快表现出不良情绪,学生就会敬而远之,滋生出恐惧心理与紧张感,使师生之间形成一道鸿沟。

五、学生是真正的主体

利用班集体活动这一载体,让学生当“主角”、唱“大戏”,让学生走上活动的“前台”,充分发挥学生的主体作用。由于多方面的原因,学生普遍存在着一种现象:在台下窃窃私语时能眉飞色舞,而到“前台”时则面红耳赤极不自然,甚至不知所措。针对这种情况,我采取了两项措施:一是轮流当活动的主持人,让每一个学生都有上台“当家”的机会。二是每次活动时尽量多安排一些学生到前台“唱戏”。这样,既消除了学生心理上的恐惧感,又培养了学生的组织能力、适应能力、应变能力和语言表达能力。

我在班级中进行了“小干部轮干”实践,轮干制有效地改变了小干部“终身制”现象,既充分体现了受教育机会均等,又充分体现了学生的主体性。为了让学生能全面理解他所扮演的角色规范,并自觉贯彻到自己的行动中去,自觉地按照社会对自己的要求行动,减少角色冲突,避免角色中断和角色失败,我对所有学生进行“小干部岗位培训”,健全儿童的角色扮演心态,让不少学生从不自觉扮演向自觉扮演过渡。一位家长认为这能增强孩子的社会责任心。孩子受家长和周围人的宠爱,以自我为中心,缺乏对社会的责任心,把帮助别人、为集体做事当成是“分外事”。实行轮干制后,可以督促学生尝试为别人为集体服务,感受到其中的甘苦,从而培养孩子为社会服务的萌芽,完成从不自觉到自觉的转变。

原文发表于《班主任》2002 年 10 月

学会赏识

人活着不易。

更不易的是能够得到别人的赏识和学会赏识别人。

做下属的得到领导的赏识,会有种成功的感觉;做丈夫的得到妻子的赏识,会有种伟岸的感觉;做学生的得到老师的赏识,会有种力量;做孩子的得到父母的赏识,会有种快乐。

人人都需要会赏识,人人都渴望被赏识。哪怕是一个特立独行极富个性、自身内心就是一个丰富世界的人,也希望自家的"高山流水"有些许"和者",哪怕只有一个。

可是,我们却偏偏很吝啬赏识。

比如,表扬下属:"有这个必要吗?"殊不知你那天的表扬就是他那天的阳光。欣赏丈夫:"比人家男人差得远哩。"其实,男人最初和最坚定的信心是来自妻子的肯定。夸奖学生:"防止他翘尾巴吧。"也许,你的一句夸奖会改变孩子的一生。赏识自家的孩子:"还是多提溜点儿,别给三分颜色开染坊。"久而久之,我们看别人的眼光有了偏差,于是周围的人全有了问题。我们很容易指出别人的不足。在破坏别人情绪之前,我们先就坏了自个儿的心情。

有一个不可思议的故事。一个顽劣的男生偏偏爱上了一个极其优秀的女生。这女生的愿望是要考"南开"的。男生在刻骨的单相思折磨中,自说自话在纸上乱划一通,语无伦次地表达了对这女生的爱慕和妄想的苦恼。这妄想包括:"只有考上'南开'恐怕才有可能"。这张纸被无意中夹在语文作业里交上去了。待男生想起来已经迟了。提心吊胆挨过两天后,语文作业发下来了。他的这张纸被语文老师兼班主任加了批注:"既然有可能实现,为什么不试试?相信你能成功"。男生如醍醐灌顶,心窍大开,在剩下的几个月里拼命苦干,居然就让他闯进了"南开"。他与那女生的结局并不重要。重要的是老师的爱护和赏识创造了这个奇迹!

赏识是我们的精神生命中不可缺少的阳光、春风、空气和水,在它的滋润下,我们的希望之树将长青。

为了自己和别人的快乐和信心,让我们学会赏识。

原文发表于《星期天》1996年10月20日

最美是宽容

有一位老禅师，一日夜晚在禅院里散步，见墙角边有一张椅子，便知有出家人违反寺规越墙出去溜达了。老禅师也不声张，走到墙角，移开椅子，就地而蹲。少顷，果然有一小和尚翻墙，黑暗中踩着禅师的背脊跳进了院子。当他双脚着地时，才发觉刚才踏的不是椅子，而是自己的师傅。小和尚顿时惊慌失措，张口结舌。但出乎小和尚意料的是，师傅并没有厉声责备他，只是以平静的语调说："夜深天凉，快去多穿一件衣服"。

老禅师宽容了自己的弟子。他知道，宽容也是一种无声的教育。

在学校教学中，常有这样的镜头：老师大动肝火，横眉竖眼，厉声责骂；学生或低头不语，默默反抗；或嘴巴高翘，无声胜有声；或泪水涟涟，以求蒙混过关。暴风雨一过，被批评的学生感悟一是自己运气太差，违纪撞在枪口上；感悟二是这个老师特别会骂人，真讨厌，很少会有真正反思过失，痛改前非的。教学中对学生应严格要求，但不应是苛求。

韩愈说："生乎吾前，其闻道也固先乎吾，吾从而师之；生乎吾后，其闻道也亦先乎吾，吾从而师之。吾师道也，夫庸知其年之先后生于吾乎？是故无贵无贱，无长无少，道之所存，师之所存也。"韩愈把"道"作为择师的根本标准，他认为可以为师者，不在其年龄大小、地位的高低，而在于其懂得"道"比自己多，师其"道"也。作为一个教师，对待违纪学生只懂得粗暴斥责，甚至迷信变相体罚，而不会宽容，试问这样的教师"师道"何存？既无道，又何为师？

俗语有"宰相肚里能撑船"之说，一个人的肚量大，性格豁达方能纵横驰骋，若纠缠于无谓的虫鸟之争，就会终日郁郁寡欢，神魂不定。唯有对世事时时心平气和、宽容大度，才能处处契机应缘、和谐圆满。宽容是教师良好心理的外壳，它往往折射出教师教书育人的艺术及良好的文化涵养。学会宽容，教师需要自己吸收多方面的"营养"，需要自己时常把视线集中在完善自己的精神结构和心理素质上。否则，一个缺乏现代阳光照射的贫儿，当然会被学生嗤之以鼻，不屑一顾。

为人师表者，应学会宽容，以德治学，从教者应记住：宽容是治学之美德。

原文发表于《知识窗》1994 年 6 月

学生拾到钱不交怎么办

春节开学后不久，班里的一名男生找到我，急匆匆地说："老师，我昨天丢了10元钱，我怀疑是我的同桌捡到了，可我跟他要，他却说没捡到。"

提到他的同桌，我的眉头不由皱了起来。据了解，在小学阶段，他学习成绩较差，对班级各项活动都不热心，还拿过别人的东西。升入初中后，我多次找他谈话，虽然学习成绩进步不大，但在纪律、劳动等方面表现一直不错，这次他竟然会这样，可得给他点颜色瞧瞧。"马上让他来办公室！"学生得令迅速跑了。

坐在椅子上，我继续翻阅苏霍姆林斯基的《帕夫雷什中学》，先前用红线标出的一句话竟是那么醒目，"一个人可能一点缺点都没有吗？不可能，不可能有那样完美无缺的人。"是啊，世上没有完人。一个十三四岁的孩子因为一念之差，又犯了一次错误，难道不可以原谅他、相信他，让他自己主动承认错误、改正错误吗？更何况事情真相还没弄清楚。想到这里，我快步走出办公室，追上那名男生，"先不要让他到办公室了，没有调查就没有发言权，这件事等我先调查一下再说。"

经过调查之后，我决定从谈话入手，下面是我们的一段对话：

"春节开学后，不少同学都有了进步，班里的好人好事层出不穷，你觉得你哪些方面有进步？"

"我劳动很积极，上课不打扰别人，下课不追逐打闹，作业也能按时完成了。"

"真不错，老师也为你的进步感到高兴，你最近还做了什么好事？"

他有点丈二和尚摸不着头脑，不解地问："老师，我没有啊！"

"有关拾金不昧方面的事，你拾到什么还没交给老师，想一想。"

他听了我的话，惶恐地望着我，鼻尖上慢慢沁出了细密的汗珠，接着低下了头。"老师我……我是拾到了10元钱，可那钱是我自己的，是我过年的压岁钱。"

我心里有点火，"你拾到的钱是新的还是旧的？"(我事先了解到那男生丢的钱比较旧)

"老师，不是很新。"他低声答道。

"压岁钱一般来讲应该是崭新的票子。你还记得列宁打碎他姑妈的花瓶的故事吗？列宁是伟大的革命领袖，他都犯过错误，何况我们普通人呢！世界上没有哪一个人因为列宁曾犯过错误而否认他是一位伟人，你说这是为什么？就是因为他敢于承认错误，勇于改正错误。我们中国也早就有浪子回头金不换的俗语。应该怎么做，老师觉得你会做出正确的选择。你放心，除了丢钱的同学，其他人都不会知道这件事。”

他把头低得更厉害了，可依然默不作声。看来时机还不是很成熟，“你回去再仔细想想，明天早晨给我答复。”我语重心长地说。

第二天早晨，我一到办公室，便看到他正默默地把 10 元钱放在我的办公桌上。他什么也没说，但此时无声胜有声，他的行动不就是一个孩子勇于面对错误的最好明证吗？我欣慰地笑了。

教育学生的方法是多种多样的，在教育过程中，我们应时刻牢记：犯错误是孩子的天性，教师应怀有一颗博爱之心，信任他们、尊重他们，使他们的心灵激起正义的、美的火花，这才是真正成功的教育。

原文发表于《河北教育》1994 年 3 月

要想教育好孩子,先要提高家长素质

据报载:日本青少年研究所对日、美、中三国的各30多名高中学生进行调查,在回答“你最尊敬的人物是谁”这一问题时,日、美学生的回答第一位都是父亲,而中国学生的回答前10名竟然没有一个是父亲或母亲。可见,我们许多家长不仅和孩子有一定的距离,而且,在孩子们心目中的形象并不高大。如此家长怎样来教育孩子呢?

教育孩子是学校、家庭和社会的共同话题,三者必须互相配合,共同努力,才能使孩子健康成长。许多家长把教育孩子的任务完全推给学校,认为学校才是教育孩子的地方。这种忽略或放松家长对孩子教育的观念都是错误的。作为家长,必须懂得父母是孩子的第一位老师,家庭是孩子的第一个课堂的道理,明确孩子在家里无时无刻不受到家长一言一行的教育和影响,对孩子起着耳濡目染、潜移默化的作用。事实上,许多家长的言行已经严重地影响了孩子的健康成长。有的把孩子作为家庭的中心,让他们过着“小皇帝”“小公主”的生活。平时在家里,满足孩子的一切要求,吃讲营养,穿讲名牌,用讲高档。这样,第一位老师完全失掉了师表的作用,而孩子也养成了一切以自我为中心的思维定式。如此素质的家长怎么能担当第一位老师的重任呢?所以,提高家长的素质就成了亟待解决的问题。

提高家长的素质,首先要转变家长的观念。爱,并不是教育;爱,也不能感动孩子。孩子处于懵懂状态时,还不知道感恩报答是什么,如果一味地溺爱,必将会让他们形成家长理应如此的认识,所以,稍不如意,就撒娇耍赖,蛮不讲理。教育孩子必须胸怀宽阔,眼光远大,尤其在让孩子吃苦上要有明确的认识。日本人爱孩子,哪怕是冰天雪地,寒风刺骨,也要孩子穿着短裤上学,或不定期地让孩子到“无人岛”去进行生存教育;美国人爱孩子,哪怕老子是总统、百万富翁,孩子到了一定年龄,都要自食其力。石油大亨、亿万富翁洛克菲勒的孩子用零钱,也是通过给大人擦皮鞋或洗碗碟获得的,就这,花掉的钱还要记账以便父亲检查。这些事例应该引起我们许多家长的深思。其次是以身作则。凡是要让孩子做到的事情家长也一定要做到,如果自己迷恋舞厅、沉醉麻将而要孩子刻苦学习,那孩子是不会口服心服的。再次是营造环境。孩子较长时间地生活在家里,需要一个平和温暖的生活环境，如果夫妻经常反目，甚至闹到离婚分居，孩子怎么能够安心学习呢？第四，坚持正面教育。有的家长用心良苦，但方式不当。他们对孩子只有要求，缺乏理解，如果孩子成绩不佳或有过失，便拳打脚踢，棍棒相加。遇到上述情况，应该心平气和地与孩子坐在一起，认真总结经验教训，扬长补短，不断完善。第五，配合学校。孩子的可塑性较强，一旦离开学校，便会放松对自己的约束，容易受社会上的一些不良风气的影响。家长应该和学校齐心协力，共同管好孩子，不要给任何不良风气以可乘之机，更不能和学校对着干。否则，将会酿成不堪设想的后果。

过去，在实行单休日的时候，教师慨叹对学生的教育是六加一等于零；现在实行双休日，五加二等于零的现象依然存在。这说明错误的家庭教育仍然严重地困扰着学校教育。而改变这种现状的唯一途径就是提高家长的素质。在大张旗鼓地实施素质教育和社会主义精神文明建设的时候，提高家长素质就显得更为迫切。

原文发表于《家教》2004 年 5 月

真希望315也能打教学作假

大多数假的东西为人们深恶痛绝，如假药、假食品等，因为它带给人的是损失、痛苦乃至以生命为代价。而被视为圣洁的教育界也不是世外桃源，同样存在着“假”：假教案、假优质课、假听课记录、假总结，等等。

一、假教案

好的教案来自教师的潜心劳动，是教师对学生高度负责的体现，是爱岗敬业精神的结晶，凝聚着个人心血。它是教师上好课的前提条件。虽然名目繁多的现成教案给老师备课提供了方便，但只能视为“参考”。要有好的教案，教师必须认真备课。备课，是教学活动的开始，它对整个教学工作能否顺利进行起着关键性作用。备课既是教师为教学作准备的过程，也是教师再学习过程，更是不断积累总结教学经验的过程。“常教常新”，这种创造性的工作是没有止境的。

备课不是单纯的备教材，更主要的是备学生。教学的对象年年在变，即使是特级教师的教案，也不能照抄照搬、生吞活剥、舶来用。有的教师缺乏职业道德，为应付检查（检查者如被蒙过去，说明检查者也是不负责任的），将他人的电脑打印教案复制下来，充当自己的教案。教材在不断更新，抄袭旧教案同样是不负责行为。

因此，这些教案都属假教案，假教案是我们坚决反对的。

二、假优质课

优质课的目的是教师之间交流教法，取长补短，提高个人教学素质。课堂上的语音是教师真情的自然流露，一举一颦具有教学作用，学生质疑，教师解惑均应是水到渠成。而相当多的优质课，给人一种挥之不去的表演感、“雕琢”感。师生的双边活动配合得天衣无缝，对答如流。听完课问学生，回答是讲过的课。这样的课就是假课（尽管有可取之处），不真实的东西太多。尤其是它背离了教育的根本目的——教书育人。这样的课缺少“诚信”，不利育人。而真正的教学高手，异地讲课仍能使听课者受益匪浅。尤其是在“课改”的实验阶段，“假课”不利于研究人员达成共识、解决问题、推进课改。而任何科学研究都必须在真实的情境中进行，离开了真实的课堂，教育研究则毫无价值。一位教育名家说：千教万教教人求真。虚假的课失去了教育的真谛——求真。

三、假听课记录

不少的中小学为使教师之间能够交流教学方法，达到相互学习的目的，规定教师每学期每人要听一定量的课。有的教师为了完成任务，平时不去听课，临近学期结束，则把别人的听课记录拿来东抄一节，西抄一节，交差了事。这样的听课记录是假的。“经”是好经，但被念歪了。学校必须采取措施杜绝这种不良行为。领导可以跟随听课或听一节发一节听课证。但这毕竟是消极的行政手段，更重要的是加强职业道德教育，使这种听课变成教师的自觉行为。

四、假总结

每到学期结束，各种总结接踵而来，教师业务总结、班主任总结、思想工作总结等等。既然是总结，就要实事求是，把“成功”“失败”“经验”“教育”理出来，以利今后开展工作。只要做到认真总结，必有所得。但有的教师把总结当成“包袱”，采取应付的方法，把别人的总结（或过去的总结）拿来，改头换尾，添字加句，就成了自己的。这实在是荒唐之举，毫无意义。领导也应设身处地为一线教师着想，充数的总结不要安排，如果抱着“数字出官”的想法行事，必然造成总结多，增加教师负担。

我们要的是有价值的真总结，不是假总结。

每一位教育工作者都应切记：教以人为本，人以德为先，德以责为重，责以国为需。

教育需要诚信，教学拒绝作假。

原文发表于《教育交流》2006年5月

不可忽视的教态小节

我发现不少教师对教态中的一些小节问题不够重视。其实,小节问题也会影响教师的形象,也会影响教学效果。

一是"身"。不少教师讲课时身不正,不是弯着身子两手撑着讲桌,就是侧着身子,走动太多,这都会影响课堂教学的严肃性,影响教师的形象,影响教学效果。教师讲课时应该站在讲台正中,面对全体学生,身子要正,不宜走动太多。

二是"手"。有的教师往往把左手伸进裤袋里,这是很不严肃的。讲课时手要自然伸直,必要时可配合右手做做手姿,使课讲得更形象。

三是"脸"。有的教师整节课沉着脸,没有一点笑容,这不易沟通师生情感,讲课时脸部应有所表情,随着内容的不同,语气的不同、表现出喜怒哀乐,做到以情感人。

四是"眼"。有的教师讲课时眼睛只望天花板或只望前两排的学生,这样不利于调动同学的积极性,也不利于及时收集反馈的教学信息。讲课时眼睛要密切注视全班同学,把全班同学的注意力都集中到教师身上来,并通过对学生的察言观色及时掌握教学信息,及时调整教学计划。

原文发表于《教师之友》1999 年 2 月

探索德育新路　强化素质教育　培养新世纪人才

《中国教育改革和发展纲要》指出："中小学要由应试教育转向全面提高国民素质的轨道，面向全体学生，全面提高学生的思想道德水平、科学知识水平、劳动技术和身体心理素质，促进学生生动活泼地发展，办出各自的特色。"多年来，我校[①]以德育为立校之本，围绕"转轨"，不断进行改革和探索，"创文明学校，育四有新人"，取得了显著成效。我们的主要做法是：

一、以转变观念为先导，增强实施素质教育的自觉性

实现"转轨"首要的是教育思想和教育观念的转变。为此，我们组织教师认真学习和领会邓小平理论和十五大精神，学习"一纲四法"等教育法规和素质教育理论，积极参与有关素质教育热点问题的研讨，了解国内教育教学理论发展的动向，将全体教师的注意力从死盯学生的分数转移到提高办学水平和全面提高学生素质上来，引导教师树立"三个观念"做到"四个坚持"。树立"三个观念"：一是正确的教育观，明确"素质教育是依据人的发展和社会发展的实际需要，以全面提高全体学生的基本素质为根本目的，以尊重学生主体性地位，注重开发人的智能，形成人的健全个性为根本特征的主体教育"。它面向全体是基础，主动学习是手段，全面发展是目标，培养学生"合格加特长"真正掌握强身健体、终身学习和服务于社会的本领；它要求教师做"园丁"，不做"伯乐"，因为伯乐是挑选千里马的，而园丁是用万紫千红打扮世界的。二是科学的质量观，树立以学生素质的全面提高为质量、效益评价为准绳的质量观，扭转以分数量人才、以升学率论效益的质量观，明确分数不等于质量，衡量一所学校教育质量的标准，要看是否全面贯彻教育方针，使每个受教育者都能得到全面充分的发展。三是全面的人才观，明确社会对人才的需求是多方面、多规格、多层次的，教育的成功在于使每个受教育者都能成为社会主义事业的建设者和接班人，并非"高分尖子"才是人才，不少科学家、文学家、企业家他们学生时期也不是"高分尖子"。事实上，每一个人只要通过自己的努力对社会有所奉献，他就是人才。做到"四个坚持"，坚持

① 注：指萧县花甲寺小学。

面向全体学生，坚持因材施教，坚持学生的全面发展，坚持学生的主体地位。在此基础上，结合本校实际制定素质教育实施方案。

二、以德育为动力，确保素质教育的整体推进

强化德育工作，落实“德育首位”，是素质教育的重中之重。抓德育为首，促五育并举，以德育为动力，为素质教育保驾护航。多年来，我校始终不懈地坚持抓德育，以德育统领全局，取得了令人瞩目的成绩。近年来，在社会主义市场经济的新形势下，为适应素质教育的需要，我校又提出“立足校园，面向市场，服务社会，致富家庭”的德育新思想，推出“德育为主导，学生为主体，科技为主线，少先队为主力，爱国为主旨”的新举措，构建德育“十有”新格局，即有一个思想正、两手硬、肯学习、善思考、懂管理、爱科研、讲团结、会运筹的德育领导班子；有一支奋发进取、敬业奉献、配合默契、甘为人梯、堪为表率的德育工作队伍；有科学的评估标准和得力措施保证；有长期计划和管理目标；有可操作的《德育评价考核指标体系》和“小学德育系列”（小学德育 12 月）；有七个固定的阵地；有八条渠道；有明确的德育目标和科学的德育方法；有浓郁高雅的环境育人氛围；有开展教育科研的良好习惯。德育到位，五育并重，极大地提高了教育教学质量，为素质教育的扬帆远航提供了可靠的保证。

三、以提高教师群体素质为基础，建设一支符合素质教育要求的教师队伍

教师是人类灵魂的工程师，是学生做人的启蒙者和引路人，其一言一行对学生都有着潜移默化的影响。教师的素质决定教育的质量，抓好师德教育，铸造崇高师魂，建设一支符合素质教育要求的教师队伍是实施素质教育的关键之举。针对当前存在的教师地位低、待遇少、工资拖欠的现状和“跳槽”、“下海”、迷恋第二职业、不安心教育工作的现象，我们先后举办六期“师德讲座”和两期“做合格小学教师”培训班，大力开展“一建四练三评”活动。即建设一支“高境界、高水平、高素质、高品位”的教师队伍。要求教师“练内功以强化师德，练外功以树立形象，练基本功以提高能力，练精功以掌握技巧”。通过讲政治、赛团结、比奉献，塑形象的比、学、赶、帮、超活动，评出师德标兵；优化教学过程，改革课堂教学结构，评出“窗口教师”；有计划地开展青年教师“升格”活动，使一批青年教师脱颖而出，评出教坛新星；制订了《教师一日行为规范》和《敬业爱岗四字歌》，坚持用正确的舆论引导教师培养情感，树立形象，促进教师既为经师，又为人师，终身从教敬业奉献精神的形成，我们还要求教师人人有专业特长和实践经验，既能讲理论又能实践操作，成为一专多能的复合型教师和科技治教能人。

四、以落实课程计划为核心，紧抓开足开好不放松

课程问题是素质教育的核心问题，抓住了课程计划的落实，就抓住了素质教育最本质的东西，我们要全面贯彻教育方针，推进素质教育的实施，就要坚定不移地按国家教委颁发的课程计划开全课程、开足课时，按照教学大纲的要求开好全部课程，坚决克服教育教学活动中的随意性。我们的做法是，首先为“开全开足开好”创造必要的条件，抓住“两基”验收这个机遇，使“硬件”更硬，进一步搞好教育教学配套设施、添置相应的教学器材、配备制作教具、培训特长课师资等，继而为“开全开足开好”提供措施保证，使“软件”不软。我们严格要求执行“三点”，规范教学过程管理，优化课程结构，控制必修课，开发环境课，强化活动课；执行课程计划必须做到七有：课时有安排，师生有教材，教学有计划，教师有教案，学生有作业，考核有档案，检查有记载。必修课每节课传授知识的时间控制在20分钟左右，保证学生不少于20分钟的时间练习、质疑和自学，在各科教学中，明确提出“四大目标”，即传授知识、训练技能、发展智力、塑造人格，尤其是塑造人格，应成为各科教学的宗旨，教书育人的根本。为认真实施这一目标，搞好各科教学的“塑造渗透”，我们强调，各科教师在通览教材的基础上，逐章逐节制订“塑造教育”的渗透计划，以便在教学中节节对照执行。学校领导听课、教师互相听课、公开教学、教学评比，都要把“塑造渗透”作为一项重要内容加以评议。

五、以课堂为主渠道，落实素质教育“三要义”

《中国教育改革和发展纲要》中明确指出素质教育的“三要义”：面向全体，全面提高，主动发展。这“三要义”亦即素质教育的三个本质属性——全员性、整体性、主体性。因此，可以说落实了“三要义”就是落实了素质教育，反之，就不是素质教育。课堂是实施素质教育的主阵地、主渠道。用素质教育占领课堂是时代的呼唤，是深化教育改革与发展的必由之路。当前，不少学校开展的课外活动、兴趣小组，成立鼓乐队、举办艺术节等等，虽然也可以提高学生素质，但仅此不是真正的素质教育。实施素质教育固然需要开展这些活动，但它只是课堂教学的补充和延伸，仅仅满足于此是不行的。素质教育必须深入课堂，课堂教学必须落实素质教育的“三要义”，否则，素质教育就会因误入歧途而落空。校长要抓课堂，要把工作重点放在教师的课堂教学上，教师要把精力用在改进课堂教学的方法上。学生要把希望寄托在课堂解决问题上，多年来的课堂教学，教师都是习惯于“我讲你听，我问你答，我说你做”的教学模式，讲问过多，训练不足；少数表演，多数陪读；老师叫的是举手的学生，训的是会的学生，真正不会的学生老师是绝对不叫的，原因是怕耽误时间完不成教学任务。这种教学模式，面向的照顾的是

少数尖子,忽略的牺牲的是多数学生,教师强迫学习,学生缺少主动。那么,课堂教学如何落实素质教育的“三要义”?教师怎样做才是真正把学生放在主体地位上呢?通过深入研究探索,我们坚持抓好以下几点:

(1)制定比较完备的能够覆盖各学科的便于遵循和操作的课堂教学常规目标管理评价方案,强化教学常规管理。

(2)坚持“五要”“六为”的原则,充分发挥学生主体作用。课堂教学素质化,起点要低,基点要宽,训练要实,要求要严,方法要科学;要坚持学生为主体,教师为主导,训练为主线,思维为核心,能力为目标,育人为目的的原则,引导学生乐学、善思、会学、学会,掌握形成能力。

(3)要求教师的“教”应为学生的“学”服务,教师所选择的教学方法,要有利于学生自主学习,教师要精讲,腾出时间让学生多读、多想、多说、多写,同学间多讨论、多交流,让学生在自主学习中发现问题,发现知识,发现规律,发现方法,发现思想,发现情感,从而得到生动活泼、主动和谐的发展。

(4)课堂教学结构要体现出省时高效,要给学生尽可能多的读书、思考、讨论、练习的时间。教师要舍弃那些无重点、无层次、无深度的串讲串问,把主要精力和时间,放在激发学习情趣,调动学生学习的积极性、主动性上来,使学生始终处于自觉、积极的心态中,全身心地投入到学习上。

六、以教育学生学会做人为重点,促进学生全面发展

柳斌同志强调指出:“基础教育阶段要帮助学生学会做人,学会求知,学会办事,学会健体。”素质教育作为面向21世纪的教育改革,其实践主题最根本最集中地表现为完满人格的培养和追求。这种完满人格是指人格内容得到充分发展,是一种有血有内有个性有精神的人格。无数事实证明:一个人学业上的不足并不一定会影响他的一生,而道德人格上的缺陷却可能贻害他一辈子。基于此,我们重点要抓好四个方面的教育。

1. 铸造教育,即塑造健全人格教育

一是铸魂立志,使学生志向高远,人格健全。现在的中小学生,将成为跨世纪社会主义事业的接班人和建设者,是中国未来的脊梁,“少年志则国志,少年强则国强”。因此,首先要把我们的学生铸造成具有强烈爱国心和民族自豪感的堂堂正正的中国人,教育他们立志为中华民族争光,为中国人争气,把今天的学习与振兴中华民族的千秋大业联系起来,时刻准备着长大为建设富强、文明、民主的社会主义国家做贡献。

二是铸德育能,使学生德才兼备,特长明显。坚持把人放在主动进取,在竞争中求生存、图发展的位置,使其具备开拓和创新的精神,质量和效益的观念,协

作和风险的意识，社交和应变的能力，并能经受失败与挫折的考验，以迎接将来可能遇到的各种挑战的磨难。据此，我们精心构思，将社会移植于校园，把校园作为社会的缩影来雕塑，为少年儿童的成长提供一个求知的环境，一个动手的环境，一个社会化的环境。在这个环境里，通过实施一套以公民道德教育和传统美德为主旨的基础德育，通过开展一系列贴近社会、贴近生活、贴近实际，易于被小学生接受的入耳、入脑、入心的教育活动，使学生学会生存，学会服务，学会创造，学会做人，具备自理、自学、自律、自护、自强的能力。

三是铸情树人。注重培养学生的智力因素和非智力因素，使学生知识和能力协调发展，认识和情感协调发展，成为具有高尚情操，良好性格，充满“人情味”，有良好道德修养的人。

2. 创造教育，即教学生学会创造

创造教育是我们面向21世纪开展素质教育最为基本的内容和目标。所谓创造就是在学习过程中有所发现、有所发明、有所突破、有所前进。创造教育就是要化被动教育为主动教育，培养学生的创造意识，开发学生的创造潜能，发展他们的创造人格，提高他们的创造能力。如何开展创造教育？我们的做法是：① 教育者应先受教育，采取走出去、购进来、听讲座、看展览、渗进去的方法先唤醒教师的创造意识、开拓教师的视野，激发创造教育热情，从而转变观念，摆脱应试教育格局的束缚，加强学科沟通，进行课程改革，创设创造环境，推进创造教育的健康发展。② 充分发挥课堂教学的主渠道作用，活跃教风学风，要求教师善于引导学生进行积极思维，包括求异思维和发散性思维，鼓励学生一题多解，鼓励学生的独创性。点燃他们创造的思想火花。各学科的教师，都要努力在课堂教学中，在知识结构、能力和人格等方面培养学生树立具有积极意义的个性。③ 因地制宜，开发利用校内外教育资源开设开好活动课，培养学生创造特异性。我们根据学校实际开设了书法、美工、植保、林果、科技制作、花木栽培等活动课，成立了文艺、通讯、象棋、体育、剪纸、采集、手工、泥塑、栽培嫁接、天文气象、评报办报、科技制作等兴趣小组，这些兴趣小组分为两个层次，既有校级组，又有班级组，每个学生可根据自己的兴趣爱好，至少参加一个兴趣小组。教师有计划地组织学生进行野外调查、观察，采集生物标本、矿石标本，指导学生写观察日记和自能作文。如我校二年级学生卢刚强写的《我爱校树水杉》、陈旭同学写的《“偷懒”的爸爸》均入选四川少儿出版社的《低年级优秀作文精华本》，五年级张磊同学写的《我学会了“锄地”》入选《全国小学生优秀作文选》和《优秀作文文库》。班级兴趣小组是根据学生的年龄特点、知识技能和心理特征设立的，既可班级单独活动，也可按低、中、高开展班际联谊活动，如组织高年级的小记者团进行社会调查，开展小考察、小采访活动，组织中年级搞小实验、小制作，近几年来的清明节祭扫烈士墓，我校都是由学生自己扎花圈、自己组织活动，校领导和老师只是“应邀参加”，这一做法曾被《红领巾报》报道过，学生扎制的花圈与花圈店的无什么区别。学生还自己组织参加各少儿书刊社的书法、绘画比赛，每年都有十几位或数十位学生获奖。丰富多彩的活动，打破了以往沉闷被动的学校生活，学生在优良的环境中，培养了健康向上的情趣，陶冶了进取美好的心灵，同时，开阔了视野，培养了兴趣，丰富了思维、想象能力，增强了动脑、动口、动手的实践操作能力。他们在思考中比较，在实践操作中提高，自己的个性有了充分发展的机会，他们的创造力和潜在的求异思维得到了挖掘与发挥，极大地调动了他们学习的积极性。

3. 环境教育，即优化育人环境，开发环境课程

营造学校环境教育的气氛，让每块墙壁说话，使学生潜移默化地受到熏陶。我们着意搞好校园绿化美化工作和人文景观的布点设计工作，一切都从美学角度考虑，从育人角度安排。学校门面镶贴黑色大理石，采纳回良玉省长的建议，请著名书画家欧阳龙先生题写校名，围墙外面配以文字警策，内壁画彩漆体育几何图案，校园内砌以形状不同的大小花坛，栽培草本、木本相间，常绿、落叶相衬的花草树木。进入校园迎面是极富象征意义的主体雕塑“雏鹰展翅”，校园内“校树”水杉干挺枝柔叶翠，象征新一代青少年的青春健美，英姿勃勃。教学楼廊壁上悬挂名人画像，各室门前配以“守则”和“行为规范”。楼梯间、门庭内营造“德育墙”、“德育廊”，将多年的德育内容浓缩为“九五”：五旗（国旗、党旗、军旗、团旗、队旗）、五爱（爱祖国、爱人民、爱劳动、爱科学、爱共产主义）、五自（自理、自学、自律、自护、自强）、五会（会做人、会学习、会生存、会服务、会创造）、五有（心中有祖国、心中有集体、心中有他人、心中有法纪、心中有抱负）、五心（忠心献给祖国、爱心献给社会、关心献给他人、孝心献给父母、信心留给自己）、五在（在继承中创新、在改革中发展、在建设中完善、在总结中升华、在探索中前进）、五共（共唤社会真情、共献社会爱心、共张社会正义，共培社会净土、共育社会英才）、五校（校风、校歌、校徽、校树、校花）。校园内姹紫嫣红，花香阵阵，菜畦青青，彩旗飘飘，漫步校园如在画中。师生共同嫁接的“校花王”——五色同株月季吸引着校外来宾，校园农林科技实验基地喜摘成果，见诸报端……学校充分利用一切空间，从不同方面向学生进行辐射教育，最大限度地发挥校园环境潜在的教育功能。

4. 养成教育，即一强二寓三坚持

教育家叶圣陶说过：“教育是什么？从单方面讲……就是要培养良好的习惯。”什么是习惯，就是在长期的活动中逐步养成的一时不易改变和自然而然的完成某种动作的方式。一种稳定的习惯实际就是一种好品质的表现。这就是说

由行为到品质的转化中，习惯起着非常重要的作用。好行为能否转变成好品质，关键在于习惯这一环节的强化。小学正是各种习惯形成的关键时期，《中小学日常行为规范》的公布，为培养小学生的行为习惯提供了极好的教材。我们抓养成教育的做法，概括说就是一强二寓三坚持。一强即强化日常行为规范和教育的训练。二寓即一寓教育于竞赛之中，经常组织一些小竞赛活动，诸如洗手脸、削铅笔、穿衣服、钉纽扣等，培养学生的自理能力；二寓教育于评比之中，旨在给学生一个"表现自己的机会"。三坚持是：一是坚持正面教育，运用成功的乐趣激发儿童的好行为内驱力，让每个同学都能享受表扬和获奖的喜悦，从而教育全体学生从小想好、向好、争好。二是坚持循循善诱，特别注重部分同学失误后的补偿心理，教师要以等待宽容之心，对待暂时后进的同学。三是坚持与家长配合，为增加学生好行为表现的透明度，建立"联系卡"，以增强教师辅导学生、家长教育学生的好机会。开展养成教育，我校已取得显著效果，多年来，学生中无一人有犯罪行为。1996 年我校参加全国第二届中小学日常行为规范知识竞赛，荣获集体二等奖，大赛组委会特授锦旗表彰。我校连续八年无流失生，入学率、巩固率、毕业率、合格率连续八年都是 100%，八年里师生受省、地、县镇各级政府部门表彰奖励的共 228 人次，在省内外报刊上发表文章 216 篇，接待省内外参观考察团 50 多个，与全国各地 18 所学校有联谊关系。《文史学习报》特接纳我校为"顾问学校"……实施素质教育，我校算是刚刚起步，但已尝到甜头。下一步我们打算研究探讨如何以目标管理为动力，全方位推进各项工作，试图通过学习借鉴汨罗、烟台等地的经验，拿出自己的目标管理方案，通过目标管理强化素质教育。同时也建议各级教育行政部门，通过"两基"验收，以评估检测为手段，正确发挥导向作用，帮助各级部门及社会各界，更新教育观念，减轻学校、教师在升学率方面的压力，为素质教育的全面实施创造良好的社会环境。

原文发表于《教育科学》1998 年 3 月
（本文获全国首届青年教师优秀教研成果一等奖，
入编《中国素质教育论文选》）

“巴尔扎克失误”的故事给我们的启示

曾读到这样一则故事：世界著名作家巴尔扎克成名后的一天，一位老太太心情急迫地拿出一个小学生的作文本，让他评价作文的好坏并由此预测小孩的前途。巴尔扎克十分仔细地看完作文后，断定小孩将来不会有太大的出息，因为“仅从字迹来看，这孩子就显得很迟钝”。然而，巴尔扎克无论如何也意想不到，这正是他小学时的作文本，这位老太太不是别人，正是他孩提时代的老师。

由此，我想到了我们的教育。有的教师常常以学生的一两次作业、一两次考试的“差”成绩，就像巴尔扎克那样“仅从字迹来看”，断定这孩子是“差生”，是“笨蛋”，甚至是“弱智”，并“口无遮拦”地予以“标定”，弄得学生自尊心和自信心消失殆尽，在同学和老师面前抬不起头。其实，“人类本性中最深刻渴求的便是赞美”。每一位学生从入学的那一刻起，便渴望得到老师的赞美，哪怕仅仅是一句。然而，很多教师除了让学生感到失望之外，还是失望。

当然，以学习成绩为标准把学生分成优劣，也并非仅仅是教师的过错，说到底是“应试教育”带来的必然产物。在“应试教育”的环境里，教师以考试为指挥棒，学校以升学率为指标，家长只关心孩子的成绩，学生只关心自己的考分。

素质教育的一个重要原则就是面向全体学生，对每一个学生都要同等看待，不歧视任何一个学生，所以，每位教师都要按照素质教育的要求，使所有学生都有获得全面发展的机会。

教育最大的责任是培养孩子学习的兴趣，培养孩子的自信自尊自强。让每一个孩子在学校里都抬得起头来走路，让每一位学生都对生活和未来充满信心，这才是我们的教育目标！愿“巴尔扎克失误”的故事，在我们的教育中越来越少，直至不再出现！

原文发表于《福建教育》1997 年 6 月

为“请把你的左手举起来”点赞

有一位专家讲了这样一件事：一位小学教师发现自己刚接的班上有个学生从不举手发言，于是这位教师便主动接触这个生性胆小、自我封闭的学生，鼓励他说：“以后老师提问，不会的，请把你的左手举起来，老师就不会让你来回答；会的，请你把你的右手举起来，老师就让你来回答。”第二天上课时，老师开始提了一些问题，这位学生都勇敢地举起了左手，后来他终于举起了右手，该老师赶紧让他发言，结果他答对了。在老师、同学们热烈的掌声中，这位同学自信地坐下了，脸上还露出了难得的微笑。听罢，我们不禁为“请把你的左手举起来”拍手叫好。

“请把你的左手举起来！”是保护。教育是对学生的一种保护。教师不仅要保护学生的身体安全，更要保护学生的心理安全，因为他们的心灵是美丽的、动人的，但又是稚嫩的、脆弱的。因此，我们教师对待学生，尤其是对待孤雁独飞、自卑心理强的学生，就要像对待荷叶上的露珠一样，精心呵护。当教师的爱流入其心田时，他们就会把师爱化为对知识和对集体活动的热爱，从而逐步融入集体生活，使封闭的心扉在集体生活的温暖中逐步开启。

“请把你的左手举起来！”是激励。行为科学实践证明：一个人在没有受到激励的情况下，他的能力仅能发挥20％～30％，如果受到充分的激励，能力就有可能发挥80％～90％以至更多。我们做老师的，就是要千方百计激发学生的学习热情，让他们找到自尊，找回自信，使他们在充满爱意的激励中，经常保持满足、快乐、积极、稳定的情绪，洋溢着创造的激情和进取的动力。

“请把你的左手举起来！”是期待。著名的罗森塔尔“期待效应”证明：对学生施加积极的期望，能使期望化为学生“自我实现预言的作用”，从而使预测逐步成为现实。教师要相信每一位学生都是天才，想方设法给每一位学生成功的机会，让每一位学生都抬起头、挺起胸走路。

“请把你的左手举起来！”是赏识。美国心理学家威普·詹姆斯说，人性最深刻的原则就是希望得到别人的赏识。赏识的核心就是爱每一个学生，用爱把蕴藏在学生身上巨大的潜能调动并发挥出来，以信任、尊重、理解让他们健康地成长；以鼓励、宽容、提醒正确对待学生身上的缺点和弱点。我们应该树立每个学生都“行”的教学观，热爱学生、善待学生，与学生平等、和谐地沟通，架起师生之间心灵沟通的桥梁。

人与人之间只有微小的差异，这就是心态的积极或消极；但就是这微小的差异，往往造成很大的差异，那就是成功与失败。21世纪的教育是以人的发展为中心的教育，让我们树立“以人为本”的教育理念，努力培养学生健康的心理和良好的心态，使每一个学生心灵舒展，充满生命的活力。

原文发表于《教育交流》2007年3月（下）

有感于“一千五百次的练习”

有一次，一个大规模音乐会主持人想邀请瑞士著名钢琴家塔尔贝格做即兴表演。

塔尔贝格问他：“演奏会什么时候开始？”

主持人答：“下个月一号。”

“对不起，练习时间不够，我无法参加。”

主持人不解地问：“大师还用练习吗？”

塔尔贝格说：“我想演奏一些新曲目，至少要一个月的练习时间。”

主持人又问：“三天时间不够吗？我认识许多音乐家，从来没有一个人为一次演奏会而练习四天以上，何况像您这种大师级的音乐家，更没有练习的必要了。”

塔尔贝格不以为然地表示：“每次发表新作品，我至少要练习一千五百次，否则不出场演奏。一天练习五十次，也需要一个月的时间。如果你能多一个月时间。我就可以出席演奏，否则很抱歉，我只好拒绝邀请。”

此事告诉我们一个道理，名人之所以与成功有缘，是因为勤奋与敬业精神是其间的桥梁；名师之所以成名师，是凭着对教育的执着与热爱，凭着精深的专业水平和扎实的基本功底，凭着精湛而自成风格的教学艺术。

有道是：“台上三分钟，台下百日功”“十年磨出一剑”“铁杵成针”。教学是一种艺术，而且是最渊博、最复杂、最高级和最必需的艺术。今天的学生是祖国明天的未来，他们的文化素质和知识修养如何，很大程度上取决于教师的辛勤栽培，这便要求教师必须具有强烈的敬业精神和精湛的授课艺术，以教学为己任，苦练内功，努力钻研业务，潜心研究教材，精心设计教案，讲究教法，掌握教学规律。真正做到了这一点，教师才会满怀信心地走上三尺教坛，以渊博的知识，生动的讲授，良好的教态，赢得学生的赞誉。纵使学生已经走上工作岗位，但当他们回首往事的时候，也会对指点和教诲过他的老师肃然起敬，记忆犹新。这种情感和印象，并不会因时间的流逝而淡漠，也不会因环境的变迁而改变。

原文发表于《随笔》2003 年 4 月

成才无公式，各有成功路

复旦附中女生汤玫捷，在校成绩排在100名左右，因优异的综合素质被哈佛大学相中，成为去年唯一被哈佛提前录取的中国学生，并获全额奖学金。一下子，上海“哈佛女孩”炙手可热，汤玫捷每天都接到不少电话，希望她出书介绍成功经验。对此现象，上海中学、复旦附中、华师大二附中、大同中学等一些知名中学校长近日对“哈佛女孩”成才经历作了点评。

不少校长认为，这些年，越来越多世界名校向中国中学生敞开大门。上海一些名牌中学，每年都有学生在竞争中胜出。如上海中学每年有5～10名学生赴哈佛、耶鲁、麻省理工等名校留学；复旦附中毕业生赴欧美、澳大利亚和日本留学。汤玫捷的成绩在学校排名100位左右，由此衍生出一种说法——“成绩平平也能上哈佛”。校长们不同意这一说法：复旦附中前30至40名能考进北大、清华，前200名能考入复旦、上海交大，排进100位的学生也是十分优秀的。世界名校在录取学生时还是非常重视学业成绩的。

汤玫捷凭借文学、演讲、艺术等方面综合素质和能力，得到哈佛垂青，是否意味着世界名校对综合能力有特殊偏好？校长们指出，不同名校在选拔学生时偏重不同标准。例如，哈佛除学科成绩外，还非常看重学生的社会活动能力、领导能力；耶鲁、麻省理工等校十分看重学生在数、理、化等学科中表现出的才能，学生如能在这类学科国际竞赛中获奖，将是申请入学的一个重要砝码。“成才没有公式可套用。”大同中学校长杨明华认为，试图用一个成功个案来总结教育规律，或寻找某些成才“捷径”，这有失偏颇。有的学生某个科目非常优秀，适合走学科发展道路；有的学生组织能力、社会活动能力强，也是特殊才能。

复旦附中校长谢应平的观点是：优秀学生并非靠某种“教育模式”培养出来，而要提供良好土壤，让他们脱颖而出。学校应该营造宽松氛围，提供丰富课程和活动供学生选择，如布置一些“开放式”作业，鼓励开展社团活动等，让每个学生从中发现自己的潜能，发挥长处，找到成功的支点。

汤玫捷说，她不会把自己的经历简化成“成才公式”出一本书，给其他家长、孩子看。因为，“我们是野生植物，不是园林植物。每个人独特的优点就是自信的源泉。”

原文发表于《现代教育报》2013年9月20日

浅谈教师的“一桶水”

我们常用“一桶水”和“一杯水”的关系来形容教师的知识水平，认为教师要教给学生“一杯水”自己必须要有“一桶水”，教师应该有远远高于所教学生的知识层次，这一点已被广大教育同仁所接受。但是在大多数人的理解中，往往只注意到了知识的层次而忽视了知识的结构。如果把学生头脑中所容纳的知识量也比作“一桶水”的话，事实上，如今教师的“一桶水”和学生的“一桶水”已非常接近了，只是此“一桶”不同于彼“一桶”而已。

国外有学者认为，单科教师的历史使命将于20世纪结束，而在21世纪将被“通才教师”所取代，我们现有的教师能担当此任吗？有抽样统计资料表明，大多数教师在完成了高等院校的专业学习之后，就基本上放弃了继续学习，也可以说“桶”还是那只“桶”，而“桶”中的水除了随着时光的流逝蒸发掉一些之外，就再也没有别的变化了，这一状况不得不令人担忧。

“要给学生一杯水，教师自己得有一桶水”，教师给学生“一杯水”的质，直接关系到学生身心能否健康的成长。那么教师“一桶水”的质应达到什么要求呢？

首先，教师要给学生“一杯水”，自己的“一桶水”必须是新鲜的。我们知道，“只有深入才能浅出，只有居高才能临下”。这都说明教师必须要精通所任学科及相关学科的基础知识。但是，如果满足于已有的知识，认为有了“一桶水”就能使学生源源不断地得到“一杯水”，而不求继续学习，给自己的“桶”进行装水、加水、换水，那绝不会如愿以偿的。因为在科学技术迅猛发展的今天，教师只有不断更新这一桶水，并使它成为活水，才能满足学生的求知渴求。南宋哲学家、教育家朱熹曰：“半亩方塘一鉴开，天光云影共徘徊，问渠哪得清如许，为有源头活水来。”教师的知识也应像一鉴方塘，如果没有源头不断流出就会很快干涸，天光云影也不会在他心中徘徊了。

其次，教师给学生的水必须是高质量的，要让学生喝“干净水”，这是师德的起码要求。因此，教师必须将自己的“一桶水”进行除杂、净化，保持水质纯净，同时，在往自己桶里装水、加水时，应该选择水源、净化水质，让学生能喝到源源不断的“净水”。

最后，学生的“一杯水”，并不是教师简单给予的乏味的白水，而应该是教师对自己的“水”进行加工、浓缩，取其精华后所得到的一杯高质量的“可口可乐”，也就是教师要成为钱梦龙所说的“杂家”。“杂”之谓何？

首先，质纯。教师的重要使命之一就是以自己的行为品质影响学生。因此要求教师要有高尚的道德品质，良好的素质，强烈的敬业精神，具备较为完美的人格。

其次，形杂。即要求知识素质多元化。教师的工作综合性很强，尤其是今天，新兴科学不断涌现，文理学科互相渗透，教育理论不断完善，行业中新的教学手段逐渐的推广，新的教育模式不断的探索，更要求教师有丰富的信息储量，才能呈现“当行则行，当止则止”的行云流水般的境界。

再次，味美。我们的教育是要塑造高素质富于创造性的新型人才，因此，要求我们的教师要富于创造性，日本教育家斋藤喜博说：“教师需要作家般的敏锐的眼光、追求心和创造力，就像作家在稿纸上或美术家在帆布上创作那样构思、塑造。”教师在处理纷繁棘手的问题时不妨用一颗“诗心”，把教育活动设计得情真、意切、境美、理达，余味无穷，让学生在富有创意的学习中不断完善自我，开启诗一样的美好人生。

早在 20 世纪 80 年代，美国高质量教育委员会就在教育报告《国家处在危险之中》明确指出了教师素质下降的危险性。因此广大同仁一定要使自己这“一桶水”有更多、更新的内容，使人品之醇香甘洌，回味无穷。

原文发表于《现代教育论坛》1997 年 9 月

给学生一杯什么样的“水”

我们常说:“要给学生一杯水,教师自己得有一桶水”。教师给学生的这杯水,应是怎样的一杯水呢?

一是一杯抛砖引玉之水。比如,在进行爱国主义教育时,用一段精彩的导语,能指导学生将学习与当前现实生活相联系,激发学生的学习兴趣和求知欲望。

二是一杯举一反三的发酵之水。对一些易混淆的知识,用一连串富有启迪的质疑提问,去开动学生思维的机器,使学生积极主动地去认识。

三是一杯启蒙圣水。对于一些学生较难理解,走入思路死胡同的知识点,教师用一两句开窍的点拨话,能使学生茅塞顿开,发散思维使他踏上求知的成功之路。

四是一杯清凉静心之水。一段往事的回忆,一句发自内心的关爱,能使那些遇事冲动,法纪观念淡薄的学生迷途知返,平心静气,调整自我,遵纪守法,健康成长。

五是一杯润物成长的春水。教会学生科学的学习方法,如同交给学生一把打开知识宝库之门的金钥匙。“临渊羡鱼,不如退而结网”,学生有了它,就可进入知识的宝库去汲取知识。

六是一剂催人上进的兴奋剂。“给你营业房和足额的资金,你准备如何创业”“依你目前的条件,你的创业首选是什么”“如果你不是对口就业,你准备如何在现岗位干出骄人的业绩来”……这些提问如同战鼓在催促着学生奋进,仿佛向学生吹起了自我创业、自强有为的号角。

凡此种种,都是对“一杯水”的注脚。这“一杯水”,是滋润学生健康成长的催化剂,是激活学生的自我教育意识、创业意识,使他们发奋图强的生命之水,是学生得法于课堂,得益于课外的源头活水。它的汩汩不绝,生生不息,将引导学生形成一桶水,乃至一缸水而受用一生。

原文发表于《教师之友报》1997 年 10 月 19 日

学生为何只知明星

据《光明日报》报道，上海文化总公司文化传播分公司对全市8至13岁中小学生进行了一次民意测验，内容为“受到上海中小学生爱好的人物”。测验的结果是：排在最熟悉的人物前三位的是：发明溜溜球的台湾人郭大王、歌影视三栖明星刘德华、功夫片影星成龙。另外，马俊仁在少年儿童的印象中也有那么一点点“价值”，著名演员葛优也有点“口碑”，而当代众多的科学家、文学艺术家、劳动模范、青年突击手等却几乎无人知道。报道慨叹“这种现象令人忧虑”，呼吁刻不容缓地改变这种状况。

是的，是到了改变这种状况的时候了。但是，要改变这种状况，必须首先搞清楚产生这状况的原因，否则，我们是无从着手的。报道分析少年儿童知道马俊仁和葛优的“主要原因是与电视广告‘中华鳖精’‘火腿肠’”有关。认为少年儿童知道马俊仁和葛优与电视广告有关，是有道理的，但说这是“主要原因”就有些失之片面了。这是捡了芝麻丢了西瓜，只看到了表面，而忽略了实质。

少年儿童只知道明星是我们这个环境造成的。我们这个环境有两种被忽略了的潮流：其一是对明星的抬举过了头。且不说明星们的出场费高得令人咋舌，一部影视的报酬多得叫人吃惊，光是对明星的优惠就太具有诱惑力了。某女歌手因一首歌走红后，成为闪烁的明星，被允许“破格”参军，一参军便享受“副师级待遇”。在通常境况下，一名优秀的战士要攀登到“副师级”，至少要奋斗二三十年。而女歌手因一首歌就轻而易举地得到了。这不是明明白白地告诉少年儿童：只要“唱好一首歌”，就可“平步上青云”了吗？对于聪明敏感、讲究实惠的儿童们来说，热情地追赶明星，急切地仿效明星有什么不对呢？在这种追赶和仿效中，自然就知道许多明星了。其二是宣传媒体狂热地烘炒。现在的许多宣传媒体，对明星的感情确实是深厚的真诚的。他们见明星便一哄而上。这家发表专访，那家制作专题，你刊发巨幅照片，我登载轶闻趣事，闹哄哄你方唱罢我登台，熙嚷嚷你炒过了我再来。在这种宣传造势下，儿童们岂有不知道明星的道理？如果明星们不去做广告，儿童们照样知道许多明星，明星们依然对他们具有强烈的吸引力。因为我们的一些过分优惠的做法和现代化的宣传媒体早已造成了一种唯明星高贵的氛围，这能怨他们么？所以，要改变儿童们只知明星的现状，真正要去做的事情并不是限制明星们去做广告，而是限制我们的一些过分的做法，扭转一下我们宣传媒体的内容，把这些精力用到对待当代众多的科学家、文学艺术家、劳动模范和青年突击手等人身上去，这样，儿童们只知明星的现状就自然可以改变了。

原文发表于《中小学德育》1998 年 6 月

壮哉！真正的教育

什么是教育？教育就是育人，育真实的、完整的、讲信用、有感情、有责任心、有服务能力的真人。通常人们习惯把质量高、名声好，有特色，充满人情味的教育视为好的教育，称作优质教育或一流的教育。其实，确切地说，应该叫真正的教育。

什么是真正的教育？适合青少年儿童健康成长需要的，充满爱心，讲究真、善、美的教育是真正的教育。

以言教为经，以身教为纬，催人奋进，教人自新，教育者和被教育者相互尊重、相互信任，相互促进、相互感染的教育是真正的教育。

真正的教育是唤醒，是肯定，是赞赏；真正的教育让人怦然心动，让人悠然神往，让人豁然开朗。

有这样一节公开课，教育场景平常而又动人，温馨但却震撼心灵。

公开课前，执教老师端着一杯矿泉水，从这个班学生的座位旁边慢慢走过，一边走一边说："请大家集中精力，注意品味空气中的'香'味。"回到讲台后，他把杯子举了举，问："哪位同学闻到了杯中水的味道？"有一个学生回答说："我闻到了，是香味儿！"他再次走下讲台，仍然端着杯子，从学生的旁边走过，一边走一边反复强调："请你们务必集中精力，仔细闻一闻空气中的气味。"过了一会儿，他第三次走到学生中间，让每一位同学都闻一下杯中的水。这一次，除了一位同学外，其余同学都举手说闻到了"香味"。执教老师问那位"与众不同"的学生："你为什么不举手？"

"我相信自己的鼻子！"他坦然回答，"什么味道也没有！"

"对！应该相信自己的鼻子！这是一杯矿泉水，一杯什么味道也没有的矿泉水。"执教老师激动地说，"孩子，能让我吻一下你的鼻子，好吗？"

那位学生微笑着点了点头。于是老师蹲下身来，双手捧着他稚嫩的脸蛋，在他的鼻尖上留下了经久不去而又意味深长的一吻。

顿时，礼堂里几百名听课的老师掌声雷动。

此情此景，目睹这激动人心的"一吻"，难道我们仅仅会为这充满激情的动作而惊喜不已？难道我们就没有领悟到在这妙趣横生的动作背后还蕴涵着一种肯定，一种对“在千万个人中间，有一个人站出来”的勇敢者的肯定？还蕴涵着一种自信，一种在对人云亦云、随声附和的主流大合唱中独树一帜者的赏识？还蕴涵着一种唤醒，一种对忠实的特立独行者沉睡着的独立思考与判断意识的唤醒？

在这种唤醒里，我们感受到了真正的教育所担当的道义——服膺于青少年儿童天性的引导而“纵容”他们讲出真相，拒绝成为谎言和假话的同谋，以及不轻信于精神掠夺者的领唱而秉持着独立思考与判断的操守。

在这种唤醒里，我们感悟到了谁才是享受过真正的教育的人——在我们这个时代，在我们中间，在面对真假与是非考验的关键时刻，谁能够独立思考与判断，谁能够坚持自己的思想与洞见，谁能够如流地裁判与决断，谁就是真正享受过真正教育的人。

在这种唤醒里，我们欣赏了真正的教育润泽心灵的大美——那是一种让人住陋室能像刘禹锡一样乐观自信，居豪华能像陈嘉庚一样广济天下，临威诱能像文天祥一样操守弥坚，更是一种街道睡了而路灯醒着，泥土睡了而树根醒着，鸟儿睡了而翅膀醒着，肢体睡了而血液醒着的雪落无声的诗意美。

真正的教育，是一个教育工作者毕生的追求和梦想，并且体现在他每天的行动中。

壮哉！真正的教育。

原文发表于《教育交流》杂志2009年4月(上)

(本文获全国论文特等奖)

浅论小学生的情感培养

在学校教育中,要把握小学生情感发展的脉络,培养他们的情商,必须遵循情感活动的规律。

一、情感与认识相互促进、相互干扰的规律

认识指人脑对客观世界的反映,包括感性认识和理性认识。认识从实践中来,还要再回到实践中去,用来能动地改造世界,同时也使认识本身得到体验和发展。

学校的教学活动是由师生共同参与的、教与学的双边活动。它既是以传授和吸引人类间接经验为主的实践活动,也是特定情境中的人际交往活动。因此,教师与学生之间不仅有认知方面的信息传递,而且有情感方面的信息交流。情感信息交流状况往往会影响师生认知信息加工的能力和加工的积极性,由此影响教学的全面效果。这就是说,在教学活动中,如果学生处于积极的情绪状态,会有利于学习积极性的提高和智能潜力的发挥,使学生在学习上表现出更多的灵性、悟性和自觉性。相反,如果师生之间的情感交流发生“短路”,那么这种情绪立即会影响他们在知识、技能传授中的情绪体验。

由此看来,情感在人的认知活动中起着促进或干扰作用。在学生认知活动中,注意培养他们的积极情感就显得十分重要。作为教师,首先要重视发展良好的师生情感关系,充分发挥情感的促进作用,使学生处于学习最佳点。教师可根据不同年龄段学生认知的特点以及不同的教学内容,选择恰当的教学方法,通过不同的教学手段来调动学生的学习积极性。其次,针对学生学习心理偏差,教师要仔细分析归因,及时给予矫治,尤其是让学生在认知活动中获得快乐的成功体验。另外,应以学生发展为本,教学目标的制定应因人而异,教学要求的提出尽量合理。这是因为成功本身也许没有像寻找成功的体验来得重要,而痛苦的失落体验又会诱发反感和抵触情绪,使学生产生消极情感,在认知活动中出现思维缓慢、活动呆板,学习效率低下。

积极的情感有利于学生的认知发展,而学生认知的提高又作用于学生情商的发展。所以,教师善于调节学生在认知中的情感因素,就可以获得认知与情感

的同步发展，取得事半功倍的效果。

二、两极情感相互依存、冲突、转化的规律

情感的两极性，指情感产生的方向性，如“积极—消极”“肯定—否定”。在教学实际中，学生喜悦、好奇、兴趣等快乐的情绪属积极情感；焦虑、紧张、厌倦、烦躁等不快乐的情绪属消极情感。

两极情感是相互对立的，但它们又相互依存。无积极情感就无消极情感可言。如果学生觉得喜悦是因为考试得到了出乎意料的高分，那么觉得悲伤是因为没有得到自己意料中的成绩。对每一位学生而言，都存在两极情感互存现象，并形成完整的个体。

两极情感是相互冲突的。在学科教学中，当学生尚未接触新知识前，往往处于一种积极的状态。而每当遇到困难、挫折时又极容易转向消极一面。在求知欲的驱使下，学生又会重振积极的情感……如此反复，在两极情感冲突中不断发展自己。

两极情感在学生成长中又是相互转化的。当学生对某一事或物有了新的认识，或当学生克服了困难挫折所造成的心理偏差，或学生对某一学科的学习不再是一种负担……学生的情感又极易转化。

由于小学生的情感容易相互依存、冲突和相互转化，作为教师应根据这一规律因势利导，及时做好学生情感转化工作。当一名学生养成不良习惯或对某一事物形成错误的认识时，教师应坚持正确教育，动之以情、晓之以理，使他真正从思想上提高认识，逐步把不应有的“积极”情感转化为“消极”情感。当一名学生因为没有得到自己意料中的成绩而处于消极情感状态时，如果他过多的把精力和注意力放在这件令他不愉快的事上，只能使他一蹶不振，而且会影响到以后的学习。教师要引导学生以积极的情感去处理自己的过失或遇到的挫折，把目光投向如何弥补自己的过失，如何摆脱、战胜自己遇到的挫折上，把学生的消极情感转化成积极情感。

三、情感与意志相互制约的规律

意志是人决定达到某种目的而产生的心理状态，是人在一定困难的行动中表现出来的一种心理过程。意志在人的社会实践中形成和发展，人的世界观对意志的形成有一定的影响。在人的最终目的行为和意志行动的作用中，情绪因素占有十分重要的地位。

心理学家冯特认为：简单的意志可以引起冲动行为，而复杂的意志则可以引起有意行为。恐惧、喜悦、愤怒等原始情绪是冲动行为中简单的意志起源，兴趣、内疚、悔恨等情绪是有意行为中复杂的意志起源。就此而言,促使人去行动的不仅是因为认识和目标的本身含有驱策性,而更主要的是兴趣和好奇等情绪驱策人去实现目标,实现目标的愿望越强烈,它所激活的驱动力就越大。在达到目标的过程中,意志可以帮助学生确立信心,持之以恒,起到调控的作用;意志可以帮助学生克服困难、认识自我,产生积极情感,为兴趣再生和巩固提供动力。小学生刚踏进校门时,处于好奇的情绪状态,十分喜欢学习,但随着学习难度的增加,好奇心逐渐减弱,如果没有克服困难的意志、锲而不舍的信念,就可能产生消极情感,以致产生厌学情绪。

显然,在学生习得知识的过程中,情感因素直接影响着学生的意志过程;反过来,意志制约着消极情感的产生,促进消极情感的转换。学习要成功,需要强有力的意志和自制力,而这种意志和自制力并不是人天生固有的,需要后天加以关注和培养,最终成为自觉习惯。小学生处于他制和自制结合阶段,更加需要教师有意识地加以培养,要培养学生抗挫折能力,使他们认识到挫折是不可避免的。失败是成功之母,只要视失败为益友,并积极吸取教训,才有可能取得成功,要增强他们的情绪应急能力,提高他们的坚持力,知难而进,只要努力再去试一试,就有可能在实践中不断增强知识和才干。要逐步培养学生具有决心、信心、恒心"三心"的良好心理品质,不断提高自己的意志能力。

四、情感的质与量依存于需要与期望的规律

在情感现象中,情感的内容主要与三方面的需要相联系。一是指人的衣、食、住、行等基本需要。这类现象在婴儿出生后不久便可看到,随着个体社会化进程的发展而相对减少,但始终存在着。二是指人的依存、交往、尊重、探究、美等基本社会性需要。这类现象是在第一类现象出现后逐渐发展起来的,随着个体社会化的进程,占有越来越重要的地位。三是指人对知识、真理、道德要求、美的鉴赏、探索和创造等高级社会性需要。这类现象是人在人类社会环境中发生、发展起来的,主要受教育影响,由后天习得,与道德感、理智感和审美感等一些高级情感现象相联系。

情感的质与量依存于需要与期望的规律,可以用"情感=需要×期望"这一公式来表示。小学生正处于获得知识、形成能力、发展个性的最佳期。他们兴趣广泛,求知欲强烈,对知识探求的需要和期望往往高于其实际的认识水平,一旦达不到预期的期望值往往会产生消极情感。作为老师,要根据学生求知的需要,帮助学生确立"跳一跳,能达到"的适度期望值,以激励学生的情感需要,使他们以积极情感去建立新的需要和期望值。这样就形成了一个良性的封闭回路,使学生始终以积极情感去学习科学文化知识、始终把求知作为自己的强烈需要。

同时，学校是小学生受教育的主要场所，教师在培养学生高级情感方面肩负着重任。道德情感是以他人或自己思想行为是否符合社会道德行为准则而产生的情感。教师要培养学生对祖国、对人民的爱，对社会、对集体的荣誉感、义务感和责任感。理智感是人对智能活动中发生的一切是否符合其求知的目标而产生的情感，教师可在学生对知识和真理需求的过程中，培养他们的喜悦感、成就感、确信感。审美感是人对自然社会和艺术中各种事物是否符合其美的标准而产生的情感，教师要培养学生在欣赏美中使之产生快乐感。教师要把握学生的依恋需要、尊重需要、理解需要和求德需要以及对各种需要的期望，不断引发学生积极的情感反映。

五、情感自行扩散的规律

情感自行扩散的规律分为时间扩散、空间扩散、向内扩散和向外扩散四种。

时间扩散：一个人在相当时间内，似乎被某种情感笼罩着。

空间扩散：感染一些人，移情于一些外物。

向内扩散：产生激情时，人的心身和行为都受到影响。

向外扩散：感染他人，移情外物。情感的扩散现象表明：情感具有迁移的功能。“爱屋及乌”正反映了这一功能。这也就是说情感扩散现象使情感形成了一条“以情生情”的途径。人的情感可以通过迁移而直接形成。教师只有爱学生，才能被学生爱。学生往往又会因为爱这位老师而喜欢这门学科。认知的深化和快乐情绪体验的积累，不仅会使学生在一门课程的习得过程中得到意志的锤炼、积极情感的巩固和稳定，而且会因此而喜欢其他科目的学习。作为一名成功的教师，应该寻找每一位学生(尤其是学习困难的学生)的“闪光点”，寻找他们的兴趣所在，并以此为主体，循循善诱，向不同的客体尝试扩散，并在扩散中不断寻找新的兴趣所在。如此周而复始，才能在情感的扩散中不断提高学生的情商。

小学生正处于心理发展的关键期，个体发展具有极大的可塑性。他们的情感内容不断丰富，情感体验日趋复杂，控制调节自己情感的能力也不断发展。但是，他们的情感还不稳定，且容易外露，尤其是依恋的情感十分明显。他们往往把老师看成可以信赖的人，喜欢和老师在一起，愿意把内心的话告诉老师，对自己的老师有一种特殊的信任和依恋。因此，教师如果掌握了他们情感活动的规律，早期把握、充分关注、从小培养他们良好的情感品质，就一定会将他们带入一个成功的世界。

原文发表于《教育科研》1993 年 6 月

谈非智力因素在学习中的作用

学习过程是智力因素和非智力因素共同参与和作用的过程。学习动机、学习兴趣、学习情感、学习意志对学习的效果都会具有强烈的直接的影响,因此要充分发挥非智力因素在学习过程中的始动、驱策、调节、强化、引导、定向的积极作用,使学生在学习过程中表现出稳定性、持久性、自律性。

一、发挥非智力因素的始动、驱策作用

学习过程需要不断强化学习动机。培养浓厚的学习兴趣、学习情感和良好的学习意志,需要不断发挥非智力因素激励、发动、驱策作用。学生学习动机强烈就会对学习价值认识明确,学习情感、兴趣浓厚,就会对所学内容产生兴趣和求知欲,在学习能力上表现出自信心和良好的自我效应。学习意志坚强,就会激发向困难挑战的决心,提高追求学习目标的耐力。学习过程发挥了非智力因素始动、激励、驱策作用,就会促使学生变“要我学”为“我要学”,提高学习的自觉性,反之,就会对学习产生消极情绪,产生反感,出现厌学、弃学,降低智力活动,影响学习效果。学习过程只有发挥非智力因素的始动和驱策作用,才会使学生在完成学习目标过程中表现出良好的持久性。

二、发挥非智力因素的调节、强化作用

中学生性格、情绪、意志、情感、兴趣带有较强的不稳定性,缺乏控制、调节、强化能力。学习过程易产生学习情绪波动,兴趣不稳,易冲动,易产生惰性,也缺乏学习毅力和意志,大多数学生自我意识失实,自我调节失控。学习过程发挥非智力因素的强化、调节作用,可以增强学生调节和控制能力,自觉排除学习中的各种困难和干扰。特别是在学习取得成功和失败时更不离开非智力因素的调节、强化作用。学习中有了成绩要不断强化,使之胜不骄;学习中受到挫折,需变挫折为激励,使之败不馁。非智力因素的调节、强化作用是取得学习成功的重要保证,充分发挥非智力因素的调节、强化作用,可使学生在学习过程中表现出良好的稳定性。

三、发挥非智力因素的引导、定向作用

人的一切活动都应是有目的的活动，学习活动更是如此，每个学生都应该确定自己的奋斗目标，并不断把国家和人民的需要内化为自身需要，使目标、动机更加高尚。非智力因素不仅能帮助学生确立奋斗目标，而且能起到为奋斗目标引导和定向的作用。

目前有相当多的学生缺乏明确的目标，更谈不上为实现目标去奋斗。他们常常缺乏自律性，消极的无目标的行为较多。要充分发挥非智力因素的引导、定向作用，要变他律为自律，良好的非智力因素正是自律的关键。要使学生不停留在他律的水平上，必须抓非智力因素的引导、定向作用，使学生更好地明确学习目标，学习兴趣更加浓厚，学习意志得以增强，良好的学习习惯得以巩固，促进智力发展和学习活动有效进行，使学生在学习过程表现出较强的自律性。

原文发表于《江西教育》1995 年 4 月

浅淡意义障碍的成因与防治对策

所谓“意义障碍”是指在德育工作中，学生内在的认识和情感等心理因素阻碍了他们对教师提出的道德要求及其执行意义的理解，从而不能自觉地把道德要求转化为自己的需要并付诸实际活动，表现为有的学生由于对教师提出的道德要求不理解或产生误解而不加以执行；有的学生、特别是具有过错行为的学生，他们虽然领会了某些道德要求的意义，却不执行，甚至是故意对抗和顶撞。

由此可见，学生心理上存在的“意义障碍”不仅直接影响教育工作的顺利进行，而且影响着学生自身心理的健康发展。因此，必须认真探究其产生原因，以便采取相应措施加以防止和克服，促进学生优良品德的形成。

一、意义障碍的产生原因

(1) 教育者采取强制要求而伤害学生自尊。在教育过程中，教师提出的要求过严过急，并经常采取训斥、留校、强制检讨等损伤学生自尊和人格的手段强制执行，由此往往使学生在心理上产生反抗情绪，拒绝接受教师的说教，不愿执行教师提出的要求，甚至是故意对抗。

(2) 教育者要求过频又不严格执行。在教育工作中，教师提出的要求过于频繁，但在具体执行过程中却不严格执行。这种言行不一的做法，往往造成学生对教师产生不信任，在心理上出现厌烦的情绪，致使他们采取“无所谓”的心态对待教师的教育和提出的要求。

(3) 教育者处理问题不公造成学生反感。教育实践经验和调查研究表明，学生最为厌恶的是教师在处理问题上不尊重事实，不注重调查了解，主观臆断，盲目猜测，做出不公正合理的结论。

(4) 学生因缺乏知识经验导致对教育者的误解，受认知发展水平和知识经验的影响，学生对教师提出的道德要求时常会出现不理解或产生误解，由此往往使他们主观地认为教师提出的要求不合理或不正确而不加以接受并执行。

(5) 教育者的要求不符合学生的需要和愿望。在教育工作中，教师提出的道德行为要求过高，脱离学生的现有认知发展水平；或提出的要求与学生原有的需要和愿望相矛盾，这些都容易使他们产生不满情绪，导致不愿意接受和执行。

二、防治意义障碍的对策

首先，要倾注爱心，建立良好的师生关系。社会心理学认为，人与人之间的信息交流与传承，需要在良好的心理认同的基础上进行。心理认同则易入耳、入脑、入心，形成“共振”效应；反之，则会出现思维盲点，产生心理障碍，影响其效能。因此，要防止和消除意义障碍，形成心理上的认同，在教育工作中教师必须对学生倾注真诚的爱心，讲求民主作风，创设良好教育环境，处处体贴、关怀学生，以赢得学生的热爱和拥护。特别是对于那些具有过错行为的后进生，更应该从感情上亲近他们，从兴趣上引导他们，从学习上帮助他们，从生活上关怀他们，使他们从中真切感受到教师的可亲、可信、可敬，从而消除他们存在的隔阂和对抗心理，使其乐意接受教育劝导，逐步改正自己的错误认识和不良行为。

其次，要严而有度，注重进行说理教育。在教育工作中教师要针对学生的年龄特点和具体情况，从学生已有的知识经验出发，提出切实可行的要求，逐步提高。同时，要注重说理教育，使学生明确执行道德要求的意义，把执行要求作为自己的自觉行动。特别是对于个别学生在执行中出现的反复，更要以极大的热情与耐心，帮助他们分析原因，找出症结，明确今后的努力方向。

第三，教师要以身作则，言行一致，树立威信。古人云：“人不率则不从，身不先则不信。”言行一致、以身作则是教育工作中教师最强有力的教育手段。特别是小学生，他们最相信教师的话，也最善于模仿教师行为。因此，教师要以身作则，为人师表，言行一致，树立身教重于言教的思想观念，努力用自己的言行去实践自己所讲的道理，力求通过自己模范的言行，提高言教的感染力和说服力，在学生心目中树立崇高威信，从而使学生信服和效仿，形成“亲其师，信其道”的良好效应，有效地防止意义障碍的产生。

第四，教师要尊重事实，重视调查，善于激励。在教育工作中，教师处理问题不公正合理造成学生产生反感情绪是致使学生出现意义障碍的重要原因之一。

因此，在处理具体问题时，教师要注意克服心理偏见，重视深入实际，调查了解，在掌握真实情况的基础上做出公正合理的结论，并注意班级群体舆论的正确引导，从而使自己处理的问题得到学生群体的赞同支持。另外，对于学生、特别是后进生的点滴进步，要及时给予表扬肯定，使他们从中获得良好的情绪体验，以密切师生间的关系，形成他们进一步追求自我完善的新的起点和动力之源。

最后要区别对待，因势利导。造成学生产生意义障碍的原因是多方面的。

当学生已经形成意义障碍时，教师要善于具体分析，对症下药，做好个别教育工作，对于缺乏知识经验造成意义障碍的学生，要尽量联系他们的实际，运用具体生动的事例，讲清道理，提高他们的认知，形成正确观念；对于因教师处理问题不公或要求过频又不严格执行致使他们产生反感和厌烦情绪形成意义障碍的学生，教师要勇于承认自己的错误，不断改进工作，以实际行动取信于学生，重新赢得他们的信任与支持；对于因教师要求过高过严过急导致出现意义障碍的学生，教师要摒弃强制，制定符合实际的要求，提高他们对执行意义的认识。

原文发表于《当代教育》1996 年 3 月

再议“杯水”、“桶水”与“活水”

“要给学生一杯水，教师得有一桶水”。大家熟悉这句话，也都承认这个比喻很好。因为它既体现了教师忠诚教育事业的责任感，又反映了教师提高业务水平的急迫感。

这里的“一杯水”与“一桶水”，只是对学者和教者知识水平高低的一种比喻。事实上，学生天天成长，天天要“喝水”，需要的又岂止是“一杯水”呢？

教育的改革与发展要求新型教师的知识结构不仅要包括比较广博的各种文化基础知识和精深的专业知识，还必须包括教育科学和使用一般教学手段的基础知识，仅仅满足于“一桶水”显然是不够的。有些教师从教之初，他们的视角是何等新颖，语言是何等鲜活，能将一堂课导演成一台精彩的“戏”。然而随着工作时间的推移，这些教师由于疏于源源不断的新知识的摄入，只靠原有的知识不断消耗，结果知识逐渐显得陈旧，语言变得乏味，教学干瘪机械，缺乏生机活力，这台“戏”终于越唱越淡，以致滋味全无。

当今世界科学技术突飞猛进，知识经济已见端倪，教师的素质与国家的安危、民族的兴衰息息相关。在目前人类知识每三年增加一倍，更新周期日趋缩短的背景下，那种“管用一生”的学校教育正向“贯穿一生”的终身教育转变，这就要求每一位教师必须不断接受继续教育，以保持“水质”的新鲜与滋润。古诗云：“半亩方塘一鉴开，天光云影共徘徊。问君哪得清如许，为有源头活水来”。教师的知识必须如一鉴方塘，只有源头不断流入活水，才不会干涸。

教师拥有了高质量的“水”，并不能保证学生的“水杯”是满的，还需要解决如何“倒水”的问题。既不能“倾桶”而倒，这样“水”虽然倒出来很多，但由于“倒”的太急，冲击力太大，学生的“杯子”未必能够倒满，也不能如“一孔细流，涓涓玉滴”那样很长时间灌而不满，就会供不上学生的需求，导致“营养不良”。因此，教师必须学学“卖油老翁”，狠钻“倒水之术”。

教师既有了大量的、高质量的“水”，又掌握了精湛的“倒水”术，又何愁学生“杯”里的“水”不是“满”而“新”的活水呢？

原文发表于《教师报》1998 年 3 月 26 日

做个快乐幸福的人民教师

一谈到教师，人们就会自然地连上了清苦、辛劳、寒酸；一说到快乐幸福，人们立马就会扯上了金钱、地位、权利。好像教师与快乐、幸福无缘，金钱、地位、权利就成了快乐、幸福的代名词。由此，我想到了一个有趣的故事：从前，有个老太太经常坐在门口路旁哭，一位过路僧人上前问其缘故。老太太哭诉："我有两个女儿，都已嫁人成家，老大家卖鞋，老二家卖伞。晴天，我怕老二家伞卖不掉；雨天，我怕老大家鞋卖不掉，这才伤心落泪。"僧人听罢，哈哈大笑，老太太责怪僧人幸灾乐祸。僧人明理劝导："此言差矣。雨天时，老二家的伞卖得快；晴天时老大家的鞋卖得快。你的女儿中总有一个走运的，如此好福气，岂不快哉？"老太太一听，破涕为笑，从此再也不哭了。显然，从悲悲戚戚到满怀希望，只不过改换了一下思路。但就这么一改，也就开拓了一个满怀生机的新局面。事实也正是如此，有人看问题，总喜欢把问题看死，愁云蔽日，活得极累；有的人善解脱，活得潇洒。

是啊，人生十有八九不圆满，因为这个世界是不以人的意志为转移的。

金钱、地位，权利能拥有一时的荣华富贵，纸醉金迷，但那是幸福快乐吗？亿万富翁坦言"不轻松""没意思""很累""很辛苦"。为什么？因为这个世界上有许许多多东西是金钱买不来的。金钱买得来漂亮的姑娘，却买不来真正的爱情；金钱买得来时髦的服装，却买不来美好的心灵；金钱买得来花天酒地的欢乐，却买不来医治心灵空虚的药方；金钱买得来延年益寿的良药，却买不来永垂不朽；金钱买得来优秀共产党员、劳动模范、人大代表的称号，但是它绝对买不来一个优秀共产党员、劳动模范、人大代表应该具有的党性和人格！为金钱而活着的人，即使用金钱把他埋起来，他也不会感受到真正的快乐和幸福。因为，真正的快乐和幸福，只有用真诚，用奋斗，用汗水，用智慧，用创造，才能换来。

教师，也许没有政治家受人尊崇，没有经济学家受人羡慕，没有科学家受人爱戴，注定一辈子平平凡凡、默默无闻，为人作嫁，但我们关注的是一个个鲜活的生命，是人的心灵，是宇宙万物最神圣、最神秘、最具活力的对象。有人说，教师的幸福在于看到自己培养的学生长大成人，为祖国和人民做出了实际贡献，教师是把祖国的昨天、今天和明天连接起来的人格和智慧的桥梁。教师的劳动成就了学生，他使自卑的心灵自信起来，使懦弱的体魄强壮起来，使狭隘的心胸开阔起来，使迷茫的眼睛明亮起来，他让愚昧走向智慧，让弱小走向强大。教师为人类播撒着希望的种子，当他的学生走向四面八方时，他体验到播种者的幸福。教师在为人类传递和开创文明，当他的学生以出色的表现回报社会时，他体验着奉献者的幸福。得天下英才而教育之，青出于蓝而胜于蓝，这既是教师的责任，更是教师的幸福。

我们播撒爱的种子，倾洒爱的雨露，付出辛劳和汗水，我们也收获了更丰实的快乐和幸福。这快乐和幸福来自学生的点滴进步，来自学生的化去愁眉、展开笑颜，来自家长的无比信任、交口称赞，来自教室的笑语欢歌，来自我们内心深处对生命价值的不倦追求。当工作成为快乐的要素时，我们的生活就会被滋养得美好起来。

一个快乐幸福的人，一定会工作得很好，一个快乐幸福的人民教师，也一定会把“书”教得很好。

原文发表于《教师之友》1998 年 10 月

让评语走进学生的心灵

评语是班主任对学生一学期全面发展情况做出的评价，是教育过程中的一个重要手段，书写评语是班主任一项重要的常规工作。良好的评语不仅为学生的发展指明了方向，它更是沟通师生心灵的桥梁。但在实践中我们发现，许多班主任对书写评语缺乏足够的认识，他们所写的评语往往千人一面，缺乏个性，这种评语只能是教师“劳而无功”，而学生却“无动于衷”。笔者认为，融情、求真、求活、求美，让评语走进学生心灵，是提高评语教育效能的必然要求。

一、融情——评语走进学生心灵的前提

有一份期待的心焦，才会有成功的喜悦。班主任书写评语，不仅要对学生一学期来的德、智、体、美等诸方面做出客观公正的评价，更要寄托自己对学生的殷切希望和拳拳爱心。研究表明：只有当教师和学生的心理距离最短的时候，教育效能才能得到最佳的发挥。

工作中，许多班主任把书写评语看成是学期末的一件烦心事情，把评语仅仅看成是对学生一学期来的一种评价，看成是向学生家长汇报学生在校表现的一种手段。因此，书写评语往往草草了事，通常采用“先德后智再体美，先优后缺再希望”的固定模式，书写评语缺乏热情，态度冷漠，往往以“该生……”开头，以“更上一层楼”或“再接再厉”结尾，犹如医生在给病人开诊断书一样。这种缺乏感情、平淡无味、千篇一律的评语无形中拉大了师生间的心理距离，因此也不可能起到应有的教育效果。书写评语应是师生心灵相互碰撞，情感相互交流的过程。要让评语走进学生心灵，就要求我们教师在书写评语时，不仅要用笔写，更要用心和爱去写，撰写前应反复斟酌，尽量做到贴切中肯。要根据学生的不同心理，努力激发学生情感的火花、如根据优生的喜悦心理，巧妙地指出其醒悟点；根据中等生无所谓心理，积极寻找其扬帆点。教师书写评语要做到未成评语先有情，努力追求一种动情效益，设法引起学生良好的心理反应，产生师生情感交流，只有这样才能得到应有的教育效果。

二、求真——评语走进学生心灵的基础

评语是班主任对学生德、智、体等诸方面所做的全面评价，是学生综合素质的客观反映，是联系教师、学生和家长的纽带。客观真实是评语的生命所在，也是评语走进学生心灵的基础。但在实践中，许多班主任在书写评语时往往存在着这样两种不良心理：一种是仅凭自己的主观好恶来代替客观评价。对于自己满意、宠爱的学生，不遗余力地大加褒辞，对其缺点，往往轻描淡写或有意识的忽视不计；而对自己厌恶的差生则加以歧视、贬低，看不到“闪光点”。这使得优生滋生骄傲自满的情绪，受不得半点委屈和批评；使差生产生自卑感，逐渐失去自信心，对班级也变得越来越冷漠。教师书写评语的另外一种不良心理是畏惧心理。他们在书写评语时认为，自己所写的评语除了要报告家长和学生外，还要存档，进入学籍，评语写得好坏将会直接影响学生的升学和发展。为了处好与学生、学生家长的关系，在写学生缺点时就比较“含蓄”和“艺术”。客观公正，恰如其分的评语才能被学生接受和认同，才能使学生心悦诚服。因此，求真是评语走进学生心灵的基础。准确评价学生的品德行为，要求班主任一方面要用全面、发展的目光来看待学生，实事求是地分析学生的优缺点，既要看学生的思想认识，又要看其行为和态度；既要看学生在校表现，又要看学生在家庭和学校外的表现；既要看学生原有的基础，更要了解学生一个时期以来的发展变化；在书写时不可感情用事，防止隐恶扬善，掩丑溢美。要准确评价学生的品德行为，另一方面要求班主任平时要细致观察，深入了解，及时记录，充分利用班主任工作手册、班级工作日记等，随时记录学生的种种思想品德表现，建立学生档案，充分掌握第一手材料。只有这样，所写的评语才客观公正，才能为学生的发展指明方向，才能收到应有的教育效果。

三、求活——评语走进学生心灵的关键

“一把钥匙开一把锁”。要说教育中最能体现这一点的，莫过于班主任给学生写评语。求活，就是要求我们班主任在给学生写评语时，突出学生的个性，把评语写成每个学生的“画像”；要使学生感觉到教师是在写他(她)，而不是写别人，这样的评语才能引起学生内心的震动和共鸣。因此，求活是评语走进学生心灵的关键。在实践中，许多班主任在书写学生评语时普遍遇到这样一种困难，即在书写评语的对象上，两头学生的评语好写一些，因为“好”学生与“差”学生一是平时接触多、注意多、印象深、特征突出，二是人数少、情况较为熟悉，因此写起来较为顺手；而中间的学生人数多，加上平时不太关注，感觉都差不多，如果要写出个性，就感到很困难。在书写评语的时间上，通常第一年好写，第二年较好写，而

越到后面就越难写,感觉写不出什么新意。要克服这种困难,使写出来的评语具有个性,充满新意,这要求我们班主任一方面要有敏锐的观察力,深入了解每个学生的思想、爱好、脾气秉性以及每个学生的心理变化情况,努力在"一般"中寻求"不一般";另一方面,要具体情况具体分析,对同一问题要从不同的角度去思考,要注意细致描绘,而不应笼统下结论。如同样是"学习刻苦认真",就要分清是"苦学"还是"巧学",是"创造型学习"还是"模仿型学习",要善于把空洞的结论具体化、情景化和个性化,而不能一言以蔽之"学习刻苦认真"。越是触及学生细微之处,就越能在学生的内心深处荡起奋进的激流,取得因小见大之功效。因此,求活使评语具有个性,是评语走进学生心灵的关键。

四、求美——评语走进学生心灵的桥梁

一份好的评语,就是一份营养丰富的精神食粮,它是班主任送给学生的一份珍贵礼物。因此,班主任在书写评语时,除了要做到以上几点以外,还应力求文笔优美,语言生动活泼,耐人寻味,从而让学生带着欣赏的眼光去阅读领会,让优美的语言感动学生的心灵。求美是评语走进学生心灵的桥梁。但在实际中,由于班主任工作比较繁忙,加之一些班主任对此缺乏足够的认识,有些班主任常常叫学生帮助抄写评语,甚至请人代写,从而造成学生评语中前后矛盾,内容重复,错字别字较多,字迹潦草等现象,这不仅降低了评语的教育效能,也直接影响着班主任自身的形象和威信。评语不仅是学生综合素质的反映,评语书写的优劣也体现了班主任教育水平的高低。优美的评语,会使学生感到深切、温暖,这要求我们在书写评语时,态度要端正,变"粗制"为"精雕";格式要灵活,文字要优美,言辞要含蓄,变空洞的说教为亲切的交流,从而使学生看评语犹如欣赏精美的艺术品。这种愉悦的心理,很容易使学生接受教师的深情期望,并朝着教师指引的目标去努力向前。

原文发表于《班主任》2003年9月

要重视教师的心理健康

在长期的教育工作实践中，我们发现：一位心理品质良好的教师，比较乐于接纳教师的职业，较易体验到教育工作的乐趣，普遍能采取较为有效的教育行为，较好地促进学生的健康成长和发展；而心理品质不够成熟的教师往往容易认为："教书令人心烦""学生不服管教"，对待学生缺乏足够的宽容和耐心，工作方法趋于简单、粗暴，容易伤害学生的感情，甚至诱发学生形成异常人格。

研究表明，师生关系的好坏对于学生的学习动机、兴趣、态度和学习成绩都有明显的影响。从无数个案例分析中可发现，一些干扰学生心理的因素除来自家庭和社会外，还来自学校内部的教师。可以说，教师的心理健康状况，直接影响着学生的行为，影响着学生的身心发展和成长，并最终影响着教育的成败。因此，教师必须具备健康的人格品质。

一、教师健康的人格品质的标准

我曾对初一、初二学生做过"学生和教师相处的行为困扰"诊断测试及"好老师应具备什么条件"的调查，结果表明：中学生的师生关系状况不容忽视，其中有78%的学生因喜欢某些教师而喜欢他们所教的课程，对这些课程感兴趣，这些课的学习成绩也较其他课程好。有21.4%的学生因不喜欢某些教师，上课不认真听讲，作业不认真做，成绩较其他课程差。另外，虽有70%左右的中学生否认老师易于训斥和批评人，但有70.2%的中学生很少得到老师的表扬，60%的中学生在老师面前难以自由表达心中的想法，50%的学生认为老师一点也不了解自己。

学生认为好教师应具备的条件依次是：① 理解、关心、热爱学生；② 能根据学生的实际水平教学，课讲得生动、明白；③ 能对学生做到公正、不偏袒、不歧视；④ 知识渊博，知识面广；⑤ 处理问题得当、民主；⑥ 工作认真负责；⑦ 虚心、平易近人，容易接近；⑧ 关心学生的课余生活；⑨ 注意学生的兴趣、意见。

现代中学生对教师有这样的心理需求：要求教师经常保持良好的心理状态，在认知过程中表现出敏锐的感知、集中的注意、清晰的记忆、较好的思维敏捷性和灵活性；在工作、学习、活动中具有愉悦美好的情感特征，适度兴奋的情绪特征，自觉性、果断性的意志特征，良好的个性心理品质；在人际交往中与人为善，理解他人，关注别人；有充分的自信心和谦虚诚实的作风，成功时不骄傲，受挫时有足够的心理承受能力；能适应环境，根据环境和要求改变自己的行为。要求教师应该是德才兼备，多才多艺的人，可以在教育过程中充当朋友、导师等多种角色，承担起教书育人的双重职责。

可见，教师健康人格的标准应是：教师在性格上要具有热情开朗、精神饱满、耐心细致、沉着冷静、温和宽厚、心地善良等特征。工作上要求教师具有高度的事业心和责任感，有伟大的献身精神和创造性，严以律己，以身作则，为人师表，表现在教育教学生活的各个方面。首先，教师应像学生尊重教师的批评和意见那样经常地、诚恳地听取学生的批评和意见，尤其是建设性的意见，可以吸取过来估价自己的工作；其次，教师要克服"自我中心"的倾向，这种设身处地、平等待人的作风，又会潜移默化地影响学生，使他们产生强烈的责任感，自觉地在各方面严格要求自己。再次，教师要学会自制忍耐，保持心平气和的态度；最后，教师要不断加强自身修养。教师也只有具备这样健全的人格，才会时时以宽容、理解的心去与学生交往，而形成和谐的人际关系。

二、如何使我们的教师达到如上标准呢

首先，教师应从认识的角度明确以下几点：

（1）教师必须具备基本的心理卫生知识，能够处理简单的、具有普遍性的心理问题。

（2）教师必须具备良好的教育教学的专业知识、技能，这既是取得良好教学效果的重要保证，也是对学生开展心理教育的必要条件。

（3）面对全体教师，系统地提高完善教师的心理人格品质，提高教师的心理健康水平，是形成学生健康心理的前提，是提高学生心理素质的重要保证。

其次，要注重教师的心理需求，把握对教师角色心理的培养，促进教师心理品质的健康发展。

教师的职业光荣而艰巨，既肩负着培养社会主义事业接班人的重任，又要具有奉献精神和全心全意为全体学生服务的良好品质。但是教师是社会群体的一部分，产生不同的心理需求也是正常的。现阶段影响教师心理健康的原因主要有以下两方面：

（1）年轻教师的比例明显增加。由于青年教师初出校园，对教育教学工作的理论性认识比较多，在工作中接触到具体问题时，往往缺乏实际工作经验，表现出情绪急躁，处理问题的手段单一，缺乏深层次的认识，缺乏预见性，很容易将自己的不良情绪带到教育教学活动当中，在自己还没意识到的时候，就已经对学

生构成了不良影响。因此，应重点加强对青年教师的心理培训。

(2) 中老年教师由于生活压力大，家庭负担重，有些老教师带病坚持工作，虽精神可嘉，但长期的病痛很容易造成不良的心境，家庭及自身的消极原因会造成不良的教学工作情绪，对学生产生消极影响。这类现象虽不是主要原因，但也应该从关心教师生活的角度对教师渗透心理健康教育。

学校应注重引导教师注意以下几个方面：

(1) 教师必须正确处理学校环境教育的正效应和社会影响的负效应。

尤其是现今步入市场经济体制的初期，教师的内心也同样经受着这一巨浪的冲击。这就要求教师必须有高度的事业心和责任感，同时必须具备伟大的献身精神，全身心地投入到学校的教育工作中，并以这一崇高的人格来感染和教育学生，以此完善自身的健康人格品质。

(2) 为教师创造一个有利于教育教学工作特点的精神状态。

教师心理发展的成熟还表现为教育角色心理品质的形成。角色心理最重要的特征是师爱。学生的健康人格品质的形成需要教师用爱心来灌溉。爱是战胜一切的力量，是教师职业道德的核心，是教师角色心理形成的重要条件。爱具有一种相互回报的倾向，如果你对学生表现出爱，学生往往以爱的方式回报你，这样就形成了良性循环，从而建立起和谐的师生关系，进而能充分发挥教师自身的感染力，调动一切积极因素，以教师的健康人格品质来影响学生，消除学生冷漠、孤傲等病态心理，让学生形成奋发有为、勤奋好学的健康心理品质。这种良性的循环对完善教师的心理品质发挥着不可忽视的作用。因此，注重教师角色心理的培养和教师队伍建设，提高教师的心理认知活动水平，激发教师从事教育教学活动的内心动力，能有效促进教师健康心理品质的形成。

具备良好的教师角色心理的另一重要特征是以积极的心态关注学生对教师的心理需求。近几年学校的心理调查结果表明，初中生对教师的心理需求表现既依靠教师的帮助又体现自我的独立性，希望教师既是学业上的指导者又是生活中的朋友，希望自己的言行能被教师肯定，对教师和大人所讲的事情开始出现自己的想法，希望老师对其行动不做严格的限制和约束，能给自己自由支配的空间和时间，喜爱富有朝气，一言一行、一举一动都有感染力的老师，十分注重教师对自己的评价，希望教师与自己平等相处，得到教师的理解和尊重，不喜欢言语尖刻的老师，希望从老师身上学到成人的特点，喜欢老师兴趣广泛、具有幽默感，喜欢老师言行一致，处理问题果断，有正义感和同情心，等等。从以上学生的心理需求可以看出，学生不仅需要业务精深、知识广博、具有较强工作能力的老师，同时在很大程度上包含着对教师这种特有健康人格品质的需求。因此，培养自身良好心理素质，形成健康的人格品质不仅是老师搞好教育教学工作的重要条件，而且是形成学生良好心理素质、培养健康心理的必要条件。所以，应注重培养教师的角色心理，以积极的心态来关注学生对老师的心理需求。

再次，抓住重点、突出特色、注重实效。

学校应从提高教师健康人格品质出发，从培养教师健康心理品质入手，抓住教师的心理需求、角色心理和心理健康三大重点环节，做大量深入细致的工作，如：每学期对学生进行一次教师心理状况评价的调查问卷，及时了解和掌握教师的心理状况及学生的反映，有针对性地开展教师心理培训工作及面向教职工开设心理报告、心理知识讲座、心理健康座谈会等。

原文发表于《现代教育论坛》1996年3月

如何开好主题班会

主题班会是向学生进行思想教育的专题班会。它是班主任根据学校工作统一部署，针对班级的特点，运用班集体对学生进行思想政治教育、科学文化知识教育的一种普遍采用的重要形式，也是学生进行自我教育的有效方式。主题班会作为一种普遍而有效的形式，不仅适用于班级教育，也适用于团队教育。因此，作为一名班主任应当重视主题班会的作用，善于运用主题班会来开展有效的德育工作。

一、主题要有教育性和针对性

选好主题是开好主题班会的前提，主题班会的“主题”，好比一支曲子的基调，它是定音的，主题应当体现学校和班级思想教育工作主旋律。一般来说，主题班会的内涵要丰富，要有教育性、知识性、趣味性，应该是学生共同关心、感兴趣的问题，学生之间有分歧的问题，集体中产生的一些倾向性问题。主题班会的主题要有一定深度，能细嚼滋味，要符合学生心理特点，能激发学生热点和兴奋点。应当紧紧围绕党的教育方针，按照有目的、有计划、有组织的要求进行设计，使学生真正成为社会和人民所需要的合格人才。

在日常生活中，作为班主任要善于观察、善于思考，经常和学生接触，还要与家长接触，掌握各种信息，进行归纳分析，透过现象看本质，经过这样提炼出来的主题才有教育性、针对性，既治标又治本。古人说：“功夫在诗外”，确定主题班会的主题也同样如此。主题班会设计如同备课，主题设计则是目标确定，它没有现成的教学参考书可以参考，需要我们在平凡的教育工作中予以发掘。主题设计当然不能由班主任闭门造车，但班主任决不能因此放弃自己的主导作用，而要通过深入细致的调查研究，摸清情况，抓住中心，找准主题，引导学生尤其是班干部进行讨论，只有这样才会使主题更有教育性和针对性，才能避免空洞说教。

另外，题目要醒目，简明，富有吸引力和号召力。

二、内容设计要有创造性和多样性

主题确定了，也就规定了主题班会内容。主题班会内容要精心设计，要具有创造性和多样性，力求新颖活泼，引人入胜，寓教于乐，使学生愿意加入，最终达到自我教育的目的。

主题班会形式是多种多样的，所确定的形式要让学生愿意接受，不同年龄的学生具有不同的生活经历和心理特点，他们接受的能力和理解能力不同。因此，不能搞一刀切，要因人而异，实行弹性要求，力争使每位同学都能从中找到令自己愉悦的一幕。同时，开好主题班会，要使学生容易接受，要符合中学生心理特点，寓教于乐。通过我的实践摸索，以下几种形式容易使学生接受：① 具有时代气息，紧扣当前形式，和学生息息相关，具有鲜明的时代性和针对性。② 测试性抢答主题班会。知识、智力竞赛活动为同学喜闻乐见，既可以起到教育作用，也可以培养学生分析问题解决问题和组织、应变、创造能力。③ 游戏或辩论形式主题班会。辩论可以发展学生语言运用能力和推理论证的逻辑思维能力，而游戏是每个学生都愿意参加的活动。

总之，形式的选取要因事、因人、因时而异，做到常开常新，以求达到最理想的效果。

三、发挥学生作用要充分

学生准备、组织、召开主题班会的过程，是学生自己教育自己最好的一种途径，班主任都要善于发挥学生作用。教师要当好参谋、导演，充分发挥学生主体作用。学生要全员参加，不要在班级里出现被遗忘的角落，让学生既当观众又当演员，要注意使那些性格内向而不善言辞的学生的积极性得到充分发挥。

原文发表于《班主任》1994 年 6 月

“糟糕的”和“优秀的”

一次我去市里办事，在山口路边等班车，当时正值酷暑午后两点多钟，烈日炙人，一位熟人养路工让我去工棚下乘凉，啥时车来他啥时喊我。约20分钟后，车来了。我上车刚要掏钱买票，售票员笑着说：“有人给你买过啦，还有一袋东西交给你。”见我发愣，她忙说：“你也不用问是谁，他不让我们告诉你。”我很纳闷，忙打开袋子一看，有四瓶绿茶、两桶方便面、一块香皂、一条毛巾、两包香烟、一个打火机。有乘客沉不住气说：“有这么好的学生疼你，真是福气，看来你比学生也大不了几岁”。经不住我一路追问，司机终于告诉了我，并啧啧称羡道：“三十多年了。还没忘了老师，你真会教学生。”我从记忆里找到了这个学生，顿时像过敏似地深感愧疚，浑身火辣辣的难受。因为这个学生当年没少挨我的训，我认为他学习成绩“糟糕得很”。回想起来，真对不住他，真想能有机会见到他，当面向他道歉。转眼又十几年过去了，我已退休来到县城颐养天年，一直没能见到这个学生，也一直没能解心中这个结。

一天闲逛，我见有几个教书的老先生在树下乘凉唠嗑，或忆往昔岁月，或感慨人世沧桑，谈得颇为投机。他们已经桃李满天下，话题自然很容易说到自己的学生。

他们共同谈到了关于“糟糕的”和“优秀的”学生的话题。他们曾经引以为自豪和倾注过诸多心血的优秀学生，往往一别便是永别，很难再能有相聚的机会。那些调皮捣蛋的“糟糕的”学生却念念不忘师生情谊，一有机会就去探望老先生，叙旧或感恩，看老先生是否有需帮助之处。其中有一老先生的学生，从新疆出差至西安，又乘几小时火车，专门去看望先生。那天，先生的女儿与女婿都去上班，先生正从一楼往五楼搬煤球。学生一见，立刻握住老先生的手，不嫌两手的黑污，把老先生握得两眼直冒泪水。学生说：“老师，你歇歇，让我来，您一大把年纪了，哪能干得了这些重活。”

老先生的女儿已届40，与别人谈起来便感动不已：我爸真有福气，教出这么好的学生。老先生说：“我真惭愧，他曾是个学习很“糟糕”的学生，我并没有给他倾注过特殊的感情。”为人师者，传道授业解惑乃一份天职，并不图谋回报或感恩，但感情与心灵的空落，的确需要慰藉。一个小小贺卡，或一封信，或一句问候，或方便之时的一次探望，于人师，都是一份莫大的安慰。

这方面，“糟糕的”学生远比“优秀的”学生做得好。若是“优秀”学生所为，老先生们受之心安理得，因为他曾为之付出过特殊感情与心血。而“糟糕”学生所为，实在受之有愧，似乎不该有此因果报应的结局，他的灵魂上稍有不安。为人师者，一生给人解惑，恐怕此惑非自己能解。

师者，传道授业解惑也。一是传授知识，二是传授做人之道。学生受益的，或知识，或做人，二者各有偏重，很难能有机结为一体。“优秀的”学生，大概汲取的知识多一些；“糟糕的”学生，大抵汲取做人之道多一些。因为我们过去所谓的“优秀”，本身就是一个残缺不全的概念。至于“糟糕的”学生，这是极不公正的评价之词。

“糟糕的”和“优秀的”学生，二者对于社会与人类的贡献侧重点不同。“优秀”之所以优秀，是因为他们的所作所为符合社会价值的需要，于是个人价值就格外突出，能引起人们的普遍关注，人们会冠以人才或天才的花环。所谓“糟糕的”学生，其个人的社会价值不大突出，是因为努力用之于道德或习俗，他们为人性与人情的美丽加了一份光彩，但他们在学校享受的却是不公平的待遇。

我们摆脱不了传统和历史的影响。这种影响根深蒂固。对于知识的偏重与人格的偏重，是我们区别“优秀”与“糟糕”的基本标准。它已经成为习惯渗透进我们的意识之中。其实，那是封建的部分残余，存留在我们的教育模式中。

大概，“优秀的”反映的是知识的力量，是对这种力量的崇尚与认可。

“糟糕的”却折射着一种人格力量，它延续着人最原始、最纯朴的感情。

“优秀的”与“糟糕的”，大可不必厚此薄彼，他们都是社会的不同需要，也是个人选择和努力的结果。作为师长，应该为他们骄傲。因为，他们是你培育出的、有着不同风味的果实。

原文发表于《教育交流》2011 年 6 月(上)

“木桶理论”与“尖子教师”效应

一只沿口不齐的水桶，其存水量的多寡，不取决于最长的那块木板，而取决于最短的那块木板。根据这一现象，管理学中有了“木桶理论”。在一所学校里，各个教师的受教育程度、个人修养、社会阅历、家庭环境不同，兴趣、爱好、气质、性格各异，这是正常情况。但是，对于教学业务水平偏低、工作态度马虎、思想觉悟不高者，管理者如果听之任之，不采取积极有效的对策，则将影响整个集体的工作效应。

与此相比，在学校管理中，还存在着“尖子教师”效应。一个集体，如果其成员都处于相同的层面，那么，这些成员就会产生一种共同的惰性，安于现状，缺乏积极的进取心。教师间一旦拉开层次，进入较高层次的愿望，就会推动他们做出更多的努力，集体则可进入活跃和运动状态，焕发出积极进取的活力。

“木桶理论”，强调的是短木板的消极作用。据此，管理者要善于补短。对于进取心、上进心不足的教师，要做好深入细致的思想工作，激励他们成为教坛上的风云人物；对于业务水平不高的教师，要通过鼓励进修、师徒结对等形式，努力提高他们的文化业务素质；对于不适应其岗位要求的教师，要合理调配，以使其专业对口，人尽其才。

“尖子教师效应”，着眼的是拔尖教师的积极作用。管理者要善于识人，敏锐地认准苗子，热情扶助，悉心指导，使有潜力的教师通过实际的锻炼，在思想、业务等各个方面尽快地趋于成熟。还要大胆地给他们交任务、压担子，提供各种机会，让这些教师显露身手，脱颖而出，成为教学明星。

“木桶理论”和“尖子教师”效应，分别从两个角度论述了学校管理中的“长短关系”。管理者要积极补短，要通过恰当的管理手段(职称评定、奖金分发等)，消除后进教师在教师集体中的负面影响；要鼓励教师冒尖，还要充分利用尖子教师的驱动作用，激励更多的人挖掘自身潜力，创造成绩，争当先进。

把短木板补长，让长木板更长。这样，水桶的存水量不日益增加才怪呢！

原文发表于《河南教育》1993 年 6 月

“好老师”究竟什么样

与一位校长聊天，话题涉及对教师的评价问题，谈论的焦点落到了“好教师”上。

校长说：“我校有一位教师，工作勤恳，为人忠厚，作风正派，其人品和工作态度无可挑剔。但令人惋惜的是，该同志担任班主任，班风工作松松垮垮、死气沉沉；担任科任教师，教学成绩平平。尽管其形影不离地跟班，加班加点地辅导，可就是不出成绩。另一位年轻的女教师，管理班风井然有序，班风工作很有生气，教学成绩遥遥领先。可令人遗憾的是，这位教师无论课内课外、校内校外，不分时间与场合描眉画眼，戴金挂银，衣服一日三换，发型不断翻新，师生对此颇有议论。对此，我曾委婉地试探着劝说过，但这位教师却说：‘校长，我在工作上有失误您可以批评处分，但在个人生活爱好上您不该干预。爱美之心，人皆有之。我终日生活在校园里，不让我戴项链、穿时装，难道让我晚上睡觉时再戴再穿？’对于上述两人，我真不知道怎么评价才好。”

两位教师谁更好些呢？我们认为：前者可以称其为好人，后者可以称其为好“教”师；而此二人都不能算是好老师。

唐代教育家韩愈说过：“师者，传道、授业、解惑也”。传道，不仅要把道德知识、道德规范讲授给学生，而且更重要的就是要以自己的人格力量影响、教育学生，在品德上被人称道、认同，堪为人范；授业，就是要有渊博的学识，能给学生传授丰富而科学的知识；解惑，就是要采用行之有效的教学方法，使学生学会、会学、乐学，并培养学生科学的思维品质、高效的学习方法和良好的学习习惯。遵守社会公德，注重自身的品行修养、工作勤奋、严于律己、与人为善、热心助人的人，可以称其为好人；能够采用先进的教学方法和管理方法、课堂教学效益高、班风管理有效的教师，可以称其为好“教”师；但只有那些品端行正、学识渊博、敬业爱生、业绩显著的人，才堪称好老师。

我们很为上述二位教师深感惋惜，第一位教师只是注重了工作态度、品德修养，而忽视了业务进修和方法探索，故而知识更新不快，运用方法不力，教学效果不好，虽有良好的动机，却难以取得良好的效果。很明显，这种凭着时间和汗水求质量和效益的人，已远远不能适应高速发展的现代教育。第二位教师，虽有过硬的业务本领，掌握了有效的教育方法，但由于其“不拘小节”，不仅影响了自身形象，而且也必将潜移默化地贻害广大学生。

诚然，由于学生获取知识渠道的拓宽，接触知识信息量的增大，由于教育思想、教育方法的不断更新和改革，教师时刻都面临着严峻的挑战，教师也不可能事事比学生强。但是越是这样，我们就越要增强紧迫感、责任感和危机感，不断更新知识，改进教法，切实使自己不负人民教师的神圣使命，真正对学生负责，对教育事业负责，使自己成为一名始终受学生欢迎的教师，不被时代所抛弃。另外，由于经济的发展，社会的进步，人们物质文化消费水平的提高，我们已无须把“新三年，旧三年，缝缝补补又三年”作为勤俭节约、艰苦奋斗的标准，老师们追求美，在服装上讲究一些不仅无可非议，而且是值得提倡的，但是，作为生活在社会主义初级阶段的人民教师，我们时刻都不能淡忘艰苦奋斗、勤俭建国的意识，不可过于奢侈浪费。同时，由于教师这种特殊的职业和身份，我们的服装应求新颖而忌怪异，求庄重高雅而忌花里胡哨，只有这样，才与我们的身份相符，才堪为学生和世人学习的风范。

但愿我们的老师能扬长避短，注意检查自己的些微“瑕疵”，不仅做好人、好“教”师，更要做好老师。

原文发表于《现代教育论坛》1995 年 4 月

浅谈学生学习兴趣的培养

学习兴趣虽然是学生个人的内在学习品质，是学习的内驱力，但它往往通过各种形式、途径外化出来。有经验的老师很容易根据学生的外在行为(思维活动、情绪变化、自制力、课外活动等)而判定学生是否有学习兴趣及程度如何。“兴趣是最好的老师”。学习兴趣是教育学、心理学研究的热门课题，它对学生个性品质及学业成绩的影响程度之大，是其他学习品质难以取代的。每一位教育工作者都很清楚学习兴趣在学生个性发展及学业进步中的地位与作用。尤其是在倡导素质教育的今天，要真正做到让学生积极主动地发展，减轻学生负担，提高课堂教学效率，离不开学生学习兴趣的激发与培养。本文拟就学生学习兴趣的培养谈几点意见，供教师参考。

一、丰富教材内容、扩大知识范围

教材是学生学习的知识载体，要激发学生的学习兴趣，首先就要激发学生对教材的兴趣。教材内容是促进学生积极思维，激发学生学习兴趣的主要刺激来源。丰富的教材内容不断给予学生新的、前所未知的信息，使学生惊叹世界的辽阔，深感自己的贫乏，因而为每节课上传授的新的知识所吸引。教材的内容还包括了使学生重新认识已有知识的可能性，帮助学生从新的角度仔细考虑已学过的知识，从而更深入、更牢固地掌握有关学科的基本原理，真正做到触类旁通、举一反三。教材内容还介绍从科学的诞生直到现代科学取得的光辉成就。这个漫长的科学发展的历史过程，激起学生探求科学秘密的无穷的兴趣。教材内容还使学生了解科学知识在实践中的巨大作用，从而极大地提高科学知识以及学习本身在学生心目中的地位，进一步巩固学生的认知兴趣。

为了使学生更好地掌握教材的内容，教师还必须努力扩大学生的知识范围：通过课外活动和课外阅读，丰富学生的知识，扩大学生的眼界，培养学生观察事物的能力和习惯，因为大量的感性知识是通过观察得来的。

二、充分调动学生思维活动的积极性

发展学生智力、培养学生学习兴趣的主要土壤，是解决问题的情景。学生一般对要解决的问题特别感兴趣。教师应该善于抓住教学内容的实质问题，尽量利用新旧知识之间的冲突，吸引学生的注意，充分调动学生思维的积极性，一步步地引导学生通过观察、思考、判断、推理直至最终独立的做出解答。同时，在学习过程中，教师还应启发学生多提“为什么”，鼓励他们“追根问底”“别出心裁”地思考，使他们养成多动脑、勤思考的习惯，进一步巩固学习兴趣。

三、创造融洽的学习气氛

融洽的学习气氛对学生学习十分重要，这主要是因为它有利于培养学生的学习兴趣。教师要尽可能使学习成为学生本身的一种需要，在学习过程中着重发展学生的能力，鼓励学生独立解决问题，充分调动学生的积极性。当学生得到不好的分数时，教师不能简单地指责学生，而是在帮助学生分析错误的同时，尽力指出学生极其细微的进步，使学生树立信心，看到光明的前景。这种融洽的学习氛围使学生充满信心，希望自己变得更聪明、更有才干。尊重学生，帮助学生树立自尊感，使学生学习情绪高涨，不甘落后，在这样的气氛下，学习效率就会大大提高，学生的学习兴趣也会越来越浓厚。

四、及时反馈

学习兴趣的提高与个体的学业进步关系十分密切。很难想象一个总是处于不佳学业状况下的学生或自我感觉每况愈下的学生对学习会有很大的兴趣。教师要加强及时反馈工作，对学生的点滴进步要及时提出表扬，加以鼓励，以培养其自信心；对学生学习中的不足之处，教师也要立即指出，加以纠正。这样，使学生总是处于一种被教师关心的状态下，及时看到自己的进步与不足，看到前进的方向。这对学生学习兴趣的培养是非常有益的。

原文发表于《教师之友》2004 年 3 月

如何点燃学生质疑的火花

一、创设质疑氛围

新课改强调要给学生留下问题，没有给学生留下问题的课不是成功的课，没有问题的学生不是好学生。要将“质疑”引入课堂，教师首先要更新观念，明确提问不仅是教师的权利，更应该是学生的权利。因此在平时的教学中，教师应注意创设质疑氛围，引导学生大胆质疑，积极探索。如果学生在质疑问难时，没有问题或提不出有价值的问题，教师应鼓励设疑，同时发挥小组协作精神寻疑，引发学生通过与他人的合作交流，借鉴和吸纳他人的思维方式，渐渐地培养自己的问题意识，久而久之，就形成了宽松、活跃的质疑氛围。

二、教给质疑方法

从心理学角度说，好问和好奇是儿童的天性，是儿童求知欲的表现。教师要善于利用儿童这份天性，教给质疑方法，让学生学会把学习过程中有价值的疑难问题提出来。

例如，在教学“工程问题”时，可问“为什么可以用单位‘1’来代替具体的数据?”教学时要鼓励学生对任何一个问题都去探索，力求提出与众不同的问题，这是学会质疑的关键。有时学生质疑的涉及面广，显得“多而杂”。这时老师要组织学生讨论，哪些问题问得好，哪些问题不着边际，不是教材的内容和重点，引导学生逐步由“多而杂”变为“少而精”。只要引导得法，学生就能有所发现，逐渐学会质疑。

三、增强质疑效果

当学生发现、提出了问题，怎样解决？这是教学中必须解决的问题。过去，我们教师认为做题就是解决问题，而新课程改革强调的是：通过设计真实、复杂、具有挑战力性开放的问题情境，引导学生主动参与探究、思考。让学生通过一系列问题的解决来进行学习。质疑是手段，释疑才是目的。如果对学生的质疑置之不理，将会压抑学生的积极性；如果释疑方法不妥，也将会影响质疑问难的作用。面对学生的质疑教师不要急于解答，更不能轻易否定，如果把问题交给学生去讨论，老师起组织引导作用，进而得出正确结论，必然会产生更深刻的效果。

四、培养质疑能力

要使学生做到非"疑"不质，是"难"才问，我认为还要注意以下几点：

1. 提供质疑的机会

首先，要把握质疑的时机，特别在新课教学时和新课结束后，让学生质疑。其次，质疑时要留给学生充分的思考时间，才能有所发现。三是，准许学生有疑就问，不懂就问，不要怕打乱原来的教学程序。四是，要防止时间不够，学生"问"后一无所得，或尚未"解惑"，流于形式走过场。

2. 激发质疑的欲望

老师在小学生心目中的地位是极其崇高的，老师的评价对学生的影响也是很大的，每个学生都希望能被老师认可，那些中下等的学生更是如此。因此，质疑问难要面向全体学生，"好、中、差"兼顾，尤其要鼓励学困生质疑。

3. 控制质疑的范围

要保证质疑问难的质量，既要拓宽内容、范围，又要进行范围控制，不能漫无边际，要做些思维方向的引导，让学生的思考集中在要学的知识点上。实践证明，做好有效控制才能使学生提出有效的问题，这是培养学生质疑能力的重要措施。

原文发表于《教学研究》1994 年 3 月

浅谈"课眼"

为文之道,贵有"文眼"。这是我国散文写作中的一条传统艺术经验。清代刘熙载在《艺概·文概》中说:"揭全文之指(同旨),或在篇首,或在篇中,或在篇末。在篇首则后必顾之,在篇末则前必注之,在篇中则前注之、后顾之。顾注,亦可谓文眼者也。"文章有了"眼",题旨才会有隐现,意境才会有虚实,剪裁才会有详略,结构才会有疏密,前注后顾才能浑然一体。人们一般所说的"文眼",不仅是一种炼字、修辞、达意上的功夫,而且是散文构思上的"焦点"。

由"文眼"而"课眼"。文眼是作者炼字修辞、结构立意的技巧;课眼是教师讲读课文、寻根溯源的艺术。文眼与课眼,两者虽不相同,却很有渊源且密不可分,课眼即文眼在讲读课中的灵活运用。抓住课眼,总理全文,纹理清晰,脉络清楚,课堂活跃,效果良好。

教学中如何设置课眼?我的体会是,课眼可设在发人深省处;或设在看似平淡实有深意的地方;或设在全文之旨处;或设在结构上独具匠心的枢纽所在。初中语文第三册《短文两篇》中的《陋室铭》,全文16句80余字,文体用韵、易读易背,要使学生理解课文,讲解起来很有困难。我研究了一些教师的经验,很有启发。全文之旨在"德馨"二字,文章开头说到"斯是陋室"结尾一句说"何陋之有",结尾这个反问句耐人寻味,是发人深省之处,在此设眼点拨,教学效果会更好些。

杨朔的《荔枝蜜》中,聚光凝神的眼睛是"蜜"字,揭全文之旨是"赞"字。作者在构思写作时,围绕"蜜""赞"二字,以对蜜蜂思想感情的变化为线索,独具匠心地安排结构,温泉饮蜜,蜜蜂酿蜜。我在设计教案、设置课眼时,作这样的处理:布置课前预习思考题:作者赞美蜜蜂的什么?为什么要赞美它?赞美的仅仅是蜜蜂吗?并以此引发开去,热爱并赞美甜蜜幸福的新生活,热爱赞美"那些为别人、为后代子孙酿造生活的蜜"的"劳动人民"以及他们"勤劳不息"的精神。

课眼还可设在看似平浅实有深意处,可设在能激起读者"人生经验通感"之处。总之,我认为抓住课堂教学提高效果的"课眼",能激发学生的听课兴趣,点燃感情之火,闪现心灵之光,带领学生顺着作者的思路作心灵的漫游。循着作者的心轨运行,获得强烈的联想。

原文发表于《语文教学通讯》1988年6月

运用“课眼”组织教学的尝试

课眼是一节课的精要所在，就是在一篇课文的教学过程中，为强化教学重点、分化难点而精心设计的“精警之笔”。课眼既可以是一个问题，一个情节，也可以是一个词……以此为轴心或以此为切入口来带动全篇的教学，具有牵一发而动全身的作用。在语文教学中，课眼设计得当，老师教得活、教得巧，学生学得轻松，学得有趣，能极大地提高课堂教学的效率。在语文课堂教学中，如何运用课眼组织教学，笔者做了一些尝试。

一、通过课眼，掌握主要内容

写文章需要剪裁，教课亦如此。北京著名特级教师宁鸿彬指出：“要抓好课文的精华、要点进行教学”。平铺直叙，面面俱到，花了精力，费了话语，学生们不得要领的教学方法是不足取的。小学高段语文，有些课文比较长，学生在较短的时间内掌握课文主要内容比较困难，这就要求教师精设课眼、突出重点。例如《将相和》一课，题眼、课眼都汇合在一个“和”字上，则以解题置疑开讲：课题的“将”“相”各指谁，因什么事不和？又是因为什么而重归于好的呢？教师通过课眼“和”进行导读，学生很快掌握到：不和的原因是廉颇计较地位，跟蔺相如过不去；和好的原因是蔺相如顾全国家利益，宽厚待人，前两个故事是起因，后一个故事是结果，重点应在“负荆请罪”上。课文主要内容就这样通过课眼串在一起了。

二、抠住课眼，渗透思想教育

在听说读写训练的过程中，课眼的设计应努力做到语言文字训练和思想教育相统一，抠住课眼，渗透思想教育。如《狼牙山五壮士》课眼就在“壮”字上：五壮士决心把敌人引上绝路的壮志，在山路上痛击敌人的壮举，弹尽之时用石头砸敌的壮丽形象，纵身跳崖的悲壮画面。通过语言文字的训练，让学生充分领会“壮”的深刻含义。当深读至五壮士纵身跳崖这一高潮时，一曲雄壮的国际歌磁带录音在教室里响起，抠住课眼，渲染气氛，渗透思想教育。课眼“壮”在这里得到了深化与拓展。

三、围绕课眼，强化语言训练

课眼，是知识的生长点，通过情感雨露的滋润，才能生长出茁壮的知识之果。《再见了，亲人》作者以依依送别之情起笔，写了催人泪下、感人至深的三个小故事：朝鲜大娘为战地志愿军送打糕的慈母情；小金花的妈妈为救王大叔而与敌人同归于尽的血泪情；大嫂为志愿军在敌人阵地前沿挖野菜而被敌人炮弹炸断了腿的骨肉情。以课眼“情”为纽带，深化语言文字的训练。在大娘为志愿军送打糕一节中，教师让学生熟读：“我们空着肚子在阵地上跟敌人拼了三天三夜。是您顶着打糕，冒着炮火，穿过硝烟，送到阵地上来给我们吃。这真是雪中送炭啊！”雪中送炭是什么意思？学生很快答出：原意是指在寒冷时给人送去温暖。引申为：在人急需帮助时给予帮助，那么回归于本课的语言环境，能这样理解吗？“雪”指的是什么？“炭”的价值在何处？对此，引导学生透过语言文字的表述，深究语言文字的内涵，得出：雪除了环境之冷外，“拼了三天三夜”的鏖战，“空着肚子”的饥饿威胁，战斗能量的高消耗与饥饿的威胁形成了强烈的反差，这就构成了比雪更冷酷的现实，而炭的价值就在于此时的一块打糕足可消灭无数的敌人，使战斗转危为胜。战士感激之情，大娘爱志愿军之情，尽在“雪中送炭”之中。课眼引出了多层次的语言文字训练，学生学得深，记得牢。

原文发表于《教学研究》1989 年 3 月

教师如何钻研教材

教师备好课是上好课的先决条件。认真备课是提高教学质量的关键，也是课堂教学艺术的重要组成部分。因此，要备好课就必须认真地钻研教材。笔者在多年的教学实践中认为，钻研教材应从以下三条途径入手。

第一条途径——从编者的角度钻研教材。

教材是编者根据教学的总体目标、学习规律和学生的认知心理等特点精心编写的。只有站在编者的角度钻研教材，了解编排的体系和理解编者的意图，才能更好地把握教材。教师钻研教材时应当注意：① 浏览初析，整体把握全册教材；② 深究细研，整体把握一节教材；③ 要纵观全册，了解教材中所涉及的基本内容，并以编者的身份自我设问：这册教材安排了哪些内容？各章节之间有什么联系？在全册教材中应渗透什么教学方法？培养学生的什么能力？这样就使全册教材成竹在胸。细读深析，就是在教学之前，把教材中的某一章内容仔细阅读，深入分析本章的各个组成部分，找到贯穿这一章的主线，并以该主线通览全章，从而把握各节内容的内在联系，形成教学内容的整体认识。对每一节的教学内容必须深究细研，并自我设问：我编排这一节教学的目的是什么？本节在本章中所处的地位怎样？怎样把德育点、知识点、智力点和能力点融于这节教材？从编者的角度备课，能高屋建瓴地感知、理解和设计教案。

第二条途径——从学生的角度钻研教材。

读懂课文是备好课的前提。只有深入透彻地理解教材，才能准确无误地传授知识。在初步把握教材内容的基础上，可以先站在学生的角度上去理解教材。像学生一样阅读教材，读准每个字，推敲每个词，体会每一句话；背景了解要宽，内容理解要深。其次，要像学生一样提问题，设想自己就是学生，一边阅读一边设想：本节新旧知识间的桥梁是什么？这一节内容的重点是什么？难点是什么？我自己能完全学会什么？这样，只有心中有学生，才能做到心中有教材。同时，也能使教案的设计更能贴近学生，从而收到良好的教学效果。

第三条途径——从教者的角度钻研教材。

为使教案能够突出编者的心，反映学生的心，最终还须站在教育的角度上钻研教材，设计教案，从而达到一心沟通，数心相连。具体要抓住两个统一，即编者与教者的统一、编者与学者的统一。编者的意图实际上就是教师的教学目标，也是学生的学习目标。事实表明，编者要求学生了解与学生愿意了解的往往不尽统一。因此，需围绕编者的意图考虑学生特点，对学生的兴趣点、疑难点和希望点，要认真剖析和合理取舍。例如：与教学目标关系密切的，则要巧妙运用，加以诱导和启发；与教学关系不大的，则要稍加点拨，做到点到为止；与教学毫无相关的，则要“忍痛割爱”，弃之不惜。编者的意图得靠教者在教学中体现。因此，教者需按编者的意图来确定教学目标，使编者在教学目标的确定、教学程序的设计和教学效果的检测上，得到全面而充分的体现。

总而言之，钻研教材是永无止境的。只有不断进取，不断吸收，才能日臻完善。钻研教材是每个教师应有的素质，值得重视。

原文发表于《教学研究》2001 年 5 月

让学生学会质疑

爱因斯坦说过，提出一个问题，往往比解决一个问题重要。苏联一位心理学家也指出，思维源于问题。没有问题就没有思维，没有创新。然而，我国目前的学校教育，质疑这一能开发创新能力的教学技巧却没有得到很好地体现。因此，教学中，要培养学生的创新能力，必须教会学生质疑问难。

一、营造质疑环境，鼓励学生大胆质疑

教学中进行质疑，首先要营造适宜于质疑的条件和环境。教师要转变教育观念，废除旧的教学模式，创建多维互动、民主和谐的课堂教学环境，充分发挥学生的主体地位，让学生主动地进行探究学习，教师要采用开放式教育方法，创设思维情景，开放学生的思维空间，让学生在情景中产生各种疑问和猜想，在探索中学习科学方法，获取知识，在开放中实现知识和方法的创新，以完成知识和能力的再次飞跃。

要使学生自觉主动地质疑，还要培养学生善于质疑的情感和敢于质疑的勇气。教师要抓住学生好奇的天性，鼓励学生大胆质疑、勇于挑战，最终使学生达到想质疑、会质疑、乐质疑。即使由于知识经验不足，提出的想法、见解和设计的方案是幼稚或错误的，这种创造精神也是可贵的，教师不应轻易否定了之。

二、创设问题情景，诱发学生质疑

问题是探究的前提和指向，学生只有处于一定的环境中，才可发现问题，提出问题。教师对学生提出的问题应遵循鼓励性原则，激励他们进一步探索、观察，提出更高质量的问题，对于有创造性的问题应予以表扬。

有些问题学生容易引起错觉，这时教师可设计一定的情景，引发学生谈出自己不同的看法引起大家的疑问，从而纠正学生的错误观念。

三、教会学生质疑方法，培养学生质疑能力

如何进行质疑是有一定方法的，在教学中教师要有意识有目的地教会学生这些基本方法，才能尽快地提高学生的质疑能力。

1. 因果关系法

每见到一种现象,要习惯于提问其产生的原因是什么?对于所学的每一个定理要知道是什么,更要多问几个为什么,做到知其所以然。

2. 事物比较法

通过知识间、方法间的比较进行质疑,从而发现问题并提出问题,找出解决类似问题的思路和方法。

3. 运用反问法

正面的问题反过来问,结果会怎样?由此培养学生举一反三的能力。

4. 结论推广法

从某种特殊情况或现象中总结出来的结论,推广到其他情况时还能成立吗?这个结论具有普遍性还是只适合于某种特殊情况?

5. 情景变化法

如果条件改变,结果能怎样?如果次要矛盾不能忽略不计,情况又能怎么样?

6. 联系实际法

注意观察身边的一些现象,想想能否运用学过的理论来分析、解决。比如:铁块在水中下沉,为什么钢铁制成的轮船确能浮在水面上?

7. 多向思维法

其意是针对同一事物的意义和发展,多角度、全方位地去思考、寻求解决问题的方法和答案。提倡“一题多问”“一题多解”“一题多变”,要求学生达到“懂一题,通一片”的目的。

总而言之,引导学生质疑的方法很多,教师要注意在教学中认真听取学生提出的问题,哪怕是与课堂教学内容不着边际、毫无价值的问题,同样要鼓励。科学的目的是发问,而不是知识的获得。所以好的老师不是讲得学生没有问题问,而是启发学生提出深刻的问题。因此教师应该积极引导学生大胆质疑,把学生的自主权还给学生,坚持以学生为中心,让学生的个性得到全面发展,素质得到全面提高。

原文发表于《教育理论与实践》2002 年 6 月

校长的凝聚力

在现实生活中，常看到一些中小学的校长，就职演讲时慷慨激昂，计划周密齐全，设想宏伟远大，雄心壮志，满腔热情，但往往过不了多久，三把火烧完，便偃旗息鼓，涛声依旧，学校管理又回到老路。论才华学识，有的校长可以说在学校首屈一指；论思想和工作，有的可谓是勤政廉明。但为什么他们的理想在现实面前形成强烈的反差？经过多年的工作实践，借鉴一些名校校长的治校韬略，我觉得这些校长的身上缺乏以下几方面的凝聚力。

一、勇于探索的创新能力

21 世纪是科技信息高速发展的时代，计算机的普及，互联网的连接，缩短了国际教育的距离，拓宽了学生获取知识的渠道。如何全面实施素质教育，提高学生的创新力，是社会给学校领导者提出的崭新课题。面对机遇和挑战，校长必须要有勇于探索、敢为天下先的创新能力。不仅要在教学理念、教学方法和教育科研上进行创新，而且还要把握时机，用战略的眼光制定和完善学校的发展规划，绘制宏伟的蓝图，不断更新知识、更新能力、更新学校的教学设施，提高学校的办学水平，争创一流的教学业绩。

二、知人善任的领导能力

学校发展规划、蓝图的实现需要全体教职工的共同努力，非校长一人能力所及。俗话说："一个好汉三个帮。""山不厌高，海不厌深。"校长要有知人善任的领导能力，要善于发现人才，选拔人才，建立一支高素质的教师骨干队伍。除此，校长还要学会"弹钢琴"，学会使用人才，扬其所长，避其所短，建立比较完备的规章制度，合理地引入竞争机制和激励机制，使学校的中层干部分工合作，各司其职，一级抓一级，层层抓落实。这样，既较好地发挥了各职能部门的领导作用，又使学校的管理规范化、合理化、科学化，避免了校长被烦琐的事务所缠绕或处于无人相助、孤掌难鸣的尴尬境地。

三、以人为本的亲和力

学校的管理归根结底是人的管理。怎样使全体教职工上下团结一心，最大的影响因素在于校长是否有亲和力。所以，校长要以人为本，以诚相待，以情感人；要善于和领导班子成员合作共事，诚实守信；要相信、依靠教师，在政策上给予支持，在工作上给予帮助，在生活上给予照顾；做事光明磊落，公平公正；为人胸怀坦荡，能容纳百川。只有这样，广大教职工才会理解你、支持你、喜欢你，才能打造一支团结向上、奋发进取的教师骨干队伍，呈现一派和谐民主、生动活泼的教学局面。反之，教职工则会对你畏而离之，鄙而去之，敬而远之。

四、娴熟精湛的业务能力

校长的业务能力应是其立身执教的根基。如果校长不懂业务或业务不精，听课、评课时难免出现谬误，“瞎评”“胡评”，就无法指导教师，教师就不会信服你；更谈不上给教师解疑答难、搞科学研究，学校要走以研兴教之路就会成为一句空话。可见，校长的业务能力对一个学校的科研水平起着不可忽视的作用。所以，校长要不断学习，努力提高自己的业务水平和科研能力，力争做一个学习型、科研型的新型校长，以引领全体教师由“传授型”向“研究型”教师转变，提高学校的科研水平。

五、德高为范的自律能力

“公生明、廉生威”，校长的威信非权力和地位所致，它来自于公正廉明的高尚品德。因此，校长无论做事、做人都要有较强的自律能力，自尊、自重、自律、自省。校长若能始终与群众同甘共苦，用实际行动当好“公仆”，以浩然的正气教育人，以高尚的情操感染人，教师就会信任你，敬佩你。

此外，校长还要有处理复杂事物的应变能力、驾驭全局的控制能力和融洽关系的协调能力等。总之，校长只有在长期的工作实践中，不断地提高和完善自己的领导能力，使多种能力兼容并举，才能增强自身的凝聚力，使全体教职工心甘情愿地和自己一起，同谋发展长计，携手创造学校辉煌的未来。

原文发表于《中小学校长》2003 年 4 月

把爱洒向全体学生

按理说，教师是公正的化身，对待学生，应当一碗水端平、不偏不倚。手心手背都是肉，哪边伤了都心疼啊！可实际情况往往不是这样。有些教师对“优生”关怀备至：课外单独辅导，作业精批细改，找他们谈心，问长询短，真可谓俯首甘为“优生”牛；对“后进生”则“横挑鼻子竖挑眼”，“风刀霜剑严相逼”，动辄批评、责罚，学习上不闻不问，连最基本的作业是否完成，正确率多少，也是睁一只眼闭一只眼。这种做法，与美国社会学家罗伯特·莫顿提出的“马太效应”，即“对富有者还要再给，让他多余；对贫困者继续剥夺，使其一无所有”的现象，颇为相似。可以说，它是发生在学校里的“马太效应”，其危害是显而易见的。

从“优生”方面来说：如果给予他们过多的偏爱，固然有可能使他们的成绩“百尺竿头，更进一步”，但是往往在学习进步的同时，这些“骄子”们的自傲自负、孤芳自赏、唯我独尊、狭隘自私等不良心理也慢慢地滋生了。其结果是园丁的殷勤心血，却浇灌出一些有毒的曼陀罗花。这一类的教训，对我们来说，已经够多的了。

从“后进生”方面来说：知识基础、行为习惯等本来就不太理想，就像久旱龟裂的田地更需要雨露的滋润一样，后进生更渴望得到老师悉心的帮助和指导。不思“雪中送炭”，反而“继续剥夺”，将他们打入“另册”，势必会使他们厌恶学习，记恨教师，最后有的学生发展到弃学而走，甚而触犯刑律，贻害社会。谁能断言，他们当中的绝大多数，倘若教育得法，不能成为各行各业的有用之才？想一想，这是一种多么严重的浪费呀！

陶行知先生曾经告诫我们：要爱每一片绿叶，哪怕是有斑点的病叶。言近旨远，发人深省。是啊，一个教师，只有把爱洒向全体学生，才会得到学生由衷的尊敬和爱戴，教育教学的效果才能够事半功倍。

原文发表于《教师之友》1997 年 4 月

家长应维护老师的威信

这个问题，对于许多家长朋友来说是很容易忽视的。其实，维护好教师在孩子面前的威信，对于孩子的学习、思想、行为都有积极影响。下面一则故事或许会给我们一些启示：

一位很有名望的植物学家的儿子，拿着一株小草去问他的老师，想知道这是怎样的一种草。那位老师也不清楚这株小草为何物。于是，这位谦虚诚实的老师便和蔼地对这个学生说："你爸爸不是很有学问的植物学家吗？你回家去问问吧！老师也很希望知道这小草的秘密呢！"第二天，这位学生拿着小草来到学校再次对老师说："爸爸说他也不太清楚小草的名字。他说老师您一定知道，可能是一时忘了，要我再来向您请教"。接着，这学生递给老师一封信，说是他爸爸叫他带给老师的。那位老师拆开信一看，里面详细地写着有关这株小草的名称和特征的说明，最后还附有一句话："这问题由老师回答想必更恰当。"

这则小故事至少给了我们两点启示：作为老师，对待学生的提问要坦诚以对，懂就是懂，不懂就是不懂，不要不懂装懂；作为家长，不仅要建立自己在家庭中的威信，而且要注意在子女面前尽力维护教师的威信。故事中的植物学家可称得上是一位很懂少年儿童心理学和很注意维护老师威信的家长，他的做法，既帮助老师回答了孩子的问题，又不会给孩子留下"老师问题答不出""爸爸比老师懂得多了"的印象，从而避免了这个学生今后在接受老师教育时带上不必要的负效应。

可见，一个好家长如果发现学校或老师有什么差错、不是，应该审慎处理。因为维护教育者的威信，是促使受教育者自觉能动地接受教育的前提和动力。

原文发表于《家庭生活报》2001年9月16日

“挥手效应”的启示

余秋雨的作品中有这样一个故事：一个偏远的农村突然通了火车。村民们都好奇地望着来回奔驰的火车。有个孩子特别热情，每次火车来的时候都站在高处向列车上的乘客挥手致意，可惜没有一个乘客注意到他。他挥了几天满腹狐疑道：“是我们村庄太丑陋？是我长得太难看？或是我的挥手姿势不够美？噢，要么就是我站的位置不对？”天真的孩子郁郁寡欢，居然因此生病了。即便如此，他依然强打精神，继续朝乘客挥手。

父母十分担心，父亲赶到遥远的城里去求医，所有的医生都摇头叹息。这一天，父亲住宿在一个小旅馆里，长吁短叹吵醒了同屋的一个旅客。父亲把孩子的事告诉了那位旅客，旅客呵呵一笑即又睡去。第二天，父亲醒来不见了那位室友，他凄然回村。刚到村口，妻子兴奋万状地告诉他孩子病愈了，今天一早第一班火车通过时，一位男子把半个身子探出车窗外，拼命向我们的孩子招手，孩子追赶了一程火车，回来时病已豁然痊愈了。

那位向孩子挥手的旅客，对孩子的父亲不做任何廉价的劝慰，可是他向孩子挥手时，不仅把人性还给了孩子，还给了一个家庭，而且更重要的是他医愈了孩子的心病，保住了一个完整的家庭。真是功德无量啊！

让我们做那挥手的旅客吧，抬起你的手向着你的学生挥一挥，挥得认真、潇洒，挥动你的热情，挥出你的关爱，挥洒你的人性……

原文发表于《发现》2003 年 5 月

学校核心竞争力浅论

为什么我们赶风参观了名校，看了很感动，听了很心动，回来却学不动，干不了呢？笔者认为，实为学校核心竞争力使然。

一、什么是学校核心竞争力

所谓“学校核心竞争力”，它是一所学校经过整合了的知识和技能，是隐含在学校内部从教育教学到管理等各个环节的、全部的知识和技能的集合。学校核心竞争力主要来自无形资源，它根植于学校的组织与文化中，学校核心竞争力的一个显著特点，就是具有自我生成性，难以被竞争对手模仿和复制。即偷不去，买不来，拆不开，带不走，溜不掉。

二、学校核心竞争力的表现形式、价值和作用

学校核心竞争力的具体表现形式为：学校文化、学校凝聚力、学校办学特色、学校独有的办学资源和办学成果。其价值和作用突出表现为两点：

(1) 学校核心竞争力能为学校参与竞争、抵抗风险提供持久动力。

(2) 在增强学校实力和改善学校形象方面贡献最大。

三、为什么名校的模式(经验)无法复制、难以克隆

这是因为，核心竞争力的传播是最困难和最复杂的问题。

其一，核心竞争力是学校在比较长的改革实践中，逐渐摸索，由各种办学实力不断积累的结果。不论是学校文化竞争力、学校凝聚力还是办学特色，其形成都不是一蹴而就的，而是学校不断积累经验，利用各种发展因素，控制和战胜不利因素，“在混沌的边沿竞争”的结果。这种“痛苦的经历”，没有亲身体验过的人是无法真正感受到的。旁观者看到的只是这些“痛苦经历”所形成的结果，而无法真正体会形成过程的艰辛。这正是核心竞争力难以被模仿的原因之一。

其二，核心竞争力是学校的多种竞争力相互作用和融合的结果。其中最根本的东西，是无法用眼睛看到的东西。实践工作者“知道的东西会比他们说出来的东西多很多”。他们所拥有的隐性知识和教育艺术，是无法通过详读各种文

献、观看各种录像带甚至实地参观所能真正得到的。

其三，核心竞争力的形成有赖于各种特定的条件和因素。真正有价值和值得探究的，是促使核心竞争力形成的各种条件和因素。各个学校的环境不同，校风、教风、学风不同，即使用的是同样的管理策略，最终形成的结果也是不同的。因为每一个具体的环境都有一定程度的独特性，而学校的核心竞争力需要在自己独特的基础上得到发展。

推而论之，名人名师、高考状元也无法复制，难以克隆。

由此看来，核心竞争力是学校制定发展战略的主线，是学校实现新的更高级形式的资源配置的基础。要使学校健康、顺利、长远地发展，校长就要着力构建和运用学校的核心竞争力。

原文发表于《教育交流》2003 年 4 月

反思课改

新课程实施已多年，课改带来的许多变化，可谓好评如潮，褒之者众。热情之中，更需冷静面对、认真思考，评其有无，论其优劣，不失为明智之举。

合作学习形式化。自主、合作、探究学习是新课程倡导的学习方式，但在很多人眼里就是新课改的标志，似乎无之便不是新课程。于是，分组、交流、讨论，“学生想说什么就说什么，喜欢说哪个就说哪个”等形式充斥着整个课堂，贯穿始终，课堂异常“活跃”。学生能独立完成时让学生合作，能够自主时不让学生独立，有探究欲望时却直接告诉结论；看不到合作的必要，感觉不出合作中的分工协作。

教学手段“现代化”。不少示范课、研讨课，现代化的教学手段充斥其间，犹如一场高科技产品展示会，一节课下来声色并茂，热闹非凡，大有越俎代庖之势；授课者心满意足，听课者大饱眼福，其效果如何还值得商榷。

表扬模式化。“哪怕学生只有一点成绩，就要表扬；只要一小点进步，也要鼓励”。学生初时会对这样的表扬感到激动，得到激励。久而久之，他们对表扬的功利性产生依赖。重要的是，孩子稍微长大后有了最起码的理性判断能力，就会对这样肤浅的表扬、毫无针对性的激励，感到漠然，觉得乏味，无动于衷，这时表扬也就失去了其本身的意义。

这样的课堂是对新课程的简单模仿、机械照搬；那样的教师是对新课程理念的盲从，是被课改的气氛所左右，以至于尚未思考便“吞下”，没有真正理解内化新理念，有效落实到教学行为上便无从谈起。

教师在紧张的工作中，在大潮的热情中，不妨时常停下来，想一想，总结成败得失经验教训，提高自己的思考意识，锻炼自我反思能力；看一看，在大潮之外还有许多自然之美，多去接触各种文化，开阔观察的视野，丰富思考的角度。

原文发表于《教育时报》2005 年 6 月 24 日

中国家教与“溥仪现象”

中国的家教与其说有“特色”，不如说“多误区”，当然不是一概而论，全盘否定，而是有相当一部分是这样的：要么一味溺爱，抱着走，嚼着喂，家长做“三陪”——陪送，陪读，陪考；要么推给孩子的爷爷奶奶“隔代教育”，自己撒手不管，在外打工赚钱，偶尔回家一趟，见孩子成绩差“不成器”，抓过来训一通或揍一顿了事；要么干脆让孩子寄宿，交给“托管”。难怪各地中小学附近形形色色的“托管”如雨后春笋，星罗棋布，方兴未艾……目睹眼前的家教现状，不由想到“溥仪现象”：

中国的末代皇帝溥仪吮奶竟达11年之久，这位皇帝长期受到无微不至的侍候，饭来张口，衣来伸手，以致二三十岁都不会系鞋带。中华人民共和国成立后溥仪成了秦城监狱的囚犯，什么都得自理，结果变成了自食其力的公民。倘若溥仪继续过他的皇帝生活，恐怕到不惑之年也未必会系鞋带，更不要说自食其力了。看来人的能力是能够锻炼出来的，重要的是给“溥仪”一个锻炼的机会。

我们现在的教育也存在着这个问题。且不说家长的溺爱造成学生不会洗衣服、叠被，甚至不会穿鞋的情况，就是在教学活动中类似情况也司空见惯：教师一味采用先生“说”学生“听”的注入式教法，一贯是代学生把“饭菜”做好喂给学生，甚至连“味道”也代学生品好了，让学生记住“味道”，以省去学生咀嚼之苦，而学生只能像留声机一样一味接受。这与溥仪的饭来张口、衣来伸手岂不一样？别人一味地喂溥仪，使他丧失了自理的能力，同样，教师一味地越俎代庖，其结果是学生形成了依赖性，也助长了他们的惰性，长此以来不仅不能“做饭”，连“品饭”的能力也会丧失，当前的“高分低能”现象与此恐怕不无瓜葛。

叶圣陶先生说过“教是为了不需要教”，吕叔湘老先生也说“教学，教学，就是‘教’学生‘学’，主要不是把现成的知识交给学生，而是把学习的方法交给学生，学生可以受用一辈子”。教学面临现代化的新知识、新信息、新思维的挑战，正如联合国教科文组织的埃德加·富尔所说，“未来的文盲，不再是不识字的人，而是没有学会怎样学习的人”。要适应时代的需要，我们培养出来的人必须是能“做饭”且能做出别人尚没有做过的“饭”的人。要培养这样的人，我们教师必须下决心，下狠心，改变旧的教学方法，让学生去发现问题、分析问题、解决问题。年轻的教育改革者魏书生，在教学中采用“民主化和科学化”的方法，将学习的主动权交给学生，培养了学生获取知识的能力，取得了巨大成功，这便是最好的证明。

溥仪能自食其力，是社会给了他机会，我们的学生能否具备“自食其力”的能力，就看我们每位教育者能否给他们机会。愿我们在教育中少一点家长式的溺爱，让学生亲自“下海”闯一闯，练出两手“翻江倒海”的本领，这恐怕就是我们的教学最终目的之所在了。

原文发表于《中国教育研究》1999 年 10 月

小学生应该做到“八好”

1988年10月，我选择一所濒临崩溃的落后山村小学为试点“以德治校”创办示范校，坚持用素质教育思想指导教育教学改革，抓德育以严肃校纪；抓规范以端正“三风”；抓管理以提高效益；抓绿化以整治校园；抓质量以振兴校誉，抓素质以贯彻“两全”；抓养成以培养习惯。当时考虑到小学阶段是培养学生形成良好习惯的最佳时期，良好习惯的养成可能影响他们的一生，在养成教育训练过程中明确规定小学生应该做到“八好”。

读好书

能用较标准的普通话，流利地朗读课文，养成良好的阅读习惯。

写好字

字如一个人的外表，学生应该达到语数大纲中分年级的具体要求。

做好操

能迅速集队，踏步整齐，按韵律做好每个动作。

唱好歌

唱好音乐教材中的每一首歌，会唱国歌、队歌、校歌，学唱其他儿童歌曲。

扫好地

能把教室及班级卫生包干区打扫干净；能主动帮助父母打扫房间，养成良好习惯。

走好路

遵守交通规则。上学、放学不在路上逗留玩耍。

讲好话

使用文明礼貌用语；与人交谈口齿流利，说普通话。

爱好校

爱护学校公物，关心集体，维护利益和荣誉，不做损坏学校公物和名誉的事。

原文发表于《小学生报》1992年11月20日

要重视小学教师教育研究能力的培养

教育研究能力是指运用一定的理论和方法，研究、解决教育问题的能力。它和认知能力、教学能力一样，是教师能力结构的重要组成部分。重视教师教育研究能力的培养，是提高教师素质的重要途径，也是提高教育质量的保证。本文试就小学教师研究能力的培养进行一些初步研究。

一、培养教育研究能力是提高小学教师素质的需要

小学教师是实施九年义务教育的一支重要力量，小学教育是民族教育的奠基工程。其质量如何，直接关系到义务教育的质量，也决定着未来人才的培养。当前，教育改革正向纵深发展，它对包括小学教师在内的全体教育工作者提出更高更新的要求，其中一个重要方面就是要增强教师的综合素质，提高教育研究水平。

在教育教学过程中，每个教师都会遇到这样或那样的问题，如怎样转化后进生，如何提高课堂教学的效率等。研究和解决这些问题，要求教师必须具备一定的研究能力。然而，现状表明，小学教师的教育研究能力还比较欠缺。我们曾就"农村小学教师素质"问题对某县三个乡镇进行调查，发现三个乡镇农村小学教师不具备教育研究能力者高达 51.5％，真正具备的不到 10％，教研骨干屈指可数。湖南省小学师资培训中心曾就"小学一级教师现状"问题，对全省 106 所城乡小学进行了调查，结果表明，在小学一级教师中，城镇教师欠缺教育研究能力者占 37.54％，农村教师占 45.16％，这种情况，制约了小学教育的发展，影响了教育教学质量。

二、小学教师教育研究能力构成

对小学教师而言，主要是指解决教育实际问题的研究能力。这一能力结构大体可分为三个层次。

第一层次：一般教研能力。例如上示范课和研究课的能力，运用教育理论改进班主任工作的能力，运用教学理论指导教学的能力，规划和组织教研活动的能力，一定的总结教研成果的能力等。

第二层次:较强的成果推广和经验总结能力。如学习借鉴他人经验的能力,创造性地选用某种教学模式的能力,有效地移植教育科研成果的能力,将实践经验上升到一定理论高度,并形成具有指导性的能力,推荐自己优秀经验的能力等。

第三层次:较强的专题研究能力。包括发现问题并提出课题的能力,拟定个案研究、教育调查、教育实验等研究方案的能力,分析、评价、处理教育研究材料及得出正确结论、提出解决问题的合理措施或建议的能力,撰写调研报告、实验报告、研究论文的能力。

这三个层次的能力是逐步培养和发展的。只有具备一般的教研能力,才能总结和推广教育教学经验和成果,最后达到进行专题研究的高度。三个层次的能力培养,可根据教师职级而定。如对小学二、三级教师主要应增强教研能力;对小学一级教师,应着重提高总结推广经验和成果的能力;对小学高级和中学高级教师,则应培养和提高他们的专题研究能力。各层级的教师,应根据各层次的能力要求,有针对性地进行自我培养,自我提高。师训部门也可分层次、分目标进行培训,从而有效地提高教师的教育研究能力。

当然,这三个层次的划分是相对的。在具体实践中,各层级教师可根据工作需要和自己的主观条件,选择一个层次、两个层次或全部层次,作为提高自己研究能力的发展目标。教研部门和师训中心也应从实际出发,制定与教师自身发展需要、工作需要相适应的培训方案。

三、怎样提高小学教师的教育研究能力

提高小学教师的教育研究能力,已成为教育改革和发展的迫切需要。师范学校、教师进修学校、教师培训机构以及小学和教师自身都应进一步树立教研意识,把提高教师的教育研究能力,作为提高教师素质的一个突破口来抓。

从师范学校、教师进修学校和教师培训机构来说,要让教师掌握一定的教育理论和研究方法,为形成一定的研究能力打好基础。

教育研究是动脑与动手两种能力的结合,表现为在动脑的前提下动手,在动手的过程中动脑,动脑和动手都离不开教育理论和研究方法的指导。因此,小学教师必须具有一定的理论功底,掌握一定的科学方法。

首先,应开设教育理论、教育研究方法课程。教育学科的各门课程是培养教育研究能力必设的基础课程。师范学校、教师进修学校和教师培训机构应在开好普通教育学、心理学课程的基础上,重点开设现代教育理论选讲,中外著名教育家思想、学科教育学、学科教学心理学、小学教改动态以及现代小学教育研究方法等课程,使小学教师了解中外著名教育家的教育思想,国内外小学教育教学

改革动态;熟悉现代教育教学思想以及学科教育教学的基本思想、理论、方法;懂得发现教学、目标教学、尝试教学、愉快教学等基本理论和方法。还应了解教育科学研究的一些基础知识,如教育研究中发现问题、了解情况、深入思考和实践验证四阶段的构成程序;熟悉教育研究的基本步骤,如选题、查阅文献、初步调查、制订计划、搜集资料、分析研究、形成结论、撰写报告(论文)等,掌握一些基本的研究方法,如观察法、调查法、实验法以及调查报告、实验报告、论文等文体的写作方法。

其次,在师资培养和培训的教育中,要改进教学方法和考试方法。教学中,应多运用教学案例分析、问题讨论、活动教学等方法,这有利于调动学员的主动性和积极性,有利于学员直接形成一定的教育研究能力。考试方面,不应让学生简单地回答书本知识,而应突出知识运用、问题分析、专题研究、综合创新等特点,采取评课、班队工作方案设计、教改方案拟定以及撰写报告、论文等方式,让小学教师在考试过程中训练研究能力。还可组织专门的教研活动,让学员根据所学理论听课评课、上研究课,开展教育调查,参加某些教改实验,进行教育研究的实际操作。掌握教育研究的一般操作程序和具体方法。

从小学和小学教师本身来说,要通过多种方式和途径,培养教师的教研意识,激发研究兴趣,提高研究能力。

需要层次理论认为,成就、发展和自我实现的需要是高层次的需要,它的被满足和不断激发,具有永恒的动力作用。学校应着力引导小学教师确立自己的成就目标、发展目标,让他们在教书育人的过程中不断接近自己的发展目标。应广泛宣传优秀教师的成长过程、成功经验,让广大教师明白,要成为小学教师领域的名师或专家,必须热爱教育事业,潜心教育的研究探索,还可经常组织教研活动,让教师参观教改实验典型,参加开放性教研活动,开展优质课程竞赛和教学论文竞赛等活动,从而在活动中提高研究兴趣。

专家讲座是培养教育研究能力的有效方式,学校可定期聘请学者、专家来校讲座,介绍教改动态,以开阔教师视野,拓展知识面。当然,最重要的是引导广大教师结合本职工作开展自学活动。自学,是提高教师素质的基本途径,教师只有边教边学,才能有效地提高自己的教育研究能力。

原文发表于《教师之友》2003 年 5 月 20 日

观念更新效果神奇

一个一年级的小女孩在学校拿了同学一支铅笔玩，不小心放进了自己书包，后来被老师发现了，要见家长，说孩子是“偷东西”。小女孩的妈妈很气愤，与老师郑重地交流意见：“对这么小的孩子，不要用这样的字眼，这种定性会伤害孩子的。”在幼儿园里孩子习惯了分享，你的玩具我可以玩；在她看来，同学的铅笔只是玩具而已。

一位具有创新意识的教育家听了事情经过后评价道：“这不是偷，仅仅是一种美的占有。”这种新的价值观念也许是无法让老师接纳的。老师在教育一些所谓的“坏”孩子的同时，已经习惯了用批评与指责的办法了。阿美是一个二年级男孩子的妈妈，她讲起参加一次家长会的经历：那天她和家长们坐在教室里，等着老师进来开会。老师来了，家长们不约而同地望着门口，老师劈头就是一句：“你们的孩子就是这样的，听到声音就东张西望。”这种“吓唬教育”可以前伸到孩子的幼儿园时间，“再不听话就不给你饭吃”。“让警察来抓你。”老师这种习惯用语的确是可以吓唬孩子一时的，但时间一久，他们也疲了，少能奏效。世上没有坏孩子——这种教育观念能否根植于我们师长的内心呢？

而小学生上课时最有代表性的动作就是要把双手放在背后，不能随便乱放，就像一个犯人被捆缚着一般，无疑不利于孩子们的个性发展，以致孩子在学校的压力颇大，比如背不了书就不让进教室、写错字就罚每个字抄写 100 遍。家长看在眼里也心疼，但无奈，只有陪着孩子抄书。在这种压力下，孩子们谈何人格的自由发展，谈何享受愉快教育的乐趣呢？

且说上面那位教育专家曾接过一位爷爷的求助电话，说他的孙女偷家里的钱，不知怎么教育才好，专家说：“这样吧，你试一试把家里的钱交给她保管，管家里的生活。目的是令孩子培养起主人的意识。”这一招真灵，不久老爷爷告知：“小孙女不仅改掉了毛病，而且对家里关心起来了。”

爱、信任、尊重，具有神奇的力量，是最好的老师，可以改变人的生活，而这一切，都是建立新的教育规则的前提。

原文发表于《中国妇女报》1999 年 11 月 26 日

呼唤让人听得懂学得来的基层教研

前不久,笔者参加一次教研活动,刚到校门口就见一位教师满脸愤懑地从会场跑了出来,他边走边抱怨地说:“这样的课有啥好听的?听多媒体教学的课,对我没有用。平时我哪有条件搞那洋玩意儿,更谈不上有时间去制作课件。”在后来的互动交流中,前来学习的乡村教师纷纷向教研员要求:要是下次再有这样的教研活动,希望展示的是粉笔加小黑板的课。

搞基础教研,不等同于搞学术交流,组织、引领要大众化才行。组织者在言语上能让人听懂,是最基本的标准;行动上能让人跟进,是最起码的要求。因此,要想真正发挥基层教研的作用,组织者必须立足三点:

一是要看对象说话。基层教研的组织者们所掌握的教育教学理念要比一线的教师底子深厚得多,许多前沿理论和概念往往让基层教师云里雾里。组织者在台上津津有味地高谈阔论,听着却不知所云,昏昏欲睡。这就要求组织者所引领的深刻内容,在措辞上务必要做到浅显易懂。

二是要借用课例说话。但凡听过讲座的人,对讲座印象最深的,并不是讲座的主题,而是其中那些生动的课例。成功的讲座稿,应该是一个融理念与课例为一体的有机体。为了防止空洞的说教,基础教研组织者除了精心为某一活动做好准备工作之外,还要在平时多注意收集有说服力的课例,才会真正将教研搞得有生气。

三是要针对需求说话。组织者的引导必须到位,能让教师感觉到所学的都有适用性,所看到的都能摸着石头去过河,并不是一些高不可攀的东西。不少基层教研活动的组织者喜欢一厢情愿,强人所难,本着自己的喜好,生硬地塞给参与的教师,往往没有考虑广大的一线教师是否需要这些东西。这样不但没有给工作繁忙的教师专业知识上的有力引导,相反还占用了他们帮扶学生的时间,参与这样的教研活动让人厌烦也是正常的。

总之,搞基层教研,得让人能听懂才行。基层教研活动的组织者平时最好用通俗的语言、易懂的言辞来传达教研讯息,而且对于说话的对象、时机要有所掌握,过分的修饰反而达不到想要完成的目的。

原文发表于《教师之友》2008年10月

农村小学作文教学的现状及对策

作文教学难，农村小学作文教学更难。目前，农村小学生的作文普遍存在着无话可说，无事可叙，无情可抒的问题。作文指导课上，尽管教师煞费苦心，讲得口干舌燥，学生听得云遮雾罩，昏昏欲睡。结果总是，学生“提起作文直摇头，看见题目皱眉头，打开本子咬笔头，苦想半天没开头，什么题材都没写头”。学生难为得七死八活，习作要么是粗线条，干巴巴；要么是千篇一律抄范文。小学生都成了“文抄公”和“克隆专家”，作文教学陷入了“费力费时，收效甚微，让教师和学生都感到头疼”的困境。问题出在哪里？症结何在？笔者通过听课，分析作文练习，对师生进行问卷调查，发现有这样几个方面的原因阻碍着学生作文能力的发展：

(1) 教师认识偏差，作文教学严重脱离学生实际，学生对作文不感兴趣，在未动手之前就有一种“厌作”“畏惧”心理。

(2) 作文教学无序，就一个题目教一篇作文，没有从整体上把握整个小学阶段作文教学的要求与一个年级段作文训练重点之间的关系，新旧知识点不够衔接。

(3) 作文教学方法简单、呆板，以其昏昏，使人昭昭，走进了教师“奉命作文”的怪圈。

(4) 作文教学无备课，无计划，无目标，课前找范文，课中读范文，课后抄范文，平时背范文，考时默范文，作文教学苦念“读背范文”经，大讲“套旧翻新”术，加重了负担，僵化了思想，误导了学生。

针对上述种种原因，如何采取对策？笔者认为应以新课程理念统帅作文教学，注意激发学生的作文动机和兴趣，优化学生习作心境，优化作文指导过程，为学生的自由写作提供有利条件和广阔空间，减少对学生写作的束缚，鼓励自由表达和有创意的表达，让学生眼有所见，心有所思，情有所感，腹有所稿，笔下生花。

一、实践新课程理念,把激发学生的作文动机和兴趣作为作文教学的突破口

1. 作文围绕生活转

作文是生活的反映,生活是作文的源泉。学生生在农村,长在农村,在农村这个广阔的天地里,有千姿百态的四季自然景物,有无穷无尽的趣事,有淳朴多彩的民风民俗,有丰厚的历史文化底蕴,有无数惊天动地、叱咤风云的英雄模范人物,为学生提供了取之不尽的作文素材。只要我们的教师肯引导学生从教室里走出来,给他们一双发现生活的眼睛,让他们去亲近自然,拥抱生活,相信生活也会馈赠给他们写作的灵感。教师如教会学生及时将灵感捕捉,写作兴趣将自然而然来到学生身边,作文应运而生,就不足为怪,学生写作时兴趣盎然也就顺理成章了。

2. 教师围绕学生转

传统的作文教学模式的弊端就在于以教师为中心,不利于调动学生作文积极性,不利于开拓学生作文思路,不利于课堂信息反馈,不利于培养学生作文能力。新课程理念要求作文教学以学生为主体,贴近学生实际,从学生生活实际出发,善于开启他们心灵的窗扉,让他们易于动笔,乐于表达,引导学生关注现实,热爱生活,表达真情实感,让学生看到什么写什么,想到什么就写什么,这样学生有事可叙,有人可记,有话可说,有感可发,把作文看作是自己精神的家园,不再感到枯肠难搜,而感到活水有源。

3. 激发兴趣,寓教于乐

(1) 创设情境,培养兴趣。"兴"之所至,思路畅通。兴趣不仅仅是学习的动力,而且是活跃思维的催化剂。小学生做事、读书、作文,常常"凭兴趣出发",这正是儿童的一般心理特征,小学作文教学应当顺应这一特征,从培养兴趣入手,让学生在生活的乐趣中接触作文,从而消除对作文的恐惧感。培养作文兴趣的首要方式,是为学生创设作文情境,通过一个游戏,一个活动,让学生兴致勃勃地参与并讲述,兴趣盎然地完成作文;再者,寻找各种有趣的写作形式,激励学生的写作兴趣,用办小报、图画作文、介绍照片等形式进行作文训练,都能收到较好的效果。

(2) 创设良好的人际关系,诱发兴趣。在学校生活中,师生互相尊重、信任、爱护,学生才有安全感。在这样良好的群体学习氛围中,形成探究写作学习的心向,从而产生写作的欲望。

(3) 引导写身边小事,激发兴趣。小学作文姓"小",就要从小学生的实际出发,引导他们用自己的"心灵"去表达自己的所闻、所见、所想,写出自己的心声。

第一，结合文体活动、课堂教学活动、德育活动、科技活动等，巧设题目，写自己熟悉的材料，写“我”的生活。第二，写自己的朋友、同学、亲人。通过先布置观察题，设计观察要求，然后把自己的观察结果说出来，最后整理成文。第三，留心周围事，善于捕捉写作素材。首先教给学生留心周围事物的方法：用眼看，用耳听，用脑想。继而鼓励学生做个有心人，去留心周围事物，遇风则风，遇雨则雨，遇事则事，遇景则景。

(4) 满足学生的成功需要，激励兴趣。小学生是好表现自己的，他们希望在群体中得到认可，受人赏识，被人肯定。这是一种正常的心理反应。教师要有意识地、多层次地满足学生的这种表现欲。这样既能触发学生个体的作文兴趣，又能调动学生群体的作文积极性。因此，教师无论在作文讲评上还是在批改中，都要适应学生的这一心理特征，竭力发现学生作文中的优点，从立意、选材、布局、谋篇等方面给予肯定性的评价，哪怕是一个好词佳句也要表扬，多进行鼓励。成功的作文读给全班同学听，鼓励他们不断写好作文；对差的进行个别辅导，加强面批，边给学生修改边讲清为什么这样改的道理，或边辅导边让学生自己改。即便是写得不好的作文，教师在批改中也要圈出好词佳句，使其产生喜悦和自豪。根据每次作文的实际挑选一部分较优秀的作文，刊登在不同层次的习作园地上。质量较高的佳作可推荐到校外有关报刊发表，其余的可视具体情况在校刊、班刊上发表。这样坚持下去，就会产生强烈的作文冲击波，从而产生写好作文的欲望。

二、优化学生习作心境，把开发学生的情感与发展学生的智力作为作文教学的保证

“辞以情发”，良好的习作心境是推动学生写好作文的内驱力。学生只有在良好的习作心境下才能写出有真情实感的文章来。智力是人认识、理解客观事物，并运用知识经验解决问题的能力。智力对情感具有调控深化的作用，情感又常具有理性不可取代的作用，情感与思维是互动的。只有优化学生的习作心境，把开发学生的情感与发展学生的智力作为作文教学的保证，作文教学才得以成功。我们认为：

(1) 尊重学生的作文自尊心，保护学生的独立见解，是开发学生情感的前提。目之所见，耳之所闻，无不是诱发学生情感思维的因素，外物和内情碰撞才可能闪现火花。作文贵有真知灼见，贵有自己的思考。教师应尊重学生的作文自尊心，尊重学生的独立见解，让他们的生命激情张扬。

以学校生活常见题“老师，我要对你说”为例，学生与老师朝夕相处，对老师的一言一行、一举一动都十分了解，他们会对老师说什么？感谢，赞美，建议，指

责,批评,抗议……无论要说什么,都是发自学生的肺腑之言,都是他们内心世界的显露,都是他们思维的火花在迸发,作为老师都要十分珍惜,诚恳地接受,切不可盛怒动容,反唇相讥,要知道那样会泯灭学生思维的火花,会伤害学生纯真的童心,会在学生圣洁的心灵上留下一道无法磨灭的污痕。

(2) 循序渐进,优化作文指导过程,强化以思维为核心的各种技能训练是发展学生智力的关键。根据学生情感发展的心理特点,从激发情感和调动情绪入手,结合年级段特点有侧重点地进行系统训练,培养学生以思维为核心的各种智力技能,拓展学生的习作能力。低年级要通过创造性的想象活动培养学生重现表象的能力;中年级要通过观察活动培养学生形成典型表象的能力;高年级要通过思维训练培养学生归纳推理和演绎推理的能力。同时,以“加量阅读”为“经”,以“直击生活”为“纬”,编织一个常抓不懈的日常训练体系,使学生搜集处理信息的能力、日常知识的积累、生活感受的迁移等诸方面,得以提高和升华,进而拓展他们的习作能力。

三、读写结合,促进知识转化,把扎扎实实地提高语言文字的运用能力作为作文教学的核心任务

(1) 组织课外阅读,加强知识积累。阅读全国少儿报刊,阅读同龄儿童的作文选、小故事,学习别人的写作方法及进行评论;自由阅读小说、故事,多了解一些精彩的故事片断,从作者的细致、动人的描写中学习将事情写具体、写生动。

(2) 开展书评、影评、视评活动。按照“从看到说,从听到说,从读到说,再由说到写”的步骤,鼓动学生大胆说,教会学生正确说,启发学生主动说。在说的过程中,引导大家评,大家议,畅所欲言,激发写作动机,调动写作积极性,顺利地由“说”过渡到“写”。

(3) 要求写日记、周记,写读书笔记或心得。让学生将自己所见、所闻、所感、所思,真实地用文字反映出来。

(4) 借助于“选材练习”“审题练习”“片断练习”“说话练习”作为组织者,给题目补材料,给材料辨是非,创情境练说话,让学生在单项练习中理解材料与作文,审题与作文、说与写的关系,提高思考问题、解决问题的能力和语言文字的运用能力。

总而言之,学生作文兴趣的形成,写作能力的提高,是一个厚积薄发、长期积淀的过程,只要教师坚持以学生为本,从学生出发,从实际出发,通过各种途径,唤起学生的作文兴趣,调动学生的写作积极性,让他们自觉地写,经常地练,作文教学定会柳暗花明,教学相长。

原文发表于《教学研究》2003 年 5 月

素质教育“高原现象”的成因及对策

素质教育的实施给中小学教育带来了生机和活力，并已取得了阶段性成果。但是，我们也应当看到，当前在实施素质教育过程中出现的“高原现象”，正在制约着素质教育的深入发展。所谓素质教育的“高原现象”，是指素质教育发展到一定阶段后，处于徘徊或原地踏步状态，不仅无法深入下去，甚至还有倒退的可能。“高原现象”虽是事物发展进程中的暂时现象，但若不引起足够的重视，分析其产生的原因，并采取相应的对策，就会拖长“高原现象”的逾越期，从而阻碍事物的发展。

一、素质教育“高原现象”种种

素质教育的“高原现象”主要表现在以下几个方面：

一是对素质教育的认识停留于表层，认为素质教育就是在原有的应试教育的基础上加上音、体、美、劳的外包装。具体地说，就是大做表面文章，满足于花里胡哨的布置：墙上挂着，栏内画着，课表上排着，橱窗里放着，计划、总结里写着，上级来人看就临时上着，所作所为都是为了应付领导的检查。更有甚者，凡遇“高档检查”，只要提前接到通知；就能准备好“现场”，完全不惜代价：“硬件”不足，可四面聚“材”，开车到外地去租赁（如桌凳，图书，花木盆景，电教设施，音、体、美、活动课教学器材及实验仪器之类都可租赁）；“软件”欠缺，就八方求“员”，请各路名师高手、能工巧匠加班赶制。如此，内外结合搞突击，加班加点打“歼灭战”，待检查团一到，彩旗招展，巨标醒目，鼓号齐鸣，歌舞相迎，花木盆景万紫千红，成果展示令人赏心悦目，叹为观止。

二是用已经达到的素质教育的一部分具体目标代替全面育人目标，使素质教育变成搞一两次活动、出一两名特长生就了事。

三是认为“开足开齐”课程就是素质教育。把传授知识和提高素质等同起来。有些学校由于受师资、物力等方面条件的限制，只讲“开足”“开全”，不求“开好”“开优”，上音乐课就是唱歌，上美术课就是画画，上体育课就是做操，教者敷衍了事，学者晕晕乎乎。

四是“东边日出西边雨”，普通班搞素质教育，毕业班抓应试教育，一边唱素质教育的调子，一边吹智育至上的号子；宣传素质教育时大张旗鼓，评价学校和教师工作时仍单凭分数一把“尺子”。

五是学校正搞着素质教育，上级通知让参加统考或学科竞赛，仓促应试一时人均分数低了一些，领导排名次、家长找上门、社会压力大，于是赶紧扯下素质教育的旗子，重走应试教育的老路。

二、素质教育“高原现象”的成因

之所以出现上述现象，究其原因，主要是：

1. 认识上的“短视症”

素质教育虽然宣传了多年，但有的人至今还不明白素质教育究竟是怎么一回事，甚至错误地认为素质教育是运动化、一阵风，实施素质教育就是“扫扫地、写写字、抓抓纪律、演演戏”，因而盲无目标地应付着，等待“风头”过去。由于对素质教育内涵的理解有误，对素质教育的重大意义认识偏颇，从而导致教育教学行为偏离素质教育的方向，在一定程度上影响了素质教育的提高。

2. 目标上的“模糊症”

有些学校即使有实施素质教育的管理目标，但大多内容空泛，缺乏一定的理论高度，不能体现教育发展的规律性，没有高瞻远瞩的眼光。而是从眼前利益出发，应付领导的检查；有些学校的素质教育目标生搬硬套别人的模式，不能准确地把握目标力度，因而出现了不需努力就能实现或经过艰苦努力也无法实现的目标。

3. 实施上的“狭隘症”

实施素质教育的目的，是为所有学生的知识、能力、情感、意志、行为习惯的健康发展打好基础，让他们成功地走向社会。但是，有些地方和学校在实施素质教育的过程中存在着一定的狭隘性。在内容上表现为重视对学生身体素质和文化技能素质的培养，忽视心理素质的培养；在身体素质的培养上，重视运动，忽视传授知识、培养能力、锻炼意志；在文化素质的培养上，只重视科学知识的传授，忽视品德、审美素质和良好行为习惯的培养。在手段上表现为重视培养学生的素质，忽视提高教师和家长的素质；重视教师的主导作用，忽视学生的主体作用；重视素质知识传授，忽视素质行为内化；重视教育设施的投入，忽视对设施的充分利用。在宣传导向上，只强调教师和教师素质至关重要，而忽视政府行为，这个关键因素。

4. 评价上的“误导症”

尽管国家三令五申不准单纯以升学率和统考分数来评价学校和教师，但时至今日，不少地方评价一所学校办学水平的标准仍是升学率的高低和统考成绩的优劣，根本不顾及学校的办学条件、生源质量、师资力量、投入与产出比例；在奖励政策上，一些地方政府和教育行政部门为学校设立的奖励都是升学奖或统考名次奖，对学校规定高考、中考上线指标和统考名次，似乎只有为高一级学校输送新生、多培养几名"尖子"才是最大的贡献，至于学校转化了多少差生、为当地经济建设培养了多少有用人才，那是不必理会的，即使是对素质教育的评估，也往往失之偏颇。比如上级有关部门开展某项比赛，某些学校在比赛中获奖，政府或主管部门马上就为这些学校大力宣传，说这些学校素质教育成绩显著，给这些学校冠以"××基地""××传统校""××示范校"的美称。这种做法，误导基层学校在个别方面加强训练，以索取名利，而忽视了学生整体素质的提高，从而有碍素质教育的健康发展。

三、消除素质教育"高原现象"的对策建议

为尽快消除目前素质教育实施过程中出现的"高原现象"，我认为可采取以下对策：

1. 强化目标意识，构建运行机制

实施素质教育要遵循教育规律，建立科学的目标体系和完善的运行机制。科学的目标体系是实施素质教育的依据和指南，完善的运行机制则是素质教育健康发展的保证。当前，要克服素质教育的"高原现象"，就要真抓实干，一切从实际出发，讲实话、办实事、下实功、鼓实劲、出实招、创实绩。首先要制定有远见卓识、可行性强的素质教育总体目标，围绕总体目标制定学校、班级、学科在德、智、体、美、劳诸方面的具体目标，同时要根据学生的学习心理和发展水平制定出个人的努力目标。既要有长期的管理目标又要有体现动态的、相对稳定的阶段性目标。要建立有效的导向机制、制约机制和广泛的社会参与机制，形成"政府行为到位，全员行为到位，科研行为到位，各部门密切配合，齐抓共管"的良好局面。

2. 提高教师素质，优化课堂教学

教师是素质教育的主力军，课堂教学是实施素质教育的主渠道。因此，提高教师素质，优化课堂教学，是实施素质教育的重要保证。为此，一是要明确素质教育对教师的基本要求。教师要从过去课堂上知识的传授者转变为学生学习的引导者和咨询者、教育教学改革和管理的积极参与者、探索者和实践者，学校、家庭与社会的沟通者和协调者；要树立远大的职业理想和敬业精神，形成正确的教育观念和教育方法，具有良好的心理素质和自我调节、自我完善的能力；掌握现代教育理论，把握教学规律，具有驾驭教材、驾驭课堂的能力，具有较高的写作、科研能力和熟练运用现代化教学手段和组织课外活动的能力。二是要探索提高

教师素质的途径，把提高教师素质作为推动教育改革和发展的一项战略性措施来抓，尽快形成全员、全程、全方位提高教师素质的工作机制和较完整的保障体系；制定全面提高教师素质的规划，把提高教师素质的具体要求落实到各有关执行单位，各级各类学校的实施方案要具体落实到每位教师；多层次、多种形式地组织教师进修；大力开展"练师功，磨师技，养师德，铸师魂"的练兵活动。培养一专多能的素质型教师。三是要尽快构建课堂教学实施素质教育的操作流程，解决为什么教、教什么、怎么教、教到什么程度的问题，从而达到让学生明确为什么学、学什么、怎么学、学到什么程度的目的；要加强教学流程的管理，使教师牢固树立"功在课前，力在课上"的思想，做到准确把握和处理教材，正确运用教法，充分发挥学生的主观能动性，加强信息反馈，教与学民主、平等，创设出师生交往的愉悦环境，达到心智相通。可以说，素质教育实施得好的教堂，必然也必须是"双基"掌握完整、思维能力激活、技能技巧完善、德育功能到位、教育效果最佳的课堂。

3. 强化政府行为，创造宽松环境

要想真正地落实素质教育，就必须政府行为真正地到位。真正的"到位"自然不只是"喊在口头上，讲在会议里，写在文件中"，而应是真正落实在行动上，像湖南汨罗、山东烟台等地那样，站在关心下一代健康成长和对国家前途负责的战略高度，用具体政策和实际行动，关心、支持和促进素质教育的全面实施。政府行为到位要加大"三个力度"：一是加大宣传力度，创造有利于实施素质教育的宽松环境，多给些学校办学的自由权，少来些行政干预；二是加大工作力度，确保素质教育有组织、有计划地运行；三是加大投入力度，为实施素质教育提供物质保证。政府行为到位要抓好"三个突破"：一是要在优化教师队伍上有所突破，尽快形成竞争上岗、优胜劣汰的竞争机制；二是要在考试改革上有所突破，进一步改革考试内容和方法，正确发挥考试的导向、诊断、选拔、教育和反馈功能，使考试更好地为素质教育服务；三是要在建立科学的评价体系上有所突破，制定一套具体、科学、行之有效的评价标准，坚决取消单纯以考试分数或升学率为标准的评价、奖励政策，对那些全面贯彻教育方针，按照素质教育要求办学育人的学校要奖励；对那些为片面追求升学率而不择手段并造成不良影响的，要批评处罚。要大力宣传、表彰、重奖那些注意因材施教，善于转化差生，能够启冥顽为灵秀、琢璞玉成大器的学校和教师。

原文发表于《安徽教育》《香港现代教育论坛》2000 年 1-2 合
（本文获"中华教育科研论文特等奖"，
收录世界科联《中国教育发展报告》光盘，
编入《萧县教育志》）

学习名校经验　发展自己特色

——赴山东参观学习的感受

"课改看杜郎，创新学向阳。"实地参观了杜郎口中学和向阳小学之后，我真切地体会到这句话的深刻内涵，真正感受到了一种心灵的震撼。杜郎口中学和向阳小学为中国基础教育提供了实施新课改和创新教育管理的"模式"，他们是现实中国素质教育的楷模，代表着中国教育的发展方向。

学习名校经验，必须立足学校实际的有效借鉴，绝不能生搬硬套人家的模式。因为教育的最大特点是教育情境具有不确定性，教育对象具有复杂性和差异性。所以，教育工作是最富有创造性的工作。学习名校，不仅要看名校的现在，而且要向后看，关注其发展的过程以及这一过程所承载的教育理念和教育行为。

参观杜郎口中学和向阳小学给我们最大的启发是：立足学校实际，发挥自身优势，开发本土资源，发展自己特色。学校无论大小，总有自己的优势，由发挥优势而发展形成自己的特色。我校原来也是一所脏乱差的"三无一有"(无围墙、无花草、无厕所，有危房)村级小校，20 世纪八九十年代立足学校实际，"以德治校"，依靠自身优势，发展自己特色，成为名闻省内外的德育特色学校。目前，在新形势急速发展的条件下。我校如何借鉴名校经验，创新发展自己的特色呢？

"德育"是我校的特色品牌，面对国际国内新形势、教育改革发展新情况，小学生生理心理新特点，我们需要认真研究德育新问题，建立以学科德育、社会实践、校园文化为基本载体的长期稳定的农村小学德育工作格局，把德育这个特色品牌进一步做大、做强、做好。

第一，在认知层面上，进一步发挥学科德育不可替代的极其重要的作用。"育人为本，德育为先"首先体现在各门课程中，并与知识的传授有机融为一体。

第二，在实践环节上，让组织学生进行实践成为教育教学的常态。

第三，在环境影响上，让指向明确、潜移默化、润物无声的育人氛围全方位地围绕学生。

一是研究如何开展校风、教风、学风建设，在规范办学行为、继承优良传统的基础上，遴选和集成社会的先进文化，弘扬主旋律，大力营造优于社会环境的独特氛围,使教育和引导体现在细微之处,体现在师生之间、同学之间的相互关怀和关心之中,体现在班级、团队组织的温暖和鼓励之中,体现在高年级同学对低年级同学的爱护和帮助之中。

二是研究如何组织开展形式多样的校园文化活动,精心设计和组织开展内容丰富、形式多样、吸引力强、调动学生主动参与的校园文化活动。

三是研究校园绿化、美化和人文环境建设,充分利用校园的每一个角落,营造德育的良好环境和氛围,使校园的一草一木、一砖一石、一角一景都体现教育的引导和熏陶。

本文写于2008年2月28日

坚持德育创新　构建和谐校园

——2007年4月13日在全县中小学德育工作现场会上的发言

今天这个会，确切地说应该叫“研讨会”，各人就自己的观点、体会、做法发表自己的意见，与会者共同研讨、商榷，分享经验与成果，探讨德育创新之路，引领、创新、发展萧县的教育事业。下面，我就大家关心的几个德育问题，结合我校实际，谈点个人的观点和做法，与领导和同行们商榷。错谬之处请大家批评指正。

一、关于德育的认识问题

对于德育的认识，仁者见仁，智者见智。德育是什么？简而言之德育就是育德，就是培养人、发展人、成长人、造就人。对于德育的重要性，每个人都能说出一大套，但在实际工作中，往往把德育放在次要或不重要的位置。在这里我明确强调四点：第一，德育不是贴“标签”，不能把学校所有现象都说成是“德育”，使假冒伪劣的德育堂而皇之，招摇过市。第二，德育不是强调纪律的阶段性低层次反复，不是啥时需要啥时抓抓。德育要整体布局，分层实施，递进式、阶梯形向前推进和发展。第三，德育不是学生的单方面被动行为，而是师生共同教育、共同发展成长的双方主动行为，师生同是平等的参与者。第四，德育是教育的灵魂。离开“育人”，无以言“教书”，离开德育谈教育无异于缘木求鱼。

二、关于德育的与时俱进问题

我校德育工作的实践告诉我们，在新的形势下，学校德育工作必须在增强主动性上下功夫，必须在提高针对性上下功夫，必须在讲求实施性上下功夫，努力把工作做新、做细、做实、做活。

（1）多种形式营造德育环境，扩大教育的功效。学校德育工作从争夺新世纪思想理论阵地的高度出发，占领全部时空阵地，让学校的一砖一瓦会说话，一草一木皆育人，使德育工作无时不有，无处不在，充满时代感，充满生机活力，从而增强思想政治工作在学生中的吸引力、影响力和凝聚力。

（2）丰富内容、创新形式，把德育工作渗透到学校教育的各个环节。

① 抓好以课堂教学为主阵地的基本理论教育，让邓小平理论、“三个代表”

重要思想、社会主义荣辱观教育进教材、进课堂、进头脑，成为师生紧跟时代步伐、促进自身健康成长的强大思想武器。

② 加强以爱国主义、集体主义为中心的社会主义教育，充分利用国旗下的讲话、主题班队会活动，结合申奥成功、中国入世、神六飞天、国际反恐、抗击“非典”、免费教育等重大事件，潜移默化地培养学生关心社会、关心国家命运的荣誉感与责任感。

③ 把贯彻守则、规范与加强伦理道德、礼仪教育、培养良好习惯结合起来，营造弘德、求真、颂美、育人的良好氛围，构建平安、文明、和谐校园。

④ 把加强未成年人思想道德建设与心理健康教育有机结合起来，提高学生的抗挫能力。

⑤ 把普法教育与理想信念教育有机结合起来，增强学生的法制观念，提高学生遵纪守法，奉献社会，报效祖国的自觉性。

(3) 正确评价德育的工作成效，坚持全面、发展、开放的观点，通过成长记录袋、班主任寄语、温馨提示、目标管理等形式，对学生做出全面、客观、公正、实事求是的评价，增强学生的社会适应性。

三、关于德育创新问题

(一)“服务”体现“生本”

教育就是服务，是为学生发展打基础的基础性服务，同时也是一种高层次的服务。具体表现在三个方面：其一，它是一种理解宽容的服务。只有理解学生，才能宽容学生。其二，它是一种平等尊重的服务。尊重是态度，但更是智慧。尊重每个学生的同等地位和独立人格，尊重每个学生的个性差异、发展权和机会。其三，它是一种精神引领的服务。教育只有在孩子具有人性的情况下，读写算的能力才有价值。教育只有能够建构和牵引高尚灵魂才是真正的教育。学校只要提供这样的服务，教育就能真正完成开启智慧，点化和润泽生命的使命。

(二)“民主”构建“组织”

民主的班级生活方式，意味着理性自由、平等尊重、民主协商等观念在班级生活每一个细节中的具体表现。第一，班级事务民主协商，尊重学生的正常意愿。第二，尊重学生的选举表决权，以平和的心态指导组织好各项评优及发展性评价。第三，使每个学生有自主参与的班级公益岗位。

(三)“积极”化解“消极”

在“积极”中化解“消极”的做法为：① 师生共同创造充满快乐的班级生活。② 师生共同创造富有人情的日常教育。③ 师生共同创造健康向上的班级氛围。教师与学生交往“等距离”关注每一位学生；教师与教师交往“近距离”，加强合作、交流与探讨；教师与家长交往“远距离”，不接受家长的馈赠与“小意思”赏赐。

（四）“实践”开发“资源”

① 树立教育资源意识，充分利用教材文本身边的人和事、场馆基地等，为学生发展服务。② 根据学科内容，开阔学生的学习视野，丰富“研究型学习”；结合社会生活，开阔学生的活动视野，丰富“主题活动”；通过人物接触开阔学生的交往视野，丰富人情体验。③ 推进学生对自我、社会和自然之间内在联系的整体认识和体验，谋求自我、社会和自然的和谐发展。

（五）“个性”敦促“发展”

为推动个性化班级建设，开展评选“五星级班集体”活动。具体条件为：① 有切合本班实际的养成教育若干细节和富有创意的措施。② 不少于两个切合学生实际的班级特色案例、活动成果。③ 有让全体成员骄傲的集体荣誉和项目。④ 有整合教育资源，吸纳家长加入班级活动的实质性行动。⑤ 有“个性化结业式”具体活动设计，并受到学生欢迎。

四、关于我校的德育特点和做法

我校是靠抓德育起家的，1988 年 9 月，在改革开放的新形势下，我们根据乡情校情和新时期少年儿童的特点，提出了“以德治校”的新构想，通过积极的探索和实践，把一所脏、乱、差的学校办成一所校风正、面貌新、质量高的农村示范小学和花园式学校。1990 年 3 月省教委发文，推广我校德育工作的做法，十多年来，我校德育工作经验辐射全国，走出国门，驻足亚太，做客欧美。其间虽屡遭厄运，但至今仍丰韵犹存，青春还在。具体做法概括为：重三实、六为，七抓、八到位，十有、十一五铸校魂，双一双五双带头，构建“特色—兴趣—素质—活动—育人”德育模式。以“德育治校”为特色，以兴趣为桥梁，以素质为内容，以活动为载体，以育人为目的，全方位提高学生的思想道德素质，养成良好的行为习惯。

（1）重“三实”即注重“实际、实践、实效”。（2）“六为”：“德育为主导、学校为主体、科技为主线、学生为主力、活动为主载、爱国为主旨。（3）“七抓”：坚持用素质教育思想指导教育教学改革，抓德育以严肃校纪，抓规范以端正三风，抓管理以提高效益，抓绿化美化以整治校园，抓质量以振兴校誉，抓素质以贯彻“两全”，抓活动以发展学生的个性特长。（4）八到位：认识到位、领导到位、责任到位、计划到位、内容到位、活动到位、措施到位、激励到位。（5）十有：有一个作风正、两手硬、肯学习、善思考、会管理、爱科研、讲团结的领导班子；有一支奋发进取、敬业奉献、配合默契、甘为人梯的德育工作队伍；有科学的评价体系和得力的措施保证；有长期的计划和管理目标；有可操作的小学德育系列和文明建设程序;有七个固定的阵地;有八条渠道;有明确的德育目标和科学的“德育十法”,有浓厚的环境育人氛围和优美的育人环境;有开展教育科研的良好习惯。(6)十一五(即德育十一五规划。已开展过的八五、九五、十五见档案材料):① 五歌(国歌、队歌、校歌、一日十事歌、“八荣八耻”歌);② 五点(德育工作原则);③ 五好(校长工作标准);④ 五以;⑤ 五观;⑥ 五问;⑦ 五有;⑧ 五在;⑨ 五共;⑩ 五做;⑪ 五性。

(7)“双一双五双带头”:① 在教师中开展“一养五好两带头”活动,即养成体现职业道德的好习惯,教学艺术好、教学语言好、教案质量好、板书设计好、教学效果好,带头遵纪守法、带头做好计划生育工作。② 在学生中开展“一讲五好双带头”系列活动,即在学校、家庭和社会上讲文明语言,杜绝脏话、落实规范好,学业成绩好,锻炼身体好,助人为乐好,发挥特长好,带头尊师爱校,带头遵章守纪。在活动中注重引入竞争机制,强化素质管理,做到周查月评期末作总结。

(8)培养习惯,奠定学生发展的基础。我校始终把学生养成性习惯的培养作为学校教育工作的重点,这也是长期实践与探索的结果。把更多的时间和空间让给学生,让他们自己思考、自主学习,自发组织开展活动,不仅锻炼了学生的工作处理的能力,开启学生心智,培养学生的良好行为习惯,进行了审美教育,更重要的是培养了学生的意志品质以及集体主义荣誉感。

几年来,我校先后获得县小学生体操赛第一名,县歌咏比赛第二名,朗读、写字综合赛第二名,全国小学生铅笔字比赛第一名,全国首届小学生日常行为规范知识竞赛第二名;教师的教科研论文获全国论文特等奖1篇、一等奖4篇,省级论文一等奖3篇,县级论文一等奖8篇。我本人曾获得亚太华文教学成果金奖、国际紫荆花奖、全国首届青年教师优秀教研成果一等奖和中央教科所颁发的“中华教育科研成果特等奖”等,近几年,上级组织的质量检测,我校均取得较好成绩。

面对取得的成绩,我们没有陶醉,而是居安思危,把目标定得更高。运动哲学告诉人们,车轮只有在奋进时,才能显示存在的价值。我校全体师生充分认识到:创新,是一个民族进步的灵魂,是一个国家兴旺发达的不竭动力,也是一所学校可持续发展的力量源泉。坚持德育创新,构建和谐校园是我们新的更高目标。

直面市场经济的挑战　再造学校德育的建构

——我校适应形势需要拓宽德育新路的做法

我们花甲寺小学是靠抓德育起家的，1988年9月，在改革开放的新形势下，我们根据乡情校情以及新时期少年儿童的特点，提出“以德治校”的新构想，通过积极的探索和实践，把一所无院墙、无办公室、无厕所、无花草树木、有危房、升学率仅达百分之十点三的脏、乱、差学校，办成一所校风正、面貌新、质量高、小巧玲珑的花园式小学。近年来，为适应改革开放建立社会主义市场经济体制这一新形势的需要，我校又针对小学生的思想实际，结合当地农村经济建设的新特点、新动向、新问题，深化德育整体改革，探索德育新途径，强化德育新机制，逐步形成“立足校园，面向市场，服务社会，致富家庭”的新思路，构建“德育为主导，学校为主体，科技为主线，团队为主力，爱国为主旨”的新格局，体现出农村小学姓农、知农、爱农、为农、兴农的办学特色。

一、形成新思路

每一重大历史转折时期，学校德育体系都不可避免地需要一次适应性的调整。社会主义市场经济体制的建立，带来了社会生活的转型，自由竞争成为生活的一个新范畴。社会生活发生了全方位的变革，教育的运作机制随之发生根本性的变化，过去那种高度集中的计划经济体制下完全由国家包下来的办学模式，以及长期以来在封闭状态下所产生的一些落后的教育思想，随之受到猛烈冲击，而反映社会经济发展和社会生活需求的新观念，将会逐渐形成和普及。当教育获得一种全新运作系统和发展动力，真正成为社会主义建设人才和劳动力市场的“源头”的时候，必然将学校德育推向一个需要更新自我、主动与整个大教育同步共振的新阶段。随着计划经济体制的决堤，旧有的德育模式因跟不上时代节拍将失去规范的力量而被打破，许多观念形态的东西亟待匡正，一些模糊认识急需澄清，比如把计划经济等同于社会主义，把市场经济等同于资本主义，凡事都习惯于进行姓“社”姓“资”的抽象争论，把考试分数等同于学校质量，把思想政治工作等同于学校德育，德育工作假、大、空，脱离实际，拔高德育要求，把未来优秀共产主义者的要求都落在只有几岁十几岁的身体、品行正处在发育过程中的孩子身上，所有这些严重地阻碍着学校德育的健康发展。因此,必须进行改塑与重铸。

按照时代和人的发展的双重需要育德,实现个性化和社会化的高度统一,培养既具有高度的社会责任感和奉献精神,又具有主体意识、健全人格和个性的接班人和建设者,是学校德育的本质属性和基本功能,学校德育要建构适应社会主义市场经济的新体制,就必须改变计划经济体制把人放在从属的位置上,用一个模子铸"标准件"的弊端,而应把人放在主动进取的位置,在竞争中求生存、图发展的位置,使其具备开拓和创新的精神、质量和效率的观念,协作和风险的意识,社交和应变的能力,并能经受失败与挫折的考验。

据此,我们精心构思,将社会植于校园,把校园作为社会的缩影来雕塑,为少年儿童的成长提供一个知识的环境,一个动手的环境,一个社会化的环境。在这个环境里,通过实施一套以公民道德教育和传统美德教育为主旨的基础德育,通过开展一系列贴近社会、贴近生活、贴近实际,易于被小学生接受的入耳、入脑、入心的教育活动,使学生学会生存,学会服务,学会创造,具备自理、自学、自律、自护、自强的能力。

二、推出新举措

(一)"德育为主导",增强德育实效

多年来,我们始终坚持"五育并举德育为首"的办学指导思想,实行"抓学习,形成共识,抓规划,形成目标;抓队伍,形成合力,抓阵地,形成网络;抓渗透,形成氛围;抓活动,形成系列;抓养成,形成习惯;抓评估,形成激励;抓科研,形成特色"的德育工作方针,运用德育"十字法"(即读、学、讲、唱、写、忆、访、演、展、赛,已发表在《农村孩子报》上),开展系列活动(如"党的光辉照我心""社会主义好""两学一做""三热爱""两史一情""三会五自"等系列活动,相关文章分别发表于《红领巾》《小学生报》《拂晓报》《安徽日报》等)。

(二)"学校为主体",形成德育网络

对学生加强德育,家庭教育是基础,学校教育为主导,社会教育是条件,三者同步,齐抓共管,产生正效果。我们充分发挥学校在德育中的主导地位,从德育机构建设、德育过程的有效控制和德育评价科学化方面,全方位发挥学校德育主渠道作用,同时争取家庭、社会对学校德育在物质上和道义上的支持,并逐步形成了以学校为主体,以家庭社会教育为双翼的立体化德育网络。

(三)"科技为主线",培养学生的科技意识,为科技兴农服务

在改革开放的大潮中,市场经济发展带来的冲击波,影响着农村的千家万户,广大农民的观念发生了巨大变化,他们的科技致富欲望日益强烈。为适应这一形势的需要,学校德育坚持"以科技为主线",强化科技意识。购科普读物,订

科技报刊充实阅览室、图书室；黑板报上开设科技栏目“致富窗”，少先队活动园地开设《动手做》栏目，介绍“致富一绝”“每周一菜”“小制作”，每周学会做一件活。校园内辟有“良种实验田”“庭院经济种植园”，孩子们在学校里学到农家事务操作本领和简单的农林科学实验技能（如花草树木蔬菜栽培、嫁接，病虫害防治等），回到家就能应用，就能在自家的责任田、园里实践，直接为科技兴农服务。这一经验已在《农村孩子报》上发表，标题是《一亩良种实验田，连着众多家长的心》。

（四）“少先队为主力”，实现工作社会化

少先队是学校德育工作中一支最有生气的力量，是德育的主力部队。要充分发挥少先队在学校德育中的主力作用，认真开展红读活动。从知、情、意、行入手，深化红读活动，促进队员的内化，提高队员的素质，把少先队的工作领域进一步拓宽，社会影响力进一步增强，实现工作的社会化，做到工作力量依托社会，工作领域渗透社会，工作手段借助社会，工作成果影响社会。

（五）“爱国为主旨”，弘扬华夏精神，强化本根意识

在学校德育工作中，我们始终坚持以“五爱”教育为基本内容，突出“爱国主义”这个中心。力戒大话、空话、套话和搞简单说教，而是通过生动活泼的方法推进工作，引导学生从自我做起，从身边做起，从小事做起，从点滴做起，将“我是中国人，我爱自己的祖国”印入小学生的心灵。

三、落实十项措施，即“十有”

（1）有一个作风正、手腕硬、肯学习、善思考、懂管理、爱科研、讲团结的领导班子，负责指导、计划、督查、总结、考评、推广、表彰等环节方面的工作。

（2）有一支奋发进取、无私奉献、配合默契、甘为人梯的德育工作队伍，职能是组织、辅导、参与、总结、汇报。

（3）有较为科学的评估标准和得力的措施保证，奖惩严明。

（4）有长期的计划和管理目标。有五年规划和学期计划，长期有序，逐步深入，每年都有新内容，一年迈上一级台阶，不搞零打碎敲，不搞低层次反复，不局限于头疼医头、脚疼医脚的“短期效应”，做到年度有规划，学期有计划，月有重点，周有安排。各年度的教育内容上下联系、递进衔接。如第一年，以强化小学生日常行为规范的教育和训练为基本内容，重点抓养成教育；第二年以热爱党、热爱祖国、热爱人民解放军的“三热爱教育”为基本内容，重点抓好导向教育；第三年以“学雷锋、学赖宁，做四有新人”的“两学一做”活动为基本内容、重点抓好立志教育；第四年以“知史爱国、两史一情”教育为基本内容，重点抓好“热爱祖国、建设祖国，做可靠接班人”的理想教育；第五年以“学雷锋、学赖宁，心中有祖

国、心中有他人”的“双学双有”活动为基本内容，重点抓好素质教育。

(5) 有可操作的小学德育系列（即小学德育 12 月），分阶段抓中心，围绕中心开展活动，1 年 12 个月，月月有中心，形成了德育工作序列化、经常化、规范化的格局。

(6) 有六个固定的阵地：队室、红读活动室、德育室、花甲寺遗址（新石器古文化遗址）、校园良种实验田（为当地提供良种信息、发布病虫情报、宣传防治措施、推广先进技术）和“市场经济参与点”。

(7) 有七条渠道：① 黑板报、壁报，分为周刊、半月刊、内容丰富，图文并茂。② 读报课，每天安排 20 分钟，培养学生的阅读习惯，提高学生的读报用报能力，定期举行竞赛。③ “红读”活动，落实五有（有计划、有组织、有辅导、有阵地、有制度），强调七性（整体性、计划性、阶段性、连续性、针对性、趣味性、竞争性），达到四个结合（与具体的德育活动结合，与日常教学结合，与班队活动结合，与传统德育结合）。④ 校风系列：即校风（有校风匾）、校歌（有校歌壁）、校旗（有校旗室）、校花（月季花，设有“校花坛”、按五有并举的构思，嫁接成活一株高大的“五色同株”月季花树，称为“校花王”）、校树（水杉有校树碑）、校训室（荣誉室）。⑤ “三会课”：即日晨会、周班会、月校会。⑥ 教育科普科研小组（即教育学会小组）。⑦ 兴趣活动小组（文艺组、通讯组、植保组、栽培嫁接组、气象组、评报组）。

(8) 有明确的德育目标（爱家乡，争三好，做四有新人）和科学的德育方法（即“德育十法”：活动教育法、宣讲灌输法、环境陶冶法、榜样引导法、竞赛激励法、家访反馈法、信息辅助法、园地催化法、制度约束法、现场启迪法）。

(9) 有浓厚的环境育人意识。德育内容无时不有，无处不在，“让每一堵墙都会说话”。校园的一切都从美学角度考虑，育人角度安排，有计划地实施“5453”工程，即苦战五年，办成“四园”，强化“五有”，培养“三好”小公民。力争在五年内把学校办成：① 培养学生聪明才智的学园：有图书室、阅览室、红读室、黑板报、书报栏和“三角（科技角、信息角、评论角）、四小（小书屋、小展室、小喇叭、《小水珠》队报）、一阵地（学习生活园地）”。大队部有《中国青年报》《中国少年报》《少先队活动》《智力》；中队有《红领巾报》《少年报》《学与玩》《第二课堂》；班级有《小学生报》《小学生阅读报》《小学生学习报》《小学生之友》，学生人手一册《农村孩子报》，广泛开展读报评报用报活动，定期举行读报知识竞赛，形成浓厚的研究和学习风气。② 发展学生兴趣爱好的乐园：轻松愉快的早晨（文化早餐），痛痛快快的课间（文娱文体课间餐、轻歌曼舞做游戏），流连忘返的午间（书报午餐），手脑并用、丰富多彩的课外活动（科技晚餐，兴趣小组活动），师生共同活动，感情双向交流，寓教于乐，情景交融。③ 陶冶学生情操的花园：按绿化、美化、净化、香化的要求；使落叶与常绿、乔木和灌木、草本与木本、有花与无花相间，错落有致，交相辉映，做到春有花，夏有荫，秋有果，冬有绿，四季常春有花草，师生置身于优美肃穆的环境中，感受到一种潜移默化、渗透心灵的力量。④鼓励学生勤学善思、有所发明创造的科技园：科技兴趣小组活动，使学生养成学科学、爱科学、用科学的好习惯，为建设家乡、科技兴农服务。如管理花木，不仅让学生知其名、懂其性，更知育其法，重点放在修剪、嫁接、病虫害防治等技术技巧上，使学生掌握知农、为农、兴农的一技之长，为家庭致富显身手。

强化"五有"，培养"三好"小公民。即把心中有祖国、心中有集体、心中有他人、心中有法纪，心中有抱负的五有教育活动，渗透到各科教学之中，渗透到各项活动之中，把学生培养成在校是个好学生，在家是个好孩子，在社会上是个遵纪守法有作为的好公民。

(10) 有开展教育科普科研的良好习惯。①为了加强教育科普工作，扫除教师中的教育科盲，提高教师的业务素质和文化素养，先后组织教师系统学习《给教师的建议》《班主任学》《小学德育管理》《德育心理学》《主题班队会荟萃》等书，规定《小学教育学》《儿童心理学》两本书为每个教师的必修课。②举办六期"师德讲座"和十期"做合格小学教师"讲座。③开展教研活动，掌握各科教学大纲和各科教学方法，提高教学质量。④在教研活动的基础上，升华、提高、选择，确定教育科研课题。⑤在德育改革实践活动中，经过总结、评价、探讨、升华、发现、选择和确立德育研究的课题。⑥坚持以"五爱"教育为中心，开展"五自"系列活动，培养学生动脑、动手、动口能力，开展小科技活动(小手工、小发明、小制作、小种植、小工艺等)，养成学科学、爱科学、用科学的良好习惯，为教育科技兴农服务。⑦搞好报刊的订、学、评、用、写，每年至少订阅报刊 70 种，今年花 2500 余元订新闻报刊 73 种，其中德育类报刊 12 种，除在校内定期举行读报知识竞赛外，组织学生参加全国范围内的知识竞赛、征文活动，如五年级学生张磊参加第六届全国小学生百科知识竞赛获奖，《1992 年全国小学生优秀作文选》《农村孩子报》《小学生报》等刊物上都有我校师生的作品。教师杨保侠同志 1992 年参加县、镇班主任经验交流会，其经验论文发表在《安徽日报》《安徽教育》报刊上，张占柱、施辉、张康乐三位同学分别参加县和镇绘画、剪纸，国庆征文比赛获奖，赵文亭、张磊、孙雷、张桂花参加全国小学生铅笔字比赛获奖。参加纪念毛泽东诞辰一百周年文艺会演，我校自编自演的节目，成为压台戏，深受观众赞扬。

四、收到预期效果

由于长期坚持不懈地抓德育，我校形成了良好的村风校风，改变了人的精神面貌，改善了人际关系，密切了校群校社关系。校园东侧公路边，过去村里十余年都没有栽成活树，如今树木挺拔枝繁叶茂，校园里更是青枝绿叶，鲜花盛开。全校 143 块玻璃，五年多未换过也不见少。村民朱朝太家中失火、安徽南部遭水灾、湖北黄冈水灾，师生都能慷慨解囊，自发捐助。学校五年无流生，毕业升学考试喜获“六连冠”，入学率、巩固率、毕业率、升学率连续六年都是百分之百。五年里师生受省、地、县、镇各级政府部门表彰奖励的 182 人次，捧回奖匾（含镜框奖状）31 块、锦旗 3 面、荣誉证书 34 本、奖状 182 张、奖金 4500 多元，在省内外报刊上发表文章 126 篇，接待省内外参观考察团 24 个，河南、北京、湖北等地学术团体、科研单位，热情聘请校长张齐兴为兼职研究员，花甲寺小学被县委县政府授予“文明单位”称号，校长张齐兴荣获“安徽省德育优秀教师”称号……当然，荣誉只能说明过去，赞扬是对我们的鼓励，但是我们有决心、有信心在改革开放的大潮中再展宏图，步向辉煌。

原文发表于《教育探索》1995 年 3 月

（本文系作者 1994 年 7 月在烟台会议上的发言稿）

心装事业　激情永在

一、不吐不快的内心独白

有人问我，你今年50多岁了，做教育工作已36年，职称、工资、学历、荣誉也够满足的了，为什么对教育还那么痴情，还那么激情与冲动？这既可以在我的从教经历中找到诠释，也可以在我去年的工作总结中翻出答案。过去作为县十佳教师、十佳校长和省优秀德育教师，成功感驱使我追求卓越，激情催逼我再创辉煌；去年作为市骨干教师参加新课程通识培训，忽然间竟觉得自己当了几十年教师，怎么一下子就不会教书了呢？当我学习了魏书生、霍懋征等名师大家的教育思想和先进事迹后，更感自惭形秽，骑虎难下，事业心、责任感和危机感迫使我激情又燃，冲动再现。追求完美无止境，泛舟学海哪是边？只有起点，没有终点。要发展就要创新，只有坚守激情，才能与时俱进，只有坚守育人根本，才有创新发展的动力源泉。

上述赘言不伦不类地像答案？像结尾？但它恰恰却是我这份年度工作总结的序言，这是内心独白，不吐不快。

二、"五深入"有了发展的新思路

教育教学是学校的中心工作，教育教学改革是学校永恒的课题，是学校的主战场。一年来，我坚持深入教研组、深入课堂、深入班级、深入到学生中去，与师生一起发现问题、分析问题、研究问题、解决问题，不断构思构建校本课程、校本研究、校本培训、校本管理的途径、方法、规则与模式，为实施新课改，选准突破口、找准生长点，提供动力源，促进学校跨越式发展。同时，我深入到各学区、全镇各校及至省内外有关实验区考察，请教专家名师，与同行切磋探讨，通过调查研究，大量地掌握了第一手资料，为深化教育教学改革，开创素质教育的新局面进行了全面的思想与方法、理论与实践、资源与设施的准备。

三、抓理念——"五带头"激活生命力

新课改中发现的问题说到底是理念问题。只有用先进的教育理念武装教师

的思想，体现时代精神，才能承担起课改重任。我针对新课改中发现的问题，紧紧围绕“让课堂充满生命活力，让学生成为学习主人”这一主题，组织教师认真学习课程改革的文件及有关资料汇编，进行“20 个如何”的学习、研讨、实践。这样结合学校及教师实施新课程的实际，通过专题研究、案例分析、教学观摩、经验交流等多种形式，扎扎实实地开展研究活动，既使我校的校本培训有了鲜明的特色，也使新课改落到实处。由于我身体力行，带头学习、带头实践、带头上研究课、带头反思、带头搞教科研、带头写文章、带头交流，推动了教师的学习、研究和实践活动。

四、抓管理——建章立制，让管理出效益

建立和完善校本教研和校本培训的各种运行机制。引导教师树立终身学习理念，培养教师工作学习化、学习工作化的职业生活习惯，做一名学习型教师。同时把教师的学习、培训、教科研及教育教学活动进行量化，直接与他们的评优评先、晋职晋级相挂钩。这些充分体现法治、德治、情治、理治的结合，体现出管理就是服务，向管理要质量，让管理出效益。

五、抓研究——三级教研制，解决教学中与课改中的焦点、热点、难点问题

学校的教研活动必须把重点放在解决教学和课改中遇到的焦点问题、热点问题和难点问题这一原则上，才能发挥作用，收到事半功倍的效果。我坚持从实际出发，联系本校实际，实行三级教研制，用科研促教研，教师易于接受和掌握。“一级教研”即常规性教研活动，是以教师个体为单位的备课式研究活动；“二级教研”即提高式教研活动，是以教研组为单位的集体备课式研究活动；“三级教研”即专题性教研活动，这是全校性的有专项议题的带学术性的教学研究活动。三级教研活动相辅相成，有机结合，对教学质量的提高起着直接的关键性作用。

六、抓培训——将“三维目标”作为培训师资的目标，让教师学会“自我充电”

实施新课程对教师素质提出较高要求，教师的培训迫在眉睫，抓好校本培训乃当务之急。教师的专业化是当代教师培训中所面临的重大课题。校本培训必须在提高教师的专业素质上下功夫，鼓励和帮助教师成为学科带头人、教书育人专家和发挥示范作用的骨干型教师。为此，我校根据校情和师资实际，制定校本培训的近、中、长期计划和五年规划，除明确规定新课程所提出的“三维目标”作为培训目标外，另提出“四求六有八个一”的具体要求，定期检查、交流、总结、评价、归档。校本培训的重要途径是学习、研究、实践，关键是让教师学会“自我充电”，此外还采取“专家引领”“名师传艺”“请进来走出去”的方式，促进教师专业发展，提高适应和实施新课改的能力。

七、抓创新——带领、支持、帮助教师进行创新教学的研究与探索

我以科学发展观审视课改工程，抓住三个要素：师生、课程、课堂；研究三大焦点：人际关系、信息交流、活动时空；把握三种机制：教学目标、教学环境、教学管理；实现三种价值：民主性、科学性、艺术性。充分研究与合理把握这些要素、焦点、机制和价值，从而构建出适宜于新课程的全新的教学模式。

八、抓教学反思——不断提高自身教育教学效能和素养

叶澜教授指出："一个教师写一辈子教案不一定成为名师，如果一个教师写三年反思可能成为名师。"我让教师都记下这段话，以警策自己坚持写教学反思，不断改进教学策略，提升自己的教学水平。反思形式有两种：一种是个体的，如写教育案例、教学课例、教学后记、反思日记和二度教学设计等；一种是群体的，主要形式是教学诊断。

九、抓评价——建立新的评价制度，深化课堂教学改革

一是改革教师评价制度，促进三个"重建"。重建新的课堂愿景，转变教师角色，让课堂充满生命活力，让学生成为学习主人；重建新的课堂教学评价标准，给教师创造性地教学和展现教学风格留有空间，提供平台；重建教师的新教学技能，为了每一位学生的发展，练就教师新课程课堂教学八项基本技能。

二是改革学生评价制度，建立促进学生发展性评价体系。

① 坚持新的课程评价理念，淡化甄别与选拔功能；

② 坚持全面评价，关注个性差异，实现评价内容的综合化；

③ 坚持过程评价，以学生发展性评价手册为载体，实现评价方式的多样化；

④ 坚持主体评价，实行学生自评、互评，家长参评和教师评价相结合，实现评价主体的多元化；

⑤ 坚持积极反馈，激励为主，改变评价造成学生不良心理、挫伤学生自尊心和自信心的弊端，实现评价反馈的激励化。

十、抓总结提炼——积累经验，升华认识，成果共享

抓总结提炼对教师升华认识大有裨益，主要方式有撰写论文（含经验总结）、操作设计论证及说明、建构模式等。

一年来，我自觉肩负起"第一责任人"的责任，坚持"学校是教研基地、教室是教研室、教师是研究者"的新教研理念，积极投身于新课改的实践，卓有成效地组织开展并主动参与教育科研和教育教学改革实践活动，取得了较为显著的成绩。一年里写学习笔记 82 篇，学习心得 26 篇，学情分析和课改调查报告 14 篇，听课评课 68 节，上研究课（公开教学）6 节，应邀赴外地讲学 2 次，撰写并交流发表论文 4 篇，获亚太地区华文教学成果金奖和中央教科所中华教育科研成果特等奖各 1 次。去年在中心校举行的全镇小学三个年级 6 个学科的质量测试中，我校三年级语文获得第一名，三年级数学取得第二名，五年级语数取得总评第一名，四年级思品和五年级自然分别取得第一名和第二名。

课改工作是艰巨的、复杂的，因而也是重大的、非凡的。“第一责任人”只要把它摆上日程，放在心中，抓在手上，相信它会蓬勃发展，奇葩绽放，显示出特有的魅力。

原文发表于《教育科研与实践》2005 年 1 月

五五原则和德育十二月

一、五五原则

学校管理“五统一”

在办学思想上，坚持素质教育与提高质量的统一。

在队伍建设上，坚持人文关怀与制度管理的统一。

在教育学生上，坚持细心呵护与严格要求的统一。

在教育改革上，坚持开拓创新与求真务实的统一。

在评价方式上，坚持过程评价与终结性评价的统一。

素质教育“五拥有”

拥有海纳百川的文化胸襟。

拥有高屋建瓴的人文视野。

拥有师生平等的民主意识。

拥有独立思考的批判精神。

拥有与时俱进的教学理念。

德育工作“五点”原则

找出闪光点，点燃兴奋点，选准切入点，强化着力点，培养生长点。

近距离、低起点、大目标、长效益、重体验。

校长工作“五好”标准

把好方向，抓好大事，出好思路，管好班子，做好表率。

教职员工“五种精神”

不计得失的牺牲精神。

不甘落后的拼搏精神。

爱生如子的园丁精神。

认真执教的敬业精神。

终身从教的献身精神。

二、德育十二月

安徽省萧县花甲寺小学 1996～1997 学年度德育工作序列活动安排表

	八月——创新月	九月——规范月	十月——实践月
第一学期	中心:迈好新学年第一步 校会:“上好新学期的第一课” 制订班队活动计划 开学“五个一”的检查评比	中心:尊师爱校,花香满园 学习《新三字经》,开展“尊师爱校”系列活动、“洁、齐、美”竞赛活动 校会:“牢记国耻九一八,奋发图强兴中华” “尊师重教”读报知识竞赛	中心:祖国在我心中 ”一会三知道”系列活动(会唱国歌,知道国名、国旗、国徽、国歌、首都,低年级要求知道名称,中高年级要知道含义) 唱好五支歌活动:《歌唱祖国》《东方红》《社会主义好》《没有共产党就没有新中国》《我爱北京天安门》 “祖国在我心中”读书读报知识竞赛 汇报:我班是怎样组织“祖国在我心中”系列活动的
	十一月——社会月	十二月——传统月	一月——新风月
	中心:我爱伟大的祖国 校会:形势教育 开展“红领巾爱国考察团”活动 举办《祖国颂》文艺会演,《祖国在前进》图片展,《祖国之最》知识竞赛和“夸家乡、爱祖国”主题班会 班会:“以优异的成绩向党汇报”(结合期中考试进行质量分析)	中心:革命传统教育 校会:“发扬一二。九革命传统,誓做赖宁式四有新人” 召开“英雄在我心中”主题班队会 “新年同乐”送温暖活动 “四比五有”竞赛活动 班级德育工作专题汇报	中心:奔向新的目标 校会:国情教育讲话 “拥抱 1997 年”主题班队会 过一个丰富多彩的寒假 (制订计划) 自编自写新春联,扎彩灯赛 评选先进班级和三好学生 春节团拜会、联欢会

续表

第二学期	二月——绿化月	三月——礼仪月	四月——奉献月
	中心:绿化美化校园 抓开学就绪,制订计划 寒假作业“做与批”评比活动 开展“挖好三个穴、激活三棵树、管好三棵树”活动 绿化知识竞赛	中心:礼仪教育活动 宣讲礼仪规范知识,学习《小学生礼仪教育三字歌》《小学生在校一日规范》 组织全校学生参加第二届全国小学生日常行为规范知识竞赛 纪念“三八妇女节”,开展“尊师敬母”活动 “学雷锋、学赖宁奉献在校园”活动	中心:沿着英雄的足迹走 “学英雄、树形象、做新人”系列活动 祭扫烈士墓,“烈士墓前的沉思”演讲会 “爱鸟护鸟”环保周活动 “英雄事迹知多少”有奖赛和环保知识竞赛
	五月——时事月	六月——科技月	七月——理想月
	中心:讲形势、识国情、洞察世界风云 “红五月”系列活动,开辟“国际瞭望台”专栏 熟记《国际歌》歌词,会唱《国际歌》关心港、澳回归祖国大事 《校园歌曲》大奖赛 举办“我们自己组织的田径运动会”	中心:雏鹰展翅科技活动 “五小”科技系列活动 庆祝“六一”儿童节茶话会 “学十佳,立大志,做共产主义接班人”主题教育活动 校会:“开展四自教育,增强生存意识”	中心:庆祝香港回归祖国 庆祝香港回归祖国大联欢活动 “葵花向阳,童心向党”五心竞赛活动 评选“十花少年”和三好学生 “风华正茂新一代活动在七月”夏令营活动

原文发表于《德育报》1997年1月13日

如何推进义务教育均衡发展

随着农村城镇化的推进，人口迅速向县城、中心镇和社区中心村集中，原来那种“村村有小学，乡乡办初中”的布局已不能适应教育发展的需要。为适应新时期新形势的发展和人民群众对教育优质化的热切需求，全力推动基础教育全面、均衡、快速发展就显得尤为重要。那么，如何推进义务教育均衡发展，全面提升教育质量呢？笔者认为应从以下六个方面发力。

一、全面实施农村教育城镇化

按照“三集中”原则调整学校网点布局，优化教育资源，改善办学条件，为教育持续健康、均衡发展提供坚实的基础。

二、全面实施学校建设标准化

着力从学校布局的规划、功能设施、建筑质量三个方面入手，追求学校建设布局的规划科学、功能齐全、建筑优质，努力打造精品校建工程。学校的新建、改扩建项目均应实行全县统一标准，统一要求，统一尺度。按照“先规划、后设计、再建设”“规划因地制宜，合理利用地形”“建筑安全、功能齐全、美观大方”的原则，进行设计和实施。

三、全面实施教育装备现代化

要求由县统筹经费、统一标准，统一装备、统一培训实施，做到仪器装备合理化、网络建设信息化、专用教室标准化；实现全县学校光纤宽带覆盖率、农村现代远程教育工程覆盖率、多媒体教学设备及智能广播系统覆盖率、教师电子备课系统覆盖率四个100%。

四、全面实施师资队伍专业化

从优化教师配置、调整教师结构入手，按照学历合格化、配备专业化的要求严把教师入口关，加大人才引进力度，坚持城乡教师双向交流活动，逐步均衡城乡师资，提高教师队伍的整体水平。

五、全面实施教育管理科学化

建立健全学校各项管理制度，从学校管理工作程序进行规范，推行精细化管理，强化过程督查，采取随机督导学校的办法，发现问题及时下发限时整改通知书，进一步提升学校的发展水平，缩小城乡学校差距，从而逐步达到均衡。

六、全面实施教育教学优质化

一是探索素质教育课程，打造书香校园。实施国学教育，开展“精读百书工程”“一校一品”“传统经典诵读”等活动，营造厚重的校园文化氛围。二是开展“高效课堂研究”。三是打造培养多样化人才的办学特色。四是提高学生的综合素质，实现学生的全面发展。

原文发表于《现代教育论坛》2004 年 10 月

为了健康,走起来

近年来,随着生活水平的提高,生存环境的改变,生活节奏快,工作压力大,人们走路的机会少之加少,有的出门靠车子,进门乘电梯,走路更是几近于零,加之嗜食油炸、烧烤、膨化、熏腌、卤制、甜点之类的高温、高油、高糖、高盐、高嘌呤、高热量的"六高"食品,不注意健康饮食,吃得喝得不科学,又缺乏运动,懒得走路,收得多,付出少,致使营养过剩,发福肥胖,体型横向发展,富态相,亚健康。于是乎,"大象腿""啤酒肚""水桶腰""胖墩墩"比比皆是;高血压、高血脂、高血糖、高尿酸、"四高"人群日渐扩大,罹患癌症、尿毒症、痛风、脑梗、冠心病等疾病的概率加大,且呈低龄化发展趋势。这里特别提醒大家,为了健康,请科学饮食,戒烟限酒,加强锻炼,坚持运动。

记得法国有位名医说过:"运动可以代替药物,而没有一样药物可以代替运动。"运动不仅可以强身健体,提高人的寿命,并在很大程度上有效预防高血压、心脏病、脑卒中、糖尿病、骨质疏松、结肠癌、乳腺癌等疾病。而在各项运动中,首选是走路,走路是世界上最好的运动。

为什么说走路是世界上最好的运动?这是因为人类花了一百多万年,从猿到人,整个人的身体结构就是为步行设计的,而且每个人都能做到。每个人都该每天步行 3000 米,每星期运动 5 次,3000 米大约是 8000 步。日行 8000 步并非绝对,可视个人情况而行。既然"走路是世界上最好的运动",那我们何乐而不为呢?

朋友,为了健康,走起来!平日尽量少吃或不吃"六高"食品、垃圾食品。除了健康的生活方式外,还要坚持走路,每天坚持 30 分钟,走路 3000 米。当然这并非绝对,时间长短、路程远近、速度快慢,可据个人年龄、体质、健康等情况而定,因人而异。这里给你提供一个参考数据,每天至少坚持 30 分钟,步行 6000 至 8000 步。

朋友,为了健康,走起来!无论性别、年龄,只要能坚持走路都应该走起来。身体是本钱,健康第一位,没有健康,何谈幸福,失去健康将失去一切。

朋友,为了健康,走起来!请你从早上的赖床中挤出半小时;请你从饭局中挤出半小时;请你从茶余饭后中挤出半小时;请你从夜生活中挤出半小时;请你从牌场、麻将桌上挤出半小时；请你从各种应酬中挤出半小时；请你重新安排一下自己的作息时间表，每天挤出半小时；请你……；坚持走路吧！走出健康，走出自信，走出智慧，走出快乐，走出幸福，与大自然融为一体，走出一片无忧无虑无烦恼、生机盎然的新天地。

原文发表于《健康天地》2000 年 3 月

心海·浪花

张齐兴传略收入《中国教育专家名典》

近日，萧县白土镇花甲寺小学校长张齐兴收到中华教育研究交流中心发来的通知。他的传略被收入《中国教育专家名典》。张齐兴从事基础教育工作三十年，总结出具有实践指导意义的《小学全方位活动教育法》，在各级报刊发表教研文章200余篇，连续三年获陶行知教育奖学金一等奖。

原刊1998年9月10日《拂晓报》，作者：张学奎

赞张齐兴老师

校园琢玉卌五冬，
莘莘学子遍乡城。
伏枥孺牛不知老，
桃花源里刀笔耕。

文学功底造诣深，
正气一身不染尘。
平易近人君子度，
滔滔江淮誉好人。

作者：林衍智，民间艺人，农民诗人

山村土教师　科研知名人

——记教育科研先进个人张齐兴

他，46岁，土生土长，土里土气，满头玉米花，浑身泥土味，言谈举止，衣着装束，标准式的萧县“土包子”。他16岁参加教育工作时就在山沟里戴帽中学当教师，后来有机会出山沟，他却又一头扎进山村小学，亲朋好友说他‘傻”，他却说：“恐怕我的名堂就要出自这所穷山沟小学。”从此以后，他致力于小学教育科研和教育教学改革实践，以花甲寺小学为试点，走出一条“以德治校”的新路子，总结出具有实践指导意义的“小学全方位系列活动教育法”和“德育十法”，在省级会议上交流，发表在省内外报刊上。近十年来，他的名字频繁出现在国内省、市、自治区的报纸杂志上，也不断出现在国际公开出版发行的典籍辞书上；他带一身土气东进西去、南下北上，出现在大都市的讲坛，穿越过林海雪原，置身于一望无际的大草原，面对波光粼粼、鸥鸣燕飞的海湾，探索德育新路，切磋科研热点，交流教改经验，谱写教育新篇；长城内外、大江南北到处留下他的足迹，他又满载经验，风尘仆仆走回深山。他就是名见《中国教育专家名典》，扎根山村学校30年的花甲寺小学教师张齐兴同志。

他以学校为基地，以教育学会为依托，以科研为龙头，以新闻为传媒，以德育为窗口，以教改为己任，以育人为目的，实施“转轨”教书育人，呕心沥血，执着追求，百折不挠。大胆走，不回头，终于红杏出墙，花香内外。一位省级领导曾不解地问他：“你一位山村小学教师，所在学校区区百余名师生，何以名闻遐迩？有无背景？”

他略微沉思后，爽快而认真地答道：“所谓背景，有为则谓之有，无为则谓之无。”“好，讲得好！”这位领导信服地拍拍他的肩，又紧握他的手，很信任地说：“你这句话很富有哲理，年轻人，好好干吧，定有大出息。”“绝不辜负领导和前辈的期望！”几位来访者缠住他穷追不舍，问到底是啥背景？他笑笑，便侃侃而谈：“也许是吃腻了山珍海味的人想换换胃口的缘故吧，他们吃起山芋窝窝头和野菜团子却津津有味。一次偶然的机会，我参加一个全国性的中小学德育工作研讨会，我的发言，惊动四座，赢得与会者热烈的掌声，专家组、论文评审委员会给我评了一等奖，之后，湖北、山西、辽宁、河南等地邀请我讲学，首都北京也看起了我这个

‘土包子’，邀我作介绍，当我一身土气出现时，会场骤起暴风雨，尽管主持人作了努力，会场一时难以平静。好吧，笑我土，我也顺水推舟说，谢谢首都亲人对我的盛情接待和热烈欢迎。我这个深山沟的土包子就是哭也要哭上仨钟头，报答北京亲人对我的礼遇之恩。也真灵，我这土得掉渣的几句土话，居然使会场雷鸣般的掌声过后便是鸦雀无声的安静。一场报告下来，自然又是雷鸣般的掌声，结论是‘人不可貌相”。有了此次，于是又有了第二次、第三次，之后，名人效应般地祖国各地学术团体、科研、新闻单位热情聘请我为会员、兼职研究员、特约编辑和记者。讲稿不断被各地报刊、书籍选用，几乎每天都能收到各地的约稿和稿件入选函。”

几年来，他已应邀在省内外做学术报告、教改经验交流28次，发表文章2 16篇。在一阵阵热烈的掌声中，他赢得了“优秀通讯员”“科协先进个人”“十佳教师”“十佳校长”“教育宣传先进个人”“宣传思想工作先进个人”“安徽省德育优秀教师”称号。他曾连续3年获县“陶行知教育奖学金一等奖”，6次获“教育科研成果奖”，3次获全国论文一等奖，26次获省、地、县先进工作者称号，1995年撰写的《探索独具特色的农村小学德育工作新路子》获全国中小学德育工作研讨会论文一等奖，被编入《中国教育文库》，1996年撰写的《强化活动课程之我见》获全国科教论文一等奖，被编入《心中的花园》和《时代·战略文库》，1997年撰写的《探索德育新路、强化素质教育，培养跨世纪人才》获“全国首届青年教师优秀教育教学研究成果一等奖”，被编入《中国社会科学文库》大型文献丛书。去年，《秘书世界》杂志以《执着的追求、无私的奉献》为题对他的先进事迹作了长达六七千字的专题报道。他的传略、事迹先后收入《教改之星怀历》《中华教育之星》《中国教育专家名典》《世界名人录》等国内外公开出版发行的图书。今年七月“中国教育家协会”又聘他为“中国教育家协会理事”。

荣誉并不青睐它的乞求者，但它对真正做出贡献的人是偏爱的。

张齐兴并没有陶醉于以上成绩，为了托起山村的希望，他这位山沟里的“教育专家”又向着新的目标迈进。

原刊《都市科技时报》1998年8月16日

执着的追求　无私的奉献

——记安徽省德育先进工作者花甲寺小学校长张齐兴

他，山里人、中共党员、大学本科。土生土长，貌不惊人，不在世人注目的重点校任校长，该校也没有一流的师资和教学设备，更没有悠久的校史做“后盾”，然而就在这所不起眼的农村三类完小。他却做出了着实让人刮目的成绩，他主持“德育治校”八年，学校蒸蒸日上，面貌一新，成绩辉煌。毕业升学考试连年夺魁摘冠，位居榜首。入学率、巩固率，合格率、完成率，连续八年保持100%。八年里，他捧回省、地、县、镇各级政府、部门发给的荣誉匾牌（含镜框奖状）48块、锦旗5面、荣誉证书66本。纸质奖状198张、奖金（包括奖品折合人民币）6000多元，在省内外报刊上发表文章200余篇；接待省内外参观考察团40多个，与全国各地16所学校建立联谊关系，河南、山西、湖北、湖南、北京等地学术团体、科研、新闻单位热情聘请他为兼职研究员、特约编辑和记者。省长回良玉、地委书记耿光宽等领导充分肯定该校的办学思路和办学成绩；《文史学习报》社特聘该校为“顾问学校”……学校的知名度越来越高，他以治校严谨、管理有方而更名闻遐迩。他就是萧县白土镇花甲寺小学校长张齐兴。

人生的价值在于奉献

一所不足200人的山区村级小学，八年前满目疮痍，质量低下而今何以取得如此好的成绩，这里面有没有诀窍？打开张齐兴的工作笔记，扉页上赫然写着“一个人如果爱上了自己所从事的工作，前方又有一个目标吸引着他去执着地追求，那么，不管前进的路上有多少艰难险阻，他都会默默地去克服，为达到目标而奋斗，为钟爱的事业奉献出一切”。言为心声，张齐兴就是这样，执教29年，他用自己的青春、智慧和力量编织着一句真理——人生的价值在于奉献。

1969年2月，17岁的他踏上了教育工作岗位，在中学一干就是十八年。十八年里，他一直担任初中语文教师和班主任，若春蚕吐丝，辛勤耕耘，以忘我工作、赤诚奉献的实际行动在教书育人之树上划出一圈圈年轮。1977年，他被选拔到领导岗位，担任初中教导主任。他启用现代化手段，引入竞争机制。科学地管理教育教学，成绩卓著，成为全县教导主任中的佼佼者，受到同行的赞赏、各级领导的青睐。1988 年暑期，领导决定提拔他到重点初中担任校长，亲友们劝他“跳槽”干行政，企业拉他“下海弄潮”。可是，当他目睹家乡小学的现状，深感不安。家乡，古老文明的花甲寺遗址，远在新石器时代就有着灿烂的文化，而今校貌破旧，一片荒凉，校园里没有一棵树，十几间校舍全是危房，升学率低到 10.3%。不振兴家乡教育，愧对祖先，贻误后代啊！此时此境，他觉得献身家乡小学更必要，更有意义，便毅然提出到花甲寺小学当校长，探索“德育治校”的新路子，决心写好小学教育新篇章，得到当地党委和教育行政部门的同意和支持。

续写小学教育的新篇章

为了全面贯彻党的教育方针，全面提高教育教学质量，彻底改变学校的脏、乱、差落后面貌，他坚持以德治校，实施科学管理，用素质教育思想指导教育教学改革，抓德育以严肃校纪，抓规范以端正“三风”，抓管理以提高效益，抓绿化以整治校园，抓质量以振兴校誉，抓素质以贯彻“两全”。

他“学陶师陶”处处以陶行知为榜样，“捧着一颗心来，不带半棵草去”。在调查了解学校现状的基础上，他构思出新花甲寺小学的蓝图，并且为之倾注了全部心血。首先他制订了治理方案和奋斗目标：“一主”，科学管理为主导。“二为”，育人为己任，德为师之本。“三线”，德育统帅线，教学中心线，后勤服务线。“四风”，团结奋进，求实创新的校风；严教善导，敬业育人的教风，谦逊好学，扎实灵活的学风，文明活泼，守纪整洁的班风。“四化”，绿化、美化、净化，香化。“四园”，学园、乐园、花园、科技园。“五育人”，教书育人、管理育人、服务育人、活动育人、环境育人。五年规划，五年奋斗，把山村孩子培养成“五有”、“三好”的小公民。即心中有祖国、有集体、有他人、有法纪、有抱负，在校好学生、在家好孩子、在社会上是好公民。

目标的横竿是高的，但张齐兴还是跨向了新的高度。为了改善办学条件，他顶着春雨烈日秋霜冬雪；四处奔波，到乡里、矿上、社会，走村串户，求助资金 8 万余元。翻修改建校舍，拉围墙，安铁门、装玻璃，建门面，盖厕所，砌花园，植花草，筑水泥路，添置图书、教具，购买音、体、美教学器材等，把一所破烂不堪的旧校建成一所“一无两有六配套”的花园式学校。为了建校，他操碎了心。雨夜第一个值班看料，中秋节夜晚带领教师到十多里外的建材厂拉楼板，他家里卖四头肥猪的钱都先后作为“无息贷款”用于学校；为了美化环境，他自己设计花坛，精心构思校园布局，自学园艺技术，自育花木苗圃，亲自跑购、亲自栽种、亲自修剪嫁接，成为学校的“老花师”。花甲寺小学在他手里一年大变样，三年成“示范”。1993

年5月，辽宁参观团来到花甲寺小学，大都市的教育家们在这所偏僻的山村小学里流连再三，交口称赞“花甲寺小学不愧是山村小学的典范”。

“教学为本，质量为魂”。环境、条件改变了，张齐兴校长同时抓住了教育教学这个中心不放，让两个文明同步发展，相辅相成。当时全校10名教师，民师就占9名，且“文革”期间初中毕业的就占6名，师资水平可想而知。张校长从校情出发，向管理要质量，他找准常规管理这个切入点，从四个方面抓“质量”的提高。(1)抓常规制度。先后建立了“教职工岗位责任制”“教师德勤能绩考评制”“班级工作量化考评积分制”“备、教、批、辅、考、评制度”“奖惩制度”“学习制度”“教研制度”“财务制度”“学生德行知能评估制度”“文明班级评价标准”等一系列规章制度，他本人率先垂范，身体力行，有效地促进了教育教学质量的提高。(2)抓教学常规。规范“三表”，严格执行“课程计划”，对教学程序、教学环境、教学评价和教学研究做出具体要求。按照“教师为主导，学生为主体，训练为主线，培养为主旨”的“四主”教改方案，严格要求教师“备求严、教求实、批求细、辅求全、考求质、研求新”。不管哪项规章制度和教改方案，张校长都是以身作则，带头贯彻执行，而且认真督促检查，总结评比，适时表彰奖励，充分调动了教师的工作积极性，教学质量逐步提高。1991年，乡中心校举行语数十科竞赛，花甲寺小学获得八科第一，两科第二。令全乡各小学惊讶、怀疑。时隔不久，教办室又举行严格的统考、抽考，结果还是花甲寺小学位居榜首，人们都服气了：“抓德育不影响教学，德育到位质量高嘛！”(3)抓校园常规。建立校风系列，有校风、校歌、校徽、校花、校树；绿化美化高品位，有“四化十无”标准；环境建设上档次，营造浓郁的环境教育氛围，对陶冶师生情操，起到潜移默化、渗透心灵的作用，收到“此时无声胜有声”的教育效果。(4)抓师资建设。他说：“质量为魂，教师为本。打铁先得自身硬，没有高水平的师资，岂能有教学的高质量？”他清醒地认识到建立一支稳定高素质的教师队伍是当务之急，不能等、靠、要，重在“自培”。于是他从三个方面抓师资建设。① 引导自学，鼓励在职进修，使专任教师学历达标。规定凡参加函授学习的教师，集中辅导期间生活费用全报，教材资料费给报一半。② 加强教师基本功训练，采取办讲座、系统学、走出去、购进来、标兵赛等办法，提高教师的教育理论水平和教学业务能力，他每年都用1500元左右订阅全国各地的教育刊物，组织教师学习，帮助教师掌握塑造学生品德的教育艺术和工作技巧，提高教书育人的质量。③ 加强师德教育，引导教师爱岗敬业、热爱学生。他亲自编写教材，亲自主讲，举办了六期师德讲座：第一讲《严肃讲坛纪律，明确历史重任》；第二讲《铸造师魂，做合格小学教师》；第三讲《不懈地追求》；第四讲《教育新秀——任小艾》，第五讲《塑造一代有奉献精神、创新精神的教师形象》；第六讲《迎接未来人才素质的竞争》；要求教师像王思明、任小艾那样教书育人转化差生、挽救失足青少年，建立新型的师生关系，培养跨世纪人才，此举惊动周边学校前来参加，镇教办室也利用适当场合让他主讲。几年来，他已在省内外做学术报告、教改交流 18 次，听众达 4300 多人次，县举办七期校长培训班，几乎每期都请他到场交流经验。花甲寺小学成为一所名见省内外报刊的德育示范校；地区行署教委、县委、县政府、县教委分别授予该校“教育先进单位”“无流生校”“文明单位”“农村示范小学”等称号。

雕塑出山村小学的新形象

命运好捉弄人，也爱跟创业者开玩笑。正当张齐兴校长驾驭着花甲寺小学这艘“理想之舟”乘风破浪、高歌猛进时，花甲寺小学塌陷了。32 间校舍全为一级危房，花草树木毁于一旦，他苦心经营的花园式小学面临灭顶之灾。虽说是“男儿有泪不轻弹”，但这位刚强的淮北汉子还是哭了。他哭得豪壮，哭得潇洒。困难、挫折、误会、委屈都没能让他掉一滴泪，但校园遭厄运，师生受惊吓，他心疼地哭了；祖国各地伸出温暖之手，他感动地哭了……他既学陶行知又学武训，奔波呼号，感动上帝，求得同情和支持，出现了镇政府、部队煤矿、行政村三家集资办学盖教学楼的动人场面。看吧，如今新花甲寺小学已在他这位雕塑师手中展现娇容。

造型别致的门面镶贴黑色大理石，采纳回良玉省长的建议，请著名书画家欧阳龙先生题写校名，围墙外面配以文字警策，内墙画以彩漆体育几何图案，校园内砌以形状各异的大小花坛，栽培着草本、木本相间，常绿、落叶相衬的花草树木，进入校园迎面是极富象征意义的大型雕塑“雏鹰展翅”，校园内“校树”水杉干挺枝柔叶翠，象征新一代青少年的青春健美，英姿焕发。教学楼廊壁上悬挂名人画像，各室门前配以“守则”和“行为规范”。校内营造一面“德育墙”，八年的德育内容浓缩为“九五”：即“五旗”“五爱”“五自”“五会”“五有”“五心”“五在”“五共”“五校”。校园内姹紫嫣红，花香阵阵，菜畦青青，彩旗飘飘，漫步校园如在画中。师生共同嫁接的“校花王”——五色同株月季吸引着校外来宾，校园农林科技试验基地喜摘成果，见诸报端……学校充分利用一切空间，从不同方面向学生进行辐射教育，最大限度地发挥校园环境潜在的教育功能。

许身教育终不悔，任劳任怨作奉献

凭着他的聪明才智和机遇，他完全可以“跳槽”“下海”，成为人们羡慕的“款爷”，即使在教育口，只要他活动一下心眼，也不至于受穷。然而他没有那样做，也决不会那样做。他从17岁踏上三尺讲台那天起，就抱定许身教育，29年寒来暑往，花开花落，矢志不渝，汗水洒校园，爱心给学生，心血奉献教育事业。虽不能说他家徒四壁，但绝无高档家电之类的现代化设备，除农具、粮食之外，就是一堆堆、一摞摞的书报，一只袖珍收音机还是报社奖他的，但他安贫乐道，知足常乐。每逢有人笑他穷时，他总是自豪地说："人各有志，知足常乐，在物质生活上，我是穷了点，但精神享受上，我是富有者。"地、县、镇各级领导初到他家时，都感到惊讶，绝没有想到他如此清贫。一次，他初中时期的同学相聚时曾谈到他，问他混得怎样啦，一熟知他情况的同学说："那家伙，发了！是106197集团的总经理呢，哪天不摆弄个万把两万的"。说者无意，开句玩笑而已，但听者有心，便驱车携带着贵重细软之物，登门造访，当来者目睹其家景时，差点气昏了，坐也没坐，就携带东西钻进车里，一溜烟跑了。原来那个同学说的"106197集团"是指10位教师、6个班级、197名学生的花甲寺小学，若按百分制批改作业，哪天不摆弄个万把两万的。玩笑归玩笑，教师也是人，人都有最基本的需要，吃喝拉撒，养育儿女，赡养父母，哪样能离开钱？为了稳定教师队伍，维持教师最起码的生活标准，张校长没少费心，他利用一切关系和条件，尽可能多搞点钱，用于教师福利。教师家里有事他先去，教师生病他陪送医院，教师儿女之事他操心，教师合法权益受侵犯时，他挺身而出，据理力争，当教师工资拖欠时，他苦口婆心作解释："我们国家底子薄，建设需要很多钱，穷国办大教育，困难是暂时的，我们要理解、体谅国家的困难，要站稳脚跟，要挺住，要爱岗敬业，挺过去了就是辉煌。"为此，他赢得了教师的信赖和拥护，形成了强有力的战斗集体，办出了富有特色的学校。

成绩面前不停步，决心再攀新高峰

花甲寺小学出名了，各地报社、杂志社争相聘任张齐兴校长为特约记者、特邀编辑；河南、湖北、山西、北京等地学术团体、科研单位纷纷邀请他讲学，聘请他为兼职研究员。在外省市的讲坛上，张校长娓娓而谈，介绍他抓德育工作的"八个字"："六以""八抓""九五""十有"；讲授他编写的《师德讲座文稿》(六讲)；阐发他德育改革新观点：《面对市场经济的挑战，再造学校德育的建构》、《探索德育新路，强化素质教育，培养跨世纪人才》。在一阵阵热烈的掌声中，他赢得了"优秀通讯员""最佳责编""优秀兼职研究员""优秀小学校长"，萧县"十佳教师""十佳校长""教书育人为人师表先进个人"，"科协先进工作者""地区通联先进工作者"的称号；1990年他获得了"安徽省德育优秀教师"称号。近几年来，他曾三次获"县级科协先进工作者称号"，六次获"教育科研成果奖"，连续三年获县"陶行知教育奖学金一等奖”，1996 年度获县“十佳教师”“十佳通讯员”称号。1995 年获全国论文一等奖，1996 年有两篇获奖论文编入《中国教育文库》，1997 年又获科教论文一等奖，作品编入《心中的花园》一书。《秘书世界》“人才传略”专栏两次介绍过他，《希望之光·“创业者之歌”》专题报道过他，《中国当代教师名人大辞典》吸收他入典，他的作品和传略先后入编《中华教育之星》、《教改之星·1998 年怀历》和《时代战略丛书》等国家正式出版的书籍，他还应邀赴各地讲学、交流。长城内外，大江南北，祖国各地，到处留下了他的足迹……

荣誉并不青睐它的乞求者，但它对真正做出贡献的人是偏爱的。

张齐兴并没有陶醉于以上成绩，他这位雕塑师对花甲寺小学又有了新的构思……

原刊《秘书世界》1997 年第 3 期

交流研讨德育　提高育人效应

为探讨新时期“德育”工作的途径和方法，构建和谐教育，镇中心校于4月13日举办了全镇中小学德育工作经验交流会。参加经验交流会人员涉及面广，有各校校长、少先大队辅导员、班主任、政教主任，共150余人。

此次经验交流会采取了“参观现场”“听经验介绍”两种方式进行，其侧重点突出“三个方面”：一是如何坚持以德治校，谋“德育”方略；二是怎样以德管理班级，全面提高“育人”质量；三是怎样将思想教育寓团队活动之中。

花甲寺小学“以德治校”的特色，值得推广借鉴。张齐兴校长主持“以德治校”19年，蜚声省内外，其主要经验可概括为“六个方面”：

一、认识高

学校始终坚持“以德谋发展，以德谋生存，以德谋振兴”的理念。重实际、讲实效，戒空大虚德育形式；重整体布局，讲分层实施，递进式向前推进，戒低层次德育反复；重师生共同参与的双边活动，戒学生单一的被动行为；重既教书又育人，戒只教书轻育人。“四重四戒”足以表明该校对“德育”工作认识水平高。

二、理念新

在育人的过程中，德育观念新，新就新在能坚持与时俱进，把教育定位在“服务”、显现在“生本”上，将“理解宽容”“平等尊重”“精神导航”视为立足点；能以“积极的态度”“积极的影响面”化解“消极的因素”；师生能共创圆满快乐的班级生活，健康奋进的集体氛围，并关注个性发展。

三、氛围浓

充分利用和全方位整合教育资源是该校独具特色的一个亮点。学校的墙壁地面，一砖一瓦、一花一木均赋予“育人”功能，教学楼过道的“德育墙”，校园的“时事板报”，教室里的“学习园地”“名人画像”“名言警句”，醒目的“校、教、学”三风，随处可见的温馨提示，言简意深的学校简介，雄伟美观的学校布局图，壁字标语、壁画图案等，都在催人奋进，陶冶着学生美好的心灵。

四、渠道宽

在坚持以课堂教学为主阵地，深挖各学科思想教育的基础上，能以“社会主义荣辱观”“国际国内重大事件”“守则规范”“伦理道德”“文明礼仪”“普法教育”和“安全重于泰山的教育”为基本内容，以小学有益活动为载体，有机地渗透思想教育内容。

五、操作性强

该校的“重三实”“六为”“七抓”“八到位”“十有”“十一五铸校魂”、“双一双五双带头”的突出特点和具体做法，蕴藏着宝贵的经验，内含着与时俱进的德育内容。可以预测的德育管理目标，方向明确的德育工作原则，切实可行的德育工作方法，强有力的德育队伍建设标准和科学的德育评价体系，成为学校德育工作的有机组成。

六、硕果绚丽

“以德治校”构想的实施，开创了花甲寺小学的新局面，学校办学水准跃入了先进行列，整体素质得到了全面提高。

花甲寺小学以“德育工作的典范”“农村示范小学”“花园式学校”闻名省内外。

师生的基本素质也显著提升。近年来，曾先后荣获县级小学生体操赛第一名，歌咏赛第二名，朗读、写字综合赛第二名；国家级小学生铅笔字比赛第一名，首届小学生日常行为规范知识竞赛第二名。

教师教育科研论文获国家级特等奖 1 篇，一等奖 4 篇；省级一等奖 3 篇，县级一等奖 8 篇；张齐兴校长荣获亚太华文教学成果金奖，国际紫荆花奖，国家级青年教师优秀教研成果一等奖，中央教科所向该同志颁发了“中华教育科研成果特等奖”。

教学成绩稳中有升，在历次镇级质量检测中，学生学业成绩的合格率、优生率均达到规定标准。

原刊《萧县教育报》《白土教育简报·第 32 期》

作者小传

——录自《中国当代小学校长名录》

张齐兴：男，1953 年出生，大学本科，中共党员，安徽萧县人，中学高级教师，1988 年任萧县花甲寺小学校长至今，兼任中国教育家协会理事、发现杂志社副理事长等 20 余项社会职务。

他生于农家、长于农村，6 岁入学，7 岁丧父，9 岁自食其力，凭“老三届”的“特殊身份证”接受“再教育”，靠自学成才崭露头角，17 岁步入中学教坛后，历任教研组长、教导主任、校长职务，以显著的教学成绩和高强的管理能力成为行业中的佼佼者。1988 年 10 月，选择一所濒临崩溃的落后山村小学为试点，白手起家创办省地示范校，走出一条“以德治校”的新路子，总结出具有实践指导意义的“小学全方位系列活动教育法”和“德育十五育人法”，在省级会议上交流，发表于省内外报刊上。执教 38 年来，始终不渝地走着“经师与人师合一，教育与科研同步”的道路，致力于教育研究和教育教学改革实践，发表论文 318 篇，应邀在省内外做学术报告、教改经验交流 20 多场次，先后受聘河南、北京、山西、山东、湖南、深圳、香港等地学术团体和科研单位，任研究员、会员或理事，担任省内外多家报纸的特约编辑和记者。曾六次获全国论文一等奖和全国首届青年教师优秀教研成果一等奖，四次获国际优秀论文奖和“1998 年度亚太华文教学成果金奖”，撰写的《探索德育新路，强化素质教育，培养新世纪人才》被中央教科所等单位评为“中华教育科研成果特等奖”，《素质教育高原现象的成因及对策》等 6 篇获奖作品还被世界科联组织录入光盘。他“以孩子的发展为本，让学校适应学生的发展”为办学理念，“以德治校，以优取胜，以诚处人，以绩赢人”，把原先的一所无院校，无办公室，无厕所，无花草树木，有危房，合格率仅达 10.3%的脏、乱、差学校办成一所校风正、面貌新、质量优、有特色、知名度高的农村示范小学和省、市、县先进单位。他以辉煌的成绩回报社会，赢得社会的广泛好评，党和人民政府给予他较高荣誉，曾 26 次获省地县先进工作者，十佳教师，十佳校长和“安徽省德育优秀教师”称号。传略入编《中国教育专家名典》《世界华人精英大典》《中华成功者》《世界名人录》等国内外公开发行的图书。

图书在版编目(CIP)数据

心语 / 张齐兴著. —徐州：中国矿业大学出版社，2018.7

ISBN 978 - 7 - 5646 - 3977 - 8

Ⅰ. ①心… Ⅱ. ①张… Ⅲ. ①小学教育—文集 Ⅳ. ①G62-53

中国版本图书馆 CIP 数据核字(2018)第 112591 号

书　　名 心语

著　　者 张齐兴

责任编辑 史凤萍

出版发行 中国矿业大学出版社有限责任公司

（江苏省徐州市解放南路　邮编 221008）

营销热线 （0516)83885307　83884995

出版服务 （0516)83884895　83884920

网　　址 http://www.cumtp.com　**E-mail**:cumtpvip@cumtp.com

印　　刷 徐州中矿大印发科技有限公司

开　　本 787×960　1/16　**印张** 16.75　**彩插** 8　**字数** 324 千字

版次印次 2018 年 7 月第 1 版　2018 年 7 月第 1 次印刷

定　　价 48.00 元